정치적인 것의 귀환

The Return of the Political
by Chantal Mouffe

© Chantal Mouffe
Korean Translation Copyright © 2007, Humanitas Publishing Company
Korean edition is published by arrangement with Verso through GUY HONG AGENCY

이 책의 한국어판 저작권은 GUY HONG AGENCY를 통해
VERSO와의 독점 계약으로 후마니타스에 있습니다.
저작권법에 의해 한국 내에서 보호를 받는 저작물이므로 무단전재와 무단복제를 금합니다.

정치적인 것의 귀환

The Return of the Political

샹탈 무페 지음
이보경 옮김

후마니타스

정치적인 것의 귀환

1판 1쇄 | 2007년 11월 29일
1판 4쇄 | 2012년 3월 20일

지은이 | 샹탈 무페
옮긴이 | 이보경

펴낸이 | 박상훈
주간 | 정민용
편집장 | 안중철
책임편집 | 박후란, 안중철
편집 | 윤상훈, 이진실, 최미정
제작·영업 | 김재선, 박경춘

펴낸 곳 | 후마니타스(주)
등록 | 2002년 2월 19일 제300-2003-108호
주소 | 서울 마포구 합정동 413-7번지 1층 (121-883)
전화 | 편집_02.739.9929 제작·영업_02.722.9960 팩스_02.733.9910
홈페이지 | www.humanitasbook.co.kr

인쇄 | 천일_031.955.8083 제본 | 일진_031.908.1407

값 15,000원

ISBN 978-89-90106-51-3 03100

이 도서의 국립중앙도서관 출판시도서목록(CIP)은 e-CIP 홈페이지(http://www.nl.go.kr/ecip)에서
이용하실 수 있습니다(CIP제어번호: CIP2007003661).

차례

일러두기

1. 이 책은 Chantal Mouffe, *The Return of the Political*(Verso, 1993)의 완역본이다. 이 책에 실린 글 가운데, 1장, 2장, 8장은 각각 Paul Holdengräber, William Falcetano, Chris Turner가 영역한 것이다.
2. 인명이나 지명은 외래어 표기 용례를 따랐다. 단, 널리 알려져 표기가 굳어진 이름은 그대로 사용했다.
3. 본문에서 사용하고 있는 [ ]는 옮긴이의 첨언이며, 인용문에서 무페의 첨언인 경우에는 [-인용자]로 표기했다. 긴 첨언이나, 옮긴이의 설명은 각주로 표기했으며, [옮긴이]라 표시했다.

알리는 말

여기 실린 논문들은 원래 아래의 책들에 수록되어 출판된 것이다. "급진 민주주의 : 근대적인가 탈근대적인가?"는 Andrew Ross ed., *Universal Abandon? The Politics of Postmodernism*(University of Minnesota Press, 1988)에 실린 논문이다. "미국 자유주의와 그에 대한 공동체주의의 비판"(원 제목은 "American Liberalism and its Critics : Rawls, Talyor, Sandel and Walzer"이다)은 *Praxis International*, vol. 8, no. 2, July (1988)에 실린 논문이다. "롤즈 : 정치 없는 정치철학"은 David Rasmussen ed., *Universalism vs Communitarianism*(MIT Press, 1990)에 실린 것이다. "민주주의적 시민권과 정치 공동체"는 Chantal Mouffe ed., *Dimensions of Radical Democracy*(Verso, 1992)에 실려 있다. "여성주의와 시민권, 급진 민주주의 정치"에 Judith Butler & Joan Scott, *Feminists Theorize the Political*(Routledge, 1992)에 실려 있다. "자유사회주의를 향하여"는 1991년 7월 아르헨티나의 부에노스아이레스에서 국제정치학협회가 주최한 세계 학술 대회에서 발표된 글로 대회 책자에 실려 있다. "자유주의와 민주주의의 접합에 대하여"는 1989년 10월 캐나다 토론토에서 개최된 "C. B. 맥퍼슨의 유산"이라는 제목의 컨퍼런스에 제출된 글로 대회 책자에 실려 있다. "다원주의와 현대 민주주의 : 칼 슈미트를 중심으로"는 *New Formations*, no. 14, Summer(1991)에 실려 있다. "자유주의 정치[학]와 그 한계"는 이 책에 처음 실었다.

오, 가련한 이여, 죽을 수밖에 없는 비참한 족속이여, 지독히도 불운한 자여,
너희는 이런 투쟁들과 탄식 속에서 태어났구나.

— 엠페도클레스

머리말

이 책은 지난 5년 동안 썼던 아홉 개의 논문을 한데 모은 것이다. 이 논문들은 대부분 모음집 형태로 출판되었고, 그 외 논문들은 회의에서 발표되었다. 마지막 글인 "자유주의 정치[핵]와 그 한계"는 이 책을 위해 특별히 쓴 글이다.

이 논문들은 모두 다양한 각도에서 작성되었지만 동일한 논제, 즉 급진 민주주의, 자유주의, 시민권, 다원주의, 자유민주주의, 공동체를 다루며, 여기서는 특히 '반본질주의적' 관점에서 접근한 것이다.

이 책의 통일적인 핵심 주제는 정치적인 것에 대한 성찰과 권력 및 적대 antagonism의 뿌리 깊은 특징에 관한 성찰이다. 나는 '급진적이고 다원적인 민주주의'의 관점에서 좌파의 기획을 다시 정식화하기 위해서만이 아니라 최근의 합리주의적이고 개인주의적인 자유주의 담론을 비판하고자 이런 성찰의 결론을 끌어내려 했다.

이 글들은 다양한 청중을 이해시키려는 것이니만큼, 똑같은 관점들이지만 서로 다른 맥락에서 고려할 수밖에 없었고, 따라서 상당량의 반복이 분명히 있다. 하지만 반복되고 있는 것이 워낙 중요하다고 생각하기에 반복을 원래대로 두기로 했다.

여러 논문은 내가 1988년에서 1989년까지 프린스턴 대학교의 고등연구소에 있을 때, 또 1989년에서 1990년까지 코넬 대학교의 인문학회에서 선임연구원이었을 때 연구하고 쓴 것이다. 이 두 기관의 지원에 진심으로 감사드린다.

경합적 다원주의를 위하여

무언가에 어리석게 대처하는 것은 책략이 아니다. 오히려 책략은 자기기만의 바다에 솟아 있는 작은 바위섬들과 같다. 이 바위섬들을 꽉 붙들고 빠져 죽지 않는 것이 인간이 성취할 수 있는 최대치다. ─엘리아스 카네티

1

얼마 전까지 우리는 자유민주주의의 승리와 역사의 종언을 알리는 팡파르를 곳곳에서 들을 수 있었다. 그러나 애석하게도 현실 공산주의의 붕괴는 다원주의적 민주주의로의 순조로운 이행을 낳은 것이 아니라, 곳곳에서 민족주의 부활에 길을 열어 주었고 새로운 적대를 출현시킨 것처럼 보인다. 서구 민주주의자들은 낡은 시대에 속한다고 스스로 생각했던 인종적이고 종교적이고 민족적인 갈등의 폭발에 놀라고 있다. 널리 공지되었던 '새로운 세계질서'와 보편적 가치의 승리, '탈인습적' 정체성들이 일반화되는 대신, 지역주의의 폭발과 서구 보편주의에 대한 도전이 더욱 증대하고 있다.

많은 자유주의자들은 자신들의 낙관적인 예상이 이렇게 확실하게 논파되는 사태에 놀라, 이런 사태는 단지 전체주의가 지연된 효과에 불과하거나

'낡은 것'이 새로이 급증한 것에 불과하다고 대응했다. 자유주의자들은 마치 이 사태가 자유민주주의의 보편화를 향해 나아가는 필연적 과정에서 나타날 수 있는 일시적인 지체에 불과하다는 반응을 보인다. 즉 합리성이 자유민주주의의 질서를 다시 부과하기 이전의 짧은 삽입구에 불과하거나, 또는 정치적인 것이 법과 보편 이성의 강제에 의해 확실하게 파괴되기 이전의 마지막 절망적 외침에 불과하다는 것이다.

[하지만] 여기서 관건은 바로 정치적인 것이며 나아가 정치적인 것의 제거 가능성이다. 현 상황에서 정치 이론가들의 무기력은 정치적인 것의 본성을 제대로 파악하지 못하는 자유주의 사유의 무능력과 적대의 환원 불가능한 특성을 통해 잘 설명할 수 있다. 요즘처럼 심각한 정치적 변화가 일어나는 시대에 이와 같은 무기력은 민주주의 정치를 황폐하게 하는 결과를 가져올 수도 있다.

---

1 [옮긴이] 형용사를 명사화한 '정치적인 것'(the political)은 독일의 법학자 칼 슈미트의 저서 『정치적인 것의 개념』(Der Begriff des Politischen)의 용법을 무페가 받아들여 사용한 것이다. 경제·문화·종교·사회 등과 구분되는 제도적 영역으로서의 정치(politics)와 다르게, '정치적인 것'은 모든 인간 사회에 본래부터 있으며 우리의 존재론적 조건을 규정하는 차원이다. 따라서 무페가 받아들인 슈미트의 '정치적인 것'은 제거 불가능하며, 항상 갈등 및 적대와 관계할 수밖에 없기 때문에 결코 길들여질 수 없다. 슈미트를 따라 이 책에서 무페가 일관되게 주장하는 바는 바로 자유주의자들이 정치적인 것을 제대로 파악하지 못하기에 자유로운 토론에 기초한 합리적이고 보편적인 합의가 가능하다고 믿는 것이다. 이와 관련된 내용은 이 책 8장 "다원주의와 현대 민주주의 : 칼 슈미트를 중심으로"를 참조하면 된다. 더 자세한 사항은 에티엔 발리바르 지음, 진태원 옮김, 『스피노자와 정치』(이제이북스, 2005, 231쪽)에 나오는 '정치와 정치적인 것'에 대한 용어 해설을 참조하면 된다. 이 해설에서는 무페가 클로드 르포르의 용어 사용법에서도 영향을 받았다고 설명하고 있다.

2

정치적인 것을 이런 식으로 회피하는 것은 어렵게 승리한 민주주의 혁명
의 획득물들을 위태롭게 할 것이라고 나는 믿는다. 내가 이 책에서 오늘날
민주주의 사유의 상당 부분을 특징짓는 정치관에 이의를 제기하는 이유는
바로 이 때문이다. 이 정치관은 합리주의적이고 보편주의적이며 개인주의적
인 것으로 특징지을 수 있다. 나는 이 정치관의 주요 결함이, 갈등과 결정의
차원에 놓인 정치적인 것의 특정성에 관한 안목이 없고, 적대가 사회적 삶에
서 구성적인 역할을 한다는 것을 제대로 파악하지 못하는 것이라고 생각한
다. 마르크스주의의 종언 이후 적대라는 통념 없이도 지낼 수 있다는 가상illu-
sion이 광범위하게 퍼졌다. 하지만 이 믿음에는 위험이 내포되어 있다. 이 믿
음으로 말미암아 우리는 부지불식간에 나타날 수 있는 적대를 아무 준비 없
이 맞이해야 할지도 모르기 때문이다.

이 책의 여러 논문은 이런 자유주의적 시각에 절실하게 요구되는 교정을
시도하며, 그 가운데 칼 슈미트Carl Schmitt의 작업과 대결하게 된다. 나는 자유
민주주의에 대한 슈미트의 비판은 무시하지 못할 하나의 도전이라고 생각한
다. 더 나아가 자유주의의 결함을 이렇게 드러냄으로써, 슈미트는 자신이 의
도한 바는 아니지만 제기되어 할 쟁점들을 확인하게 해 주어 우리가 현대 민
주주의의 본성을 더 잘 이해하도록 도울 수 있다. 내 목표는 슈미트와 함께
생각하고 슈미트에 반대하여 생각하고 슈미트의 비판에 맞서 그의 통찰을
자유민주주의를 강화하는 데 사용하는 것이다. 슈미트는 우리가 친구와 적
관계라는 정치학의 중심에 관심을 두도록 함으로써, 사람들 사이에 존재하
는 어떤 적의hostility의 요소와 연결된 정치적인 것의 차원을 알아차리게 한다.
정치적인 것은 여러 형식을 취할 수 있으며 아주 다양한 형태의 사회적 관계
들로 나타난다. 정치적인 것은 정말 중요한 관념이다. 나는 이 관념을 본질

주의에 대한 현대적 비판의 틀 내에서 다시 정식화해, 다원주의적 민주주의에 대한 이론적 접근이 풍성한 결실을 볼 수 있게 구성하려 한다.

모든 정체성이 관계적이라는 것, 또 각각의 모든 정체성의 실존 조건이 어떤 차이의 긍정, 즉 '구성적 외부' 역할을 할 하나의 '타자'를 결정하는 것임을 우리가 받아들일 때, 우리는 적대가 일어나는 방식을 이해할 수 있다. '그들'의 경계를 설정해 '우리'를 창조하는 것이 관건인 집단 정체성 형성의 영역에서는, 우리와 그들의 관계가 친구와 적 유형의 관계로 전환될 가능성이 항상 존재한다. 달리 말해 슈미트의 용어 이해에 따르면 이런 관계는 항상 정치적인 것이 될 수 있다. 이런 일은 그전까지는 단지 차이의 방식으로만 고려되었던 타자가 우리의 정체성을 부정한다고 여겨질 때, 즉 우리의 실존에 대해 문제를 제기한다고 여겨질 때 일어날 수 있다. 그 순간부터, 종교적이든 인종적이든 민족적이든 경제적이든, 우리와 그들 관계가 어떤 유형이든 정치적 적대의 자리가 된다.

결국, 우리는 정치적인 것을 어떤 한 유형의 제도로 제한하거나 사회의 특정 분야나 차원이라고 생각할 수 없다. 우리는 정치적인 것을 모든 인간 사회에 본래부터 있으며 우리의 존재론적 조건을 결정하는 하나의 차원으로 생각해야 한다. 정치적인 것을 이런 식으로 바라보는 견해와 자유주의 사유 사이에는 깊은 골이 있다. 자유주의 사유가 다양한 형식의 적의hostility 현상과 마주칠 때 매우 어리둥절해 하는 것도 이 때문이다. 이는 자유주의 사유가 이른바 '대중들'이 표출되어 나타나는 정치 운동을 이해하지 못한다는 사실에서 특히 잘 드러난다. 개인주의적인 용어로는 이 운동들을 잘 포착할 수 없기에, 이는 흔히 병리적인 것으로 분류되거나 비합리적 힘들의 표현으로 간주된다. 실례로 파시즘 현상을 결국은 체념하고 받아들인 자유주의 이론가들의 무능함을 보라.

3

21세기 전야를 맞이해 여러 사회는 집단적 정체성이 재정의되는 심층적인 과정을 겪고 있으며 새로운 정치 전선의 설정을 경험하고 있다. 이 현상은 제2차 세계대전 이래 친구와 적을 구별하게 해 준 주된 정치 전선을 제공했던 현실 공산주의의 붕괴 및 민주주의와 전체주의 대립의 소멸로 이어진다. 이로 말미암아 우리는 이중의 상황에 직면해 있다.

1) 현실 공산주의 블록이 있었을 때 공산주의에 대항하는 공동 투쟁에서 창출된 통일성은 사라졌고, 친구 대 적의 전선은 인종적이거나 민족적이거나 종교적인 낡은 적대의 부활과 관련된 새롭고 다양한 형식을 취하고 있다.

2) 지금 서구에서 문제는 바로 민주주의의 정체성이다. 그것은 민주주의의 부정이었던 현실 공산주의자라는 '타자'의 존재에 민주주의의 정체성이 상당히 많이 의존해 왔던 탓이다. 이제 적이 패배했으니 민주주의 그 자체의 의미는 희미해졌고 새로운 전선의 창출을 통해 다시 정의되어야 한다. 그런데 이는 극우파보다는 좌파와 온건 우파에게 훨씬 더 어려운 문제다. 왜냐하면, 극우파는 이미 자기 적을 찾았기 때문이다. 극우파의 적은 바로 '내부의 적', 즉 이민자들이 제공한다. 실제로 여러 극우 운동들은 이민자들을 '참된' 유럽인들의 문화 정체성과 민족 주권을 위협하는 세력으로 보고 있다. 내 견해는 전통적인 정치적 표식들이 상실됨에 따라 자유민주주의가 직면하게 된 정치적 정체성의 깊은 위기의 맥락에서 유럽 여러 나라에서 나타난 극우파의 성장을 이해해야 한다는 것이다. 그것은 친구와 적 사이의 정치 전선을 다시 그려야 할 필연성과 연관되어 있다.

4

우리는 정치적인 것을 포착해 내지 못하는 자유주의의 무능력이 매우 심각한 결과를 가져올지 모르는 어떤 정세에 처해 있다. 현실 공산주의의 몰락에 따라 다원주의적 민주주의의 설립이 필연적으로 따라 나올 것이며 낡은 적대자antagonist가 파괴되었으니 민주주의의 위대한 진전만이 도래할 것이라 믿었던 모든 사람은 새로운 상황의 특정성을 전혀 이해하지 못한다. 이 때문에 우리는 우리 앞에 놓인 과제들의 본성을 못 받아들이게 하는 이론적 관점을 포기하는 것이 중요하다.

일단 우리가 정치적인 것이 필연적이며 적대 없는 세계가 불가능하다는 것을 수용한다면, 이 조건에서 어떻게 하면 다원주의적 민주주의 질서를 창조하거나 유지할 수 있는지를 고찰해야 한다. 이런 질서를 위해서는 '적'enemy과 '반대자'adversary를 구별해야 한다. 그것은 정치 공동체의 맥락에서, 대립 진영을 파괴해야 할 적이 아니라 그 존재의 정당성을 용인해야 할 반대자로 고려하기를 요구한다. 우리는 반대자의 생각에 맞서 싸울 것이지만 그들 자신을 방어할 권리를 문제 삼지는 않을 것이다. 하지만 '적'이라는 범주 자체가 사라진 것은 아니다. 다만, 자리가 바뀌었을 뿐이다. '적'의 범주는 민주주의적 '게임 규칙'을 받아들이지 않아서 정치 공동체에서 스스로 배제된 사람들을 가리킬 때는 여전히 타당하게 남아 있다.

자유민주주의는 게임 규칙에 대한 합의뿐만 아니라, 명확하게 분화된 입장들을 둘러싼 집단 정체성의 구성과 실제적 대안 사이의 선택 가능성도 요구한다. 이 '경합적 다원주의'agonistic pluralism가 현대 민주주의의 구성 요소라는 것, 경합적 다원주의를 하나의 위협으로 볼 것이 아니라 그것이 현대 민주주의의 존재 조건 자체를 표현하고 있음을 깨달아야 한다.

니클라스 루만Niklas Luhmann은 자유민주주의라는 정치 체계의 특정성은

'정점의 분열' 즉 여당과 야당의 구별에 있다고 주장했다. 그의 설명은 다음 과 같다. "이것은 어떤 상응하는 이항 대립적인 프로그램의 작동을 전제한다. 보수 대 진보의 대립이 그 예가 될 수 있는데, 이 대립이 더는 작동하지 않을 때에는 제한적 복지 정부 정책 대 확장적 복지 정부 정책이 작동한다. 만일 경제가 이 대립을 용납하지 않으면, 생태론적인 선호 대 경제적인 선호가 작 동한다. 정치적 진로의 방향성에 대한 선택은 오직 이런 식으로만 가능할 것 이다."[2] 이 말은 좌파와 우파 간에 정치적인 전선들이 흐려지는 최근의 현상 이 분명한 정치적 정체성들의 구성을 방해해 민주주의 정치에 해를 끼친다 는 것을 의미한다. 그렇게 되면 이 현상은 정당에 대한 혐오를 불러일으키며 정치 과정에 참여할 의욕을 꺾는다. 따라서 종교적이거나 민족적이거나 인 종적인 형식의 정체성이 형성되는 가운데 다른 집단적 정체성들이 성장하게 된다.

슈미트가 지적한 대로 이것은 적대가 여러 형식을 취할 수 있으며, 적대가 제거될 수 있을 것이라는 믿음이 착각임을 확인해 준다. 이런 환경을 감안해 다원주의적 민주주의 체계 내에 적대의 정치적 배출구를 마련하는 것이 바람 직할 것이다. 자유민주주의를 제대로 이해한다면, 자유민주주의가 적의hostility 요소의 잠재력을 분산시키는 방식으로 적의 요소를 구체화할 수 있는 제도들 을 마련하고 있다는 것을 알 수 있다. 슈미트에게는 실례가 되겠지만 이것이 바로 자유민주주의의 위력이다. 실제로, 엘리아스 카네티Elias Canetti가 『군중과 권력』Crowd and Power에서 보여 주었듯이 의회 제도는 전투를 수행하는 군대의 심리 구조를 활용한다. 그리고 의회 제도는 서로 경쟁하는 정당들이 그들 간 의 살육을 포기하고 승리한 다수의 표결을 받아들이는 투쟁으로 간주되어야

---

2 Niklas Luhmann, "The Future of Democracy", *Thesis Eleven*, no. 26, 1990, p. 51.

만 한다. 카네티를 계속 따라가 보자. "현실에서 투표는 한쪽 편이 상대편과 실제로 겨루는 계기라는 점에서 결정적이다. 필사적인 충돌이 남아 있는 지점은 투표가 전부다. 투표는 위협과 욕설, 그리고 주먹다짐이나 물건을 집어던지는 물리적 도발 등 여러 형태로 진행된다. 그러나 개표가 진행되면 전투는 끝난다."[3] 이 견해를 우리가 받아들이면, 사회적 분열과 의지들 간의 갈등을 표현하는 데 정당이 중대한 역할을 할 수 있다는 결론이 나온다. 그러나 만일 정당이 그런 역할을 하는 데 실패한다면 갈등들은 다른 모습을 띨 것이며 갈등들을 민주적으로 관리하기는 더 어려워질 것이다.

5

우리는 합의와 만장일치가 가능하다는 가상이 '반정치'antipolitics에 호소하는 것만큼이나 민주주의에 치명적임을 인정해야 하며, 따라서 이런 생각을 단념해야 한다. 정치 전선의 부재는 정치적 성숙의 기호이기는커녕 민주주의를 위험에 빠뜨릴 수 있는 공허함의 징후다. 그런 공허함은 새로운 반민주적인 정치적 정체성들을 접합하려는 극우파에 점령 지반을 제공하기 때문이다. 정체성을 형성할 수 있는 민주주의적 정치 투쟁들이 결핍되어 있을 때, 그 자리는 정체성 형성의 다른 형식들, 즉 인종적이거나 민족주의적이거나 종교적인 본성과 같은 형식들이 차지하며 대립 진영 역시 이런 용어로 규정된다. 이런 조건에서라면 대립 진영은 경쟁해야 할 반대자가 아니라 오로지 파괴해야 할 적으로만 인지될 것이다. 이것은 다원주의적 민주주의가 반드시

---

3 Elias Canetti, *Crowds and Power*, London, 1973, p. 220.

피해야 하는 것이다. 다원주의적 민주주의는 정치적인 것의 존재를 부인할 것이 아니라 정치적인 것의 본성을 인정함으로써만 그런 상황에 맞서 자신을 보호할 수 있다.

홉스가 말한 차원의 '자연 상태'가 완전히 근절될 수 없으며 다만 통제될 수 있을 뿐임을 인정하면 민주주의의 위상을 다른 각도에서 조명할 수 있다. 민주주의는 인간의 도덕적 진화의 필연적 귀결이 아니다. 오히려 민주주의는 불확실하고 일어날 법하지 않은 어떤 것이며, 당연한 것으로 받아들여서는 절대 안 된다. 민주주의는 항상 허약한 정복이며, 따라서 심화시켜야 하는 만큼이나 방어도 중요하다. 일단 도달하면 그 지속적인 존재를 보증할 민주주의의 문턱 같은 것은 없다. 민주주의는 그것이 구현하는 가치들에 대한 합의와 충성이 불충분할 때만 위기에 처하는 것이 아니다. 민주주의는 그 경합적인 역동성이 외견상 과도한 합의로 가로막힐 때에도 위기에 처한다. 흔히 이런 합의는 불안한 무관심disquieting apathy을 은폐하고 있다. 민주주의는 또한 '하층' 지위에 있는 집단 전체의 주변화가 증가하여 그들을 사실상 정치 공동체 바깥으로 몰아내는 사태가 일어나는 경우에도 위협받는다.

오늘날처럼 자유민주주의가 '현실에 존재하는 자유민주주의적 자본주의'와 점점 동일시되고 그 정치적 차원이 법치로 제한될 때, 배제된 사람들은 근본주의 운동들에 합류하거나 반자유주의적이고 대중 영합적 형식의 민주주의에 경도될 위험이 있다. 건전한 민주주의 과정은 정치적 입장들 사이의 왕성한 충돌과 개방적인 이익 다툼을 요청한다. 이것이 간과된다면 건전한 민주주의 과정은 협상 불가능한 도덕적 가치들과 본질주의적인 정체성들 사이의 대결로 매우 쉽게 대체될 수 있다.

6

오늘날의 핵심 쟁점은 민주주의에 실질적인 충격을 줄 새로운 정치 전선을 어떻게 설립할 것인가. 이를 위해서는 좌파가 하나의 지평으로 다시 정의되어, 종속에 저항하는 수많은 다양한 투쟁이 어떤 기입inscription 공간을 찾을 수 있어야 한다는 것이 내 믿음이다. 여기에는 급진 민주주의적 시민권이라는 통념이 핵심이다. 왜냐하면, 이 통념은 서로 다른 민주주의 투쟁 가운데 공동의 정치적 정체성을 성립하게 해 줄 정체성 형성의 한 형식을 제공할 수 있을 것이기 때문이다. 현재 시민권의 관념을 회복하려는 좌파의 시도는 많이 있다. 그러나 이 책의 여러 논문에서 내가 주장한 것처럼, 정치 공동체의 모든 성원에게 적용할 수 있는 시민권이라는 중립적 관점을 목표로 삼지 않는 것이 중요하다. 이런 이유로 나는 자유주의적 개인주의에 대한 공동체주의의 비판을 경청하면서도 공동체주의적인 접근의 여러 측면을 경계한다. 다원주의를 거부하고 '공동선'을 실체적 관념이라 옹호하는 공동체주의는 적대의 불가피성을 회피하는 또 다른 방식일 뿐이다. 자유민주주의의 정치적 원칙들을 둘러싸고 서로 경쟁하는 해석들은 항상 존재할 것이며, 자유와 평등의 의미를 둘러싼 논쟁은 끊임없이 계속될 것이다. 시민권은 민주주의 정치[핵]에 매우 중요하다. 하지만 현대 민주주의 이론은 우리의 시민적 정체성에 관한 여러 개념이 서로 경쟁할 여지를 마련해 주어야 한다.

여기 엮은 글은 모두 『헤게모니와 사회주의 전략 : 급진 민주주의 정치를 향하여』4에서 제안한 '급진적이고 다원적인 민주주의' 기획의 다양한 측면을

---

4 Ernesto Laclau and Chantal Mouffe, *Hegemony and Socialist Strategy : Towards a Radical Democratic Politics*, London, 1985.

여러 각도에서 발전시키려는 것이다. 나는 다원주의가 현대 민주주의의 핵심 개념임을 강조하지만, 현대 민주주의가 자유주의 전통에도 빚지고 있음을 인정한다. 그럼에도, 내 주제 가운데 하나는 개인적 자유와 인격적 자율성이라는 자유주의 이상의 잠재성을 충분히 발전시키려면, 이 자유주의의 이상을 그것에 접합된 다른 담론들과 분리해야 하며 정치적 자유주의를 경제적 자유주의와의 제휴에서 구해 내야 한다는 것이다.

내 주장은 다원주의가 민주주의 혁명을 심화할 수 있는 수단이 되도록 다원주의의 관념을 급진화하려면, 합리주의·개인주의·보편주의와 절연해야 한다는 것이다. 오직 이런 조건에서만 사회적 관계들 내에 존재하는 종속적 형식들의 다양성을 포착할 수 있을 것이며, 젠더·인종·계급·성적 정체성 등을 둘러싸고 서로 다른 민주주의 투쟁들이 접합될 수 있는 틀을 제공할 수 있을 것이다. 이는 합리성이나 개인성이나 보편성의 관념에 대한 거부를 함축하지 않으면서도, 그 관념들이 필연적으로 다원적이며 광범위하게 구성되고 권력관계로 얽혀 있음을 긍정하는 것이다. 이것은 정치적인 것이 복합적으로 존재함을 인정한다는 것을 의미한다. 여기에는 적대의 구성적 측면인 '그들'의 차원만큼이나 친구 편을 구성하는 '우리'의 차원도 포함된다. 따라서 이런 다원주의는 사회적인 것의 단편화fragmentation를 주장하고 단편들에서 어떤 관계적 정체성도 인정하지 않으려는 그런 탈근대적인 개념과도 구별되어야 한다. 나는 시종일관, 전체 차원의 본질주의든 요소 차원의 본질주의든 본질주의 일체를 거부한다. 또 전체나 단편이 그 접합의 우연적이고 실증적인 형식에 선행하는 어떤 유형의 고정된 정체성도 지니지 않음을 확언할 수 있다.

보편주의적이고 합리주의적인 틀에 의해 형성된 다른 관점의 급진 민주주의나 참여 민주주의와는 반대로, 여기서 주창하고 있는 내 견해는 정치적인 것을 부정하려는 것이 아니기에 진정으로 급진적이고 다원적인 민주주의에 속한다. 그것은 '가치 다원주의'의 온전한 함축을 끌어내며 갈등과 적대가 항구적임을 인정하는 데서 나오는 결론과 대면할 수 있는 유일한 개념이다. 이런 관점에서 보면, 갈등들은 불행하게도 제거할 수 없는 방해물이나, 조화의 완전한 실현을 불가능하게 하는 경험적인 장애물로 간주되지 않을 것이다. 이는 우리가 합리적이고 보편적인 자아와 결코 완전히 일치하는 일은 없기 때문이다. 급진적이고 다원적인 민주주의에서, 갈등의 최종 해결이 궁극적으로 가능하리라는 확신은 민주주의의 기획에 필수적인 지평을 제공하기는커녕 그것을 위태롭게 하는 그 무엇이다. 심지어 위르겐 하버마스Jürgen Habermas가 그런 것처럼 자유롭고 제약받지 않는 소통이라는 규제적 이상에 점차 다가가는 것으로 그려진다 해도 이런 위험에서 벗어날 수는 없다.

이 접근의 핵심은 다원주의적 민주주의가 하나의 역설을 포함하고 있다는 자각이다. 다원주의적 민주주의를 실현하는 그 순간 그 분해를 목격하게 될 것이기 때문이다. 그것은 도달될 수 없는 한에서만 좋은 것으로 존재하는 어떤 좋음a good으로 이해되어야 한다. 따라서 갈등과 적대는 그 완전한 실현을 가능하게 하는 조건인 동시에 불가능하게 하는 조건이므로, 이런 식의 다원주의적 민주주의는 항상 '도래해야 할' 하나의 민주주의일 것이다.

제1장

급진 민주주의 : 근대적인가 탈근대적인가?

오늘날 좌파에 속해 있다는 의미는 무엇일까? 20세기가 저무는 이 시기에 사회를 변형하려는 기획 뒤에 놓여 있는 계몽의 이상을 불러내는 것이 어쨌든 유의미한 일인가? 우리는 분명히, 지난 200년 동안 혁명적 정치학의 특징을 다양한 방식으로 규정해 왔던 자코뱅적 상상계의 위기를 겪고 있다. 마르크스주의는 그간 겪었던 광풍에서 벗어나 소생할 것 같지 않다. 이는 단지 전체주의에 대한 분석으로 말미암아 소비에트 모델을 불신하게 되었기 때문만이 아니라 신사회운동의 출현으로 계급 환원주의가 도전받고 있기 때문이기도 하다. 그러나 형제 같은 적, 사회민주주의 운동도 형편이 좋은 것은 절대 아니다. 사회민주주의 운동은 최근 몇십 년 동안 새로운 주장들을 제출할 수 없다는 사실만 증명한 셈이며, 그들의 핵심 업적이라 할 수 있는 복지국가는 우파의 호된 공격으로 유지가 어려워졌는데, 이는 복지국가가 이룩한 성취를 지키는 데 이해관계가 있는 사람들을 동원할 수 없었기 때문이다.

사회주의의 이상에서 문제가 되는 것은 근대성의 기획과 연결된 진보의 관념 바로 그것으로 보인다. 이런 관점에서 이제까지 문화에 초점을 맞추었던 탈근대적¹ 담론은 정치적 선회를 채택했다. 애석하게도 그 논쟁 모두 극단적으로 단순화된 빈약하기 짝이 없는 일련의 입장들로 너무 빨리 화석화되었다. 하버마스는 계몽의 보편적 이상을 비판하는 모든 입장을 보수주의로 고발하는 반면,² 장 프랑스와 리오타르Jean-François Lyotard는 아우슈비츠 이후 근대성의 기획은 기각된 셈이라며 비장하게 선언한다.³ 리처드 로티Richard Rorty는 양쪽 모두 계몽의 정치적 기획과 그 인식론적 측면을 부당하게 동일시하고 있다고 올바르게 지적하고 있다. 즉 리오타르가 보편주의적 철학을 피하려면 정치적 자유주의의 포기가 필연적임을 발견했다면, 하버마스는 자유주의를 옹호하고자 그 모든 문제점에도 불구하고 이 보편주의 철학을 고수한다.⁴ 하버마스는 보편주의적 형식의 법과 도덕의 출현이 비가역적인 집단적 학습 과정의 표현이며 이를 거부한다면 민주주의를 존재하게 하는 바로 그 토대를 손상하는 것이기에 근대성 자체를 거부하는 것이라고 굳게 믿는다. 한스 블루멘베르크Hans Blumenberg가 『근대의 정당성』 The Legitimacy of the Modern Age에서 구별한 계몽주의의 두 측면을 고려하자는 로티의 안내를 따라가 보자. 그것은 (정치적 기획과 동일시될 수 있는) '자기주장'과 (인식론적 기획인) '자기정초' 간의 구별이다. 일단 우리가 이 두 측면 사이에 필연적 관계가 없음을

---

1 [옮긴이] 영어 'post'는 '이후' 혹은 '탈'을 뜻하는 이중적 의미가 있다. '이후'로 번역하면 '이어감'의 의미가 강해지고 '탈'이라 번역하면 '벗어남'의 의미가 강해진다. 이 글에서는 탈근대성, 탈구조주의, 탈경험주의와 같이 주로 '탈'로 옮겼으나, '포스트하이데거'와 같이, '탈'의 의미로만 쓸 수 없고 이어짐의 의미가 강한 것들은 '포스트'라고 그대로 옮기기도 했다.

2 Jürgen Habermas, "Modernity : An Incomplete Project", in Hal Foster ed., *The Anti-Aesthetic: Essays on Postmodern Culture*, Port Townsend, 1983.

3 Jean-François Lyotard, *Immaterialität und Postmoderne*, Berlin, 1985.

4 Richard Rorty, "Habermas and Lyotard, on Postmodernity", in Richard J. Bernstein ed., *Habermas and Modernity*, Oxford, 1985, pp. 161-175.

인정하고 나면, 우리는 정치적 기획이 합리성의 특정 형식에 기반해야 한다는 통념을 포기하더라도 그 정치적 기획을 옹호해 줄 수 있다는 입장을 견지할 수 있다.

하지만 로티의 입장에는 근대성의 정치적 기획을 자본주의와 민주주의를 모두 포함하는 모호한 '자유주의' 개념과 동일하게 보는 문제가 있다. 왜냐하면 정치적 근대성 개념의 핵심부에 있는 두 전통인 자유주의와 민주주의를 구별하는 일은 매우 중요하기 때문이다. 맥퍼슨이 보여 주었듯이 자유주의와 민주주의는 단지 19세기에 접합된 것뿐이며 따라서 어떤 식으로든 필연적으로 연관된 것이 아니다. 더군다나 이 '정치적 근대성'을 '사회적 근대성'과 혼동하는 일은 잘못된 것이다. 근대화의 과정은 자본주의적 생산관계가 점점 지배력을 확대하면서 진행되었다. 자유주의와 민주주의, 정치적 자유주의와 경제적 자유주의 간의 이 구별을 끌어낼 수 없다면, 로티가 하듯이 이 모든 통념을 자유주의의 용어 아래 융합한다면, 우리는 근대성을 옹호한다는 구실로 '부유한 북대서양의 민주주의 제도와 관행'[5]을 순수하고 단순하게 찬성하는 방향으로 내몰릴 것이다. 이렇게 되면 우리에게는 그런 민주주의를 변형할 만한 비판의 여지가 (심지어 내재적 비판의 여지조차) 조금도 남아 있지 않을 것이다.

나는 로티가 옹호하는 이 '탈근대적 부르주아 자유주의'에 맞서, 에르네스토 라클라우Ernesto Laclau와 나의 공저 『헤게모니와 사회주의 전략 : 급진 민주주의 정치를 향하여』[6]에서 이미 개략적으로 제시했던 '급진적이고 다원적인 민주주의'의 기획을 더 발전시킬 것이다. 나는 이 기획을 통해 마르크스주

---

5 Richard Rorty, "Postmodernist Bourgeois Liberalism", *Journal of Philosophy*, 80, October, 1983, p. 585.

6 Ernesto Laclau and Chantal Mouffe, *Hegemony and Socialist Strategy: Towards a Radical Democratic Politics*, London, 1985.

의적인 사회주의와 사회민주주의라는 한 쌍의 함정을 피하면서도 사회주의적 기획에 대한 하나의 재정식화를 어떤 식으로 제안할 수 있는지를 보여 주려는 것이다. 한편, 이 기획은 위대한 해방 투쟁의 전통에 말을 걸면서도 정신분석학과 최근 철학의 이론적인 기여도 염두에 두는 하나의 새로운 상상력을 좌파에 제공한다. 바로 근대적이자 탈근대적인 기획으로 정의될 수 있을 것이다. 그것은 '미완성된 근대성의 기획'을 추구하지만, 하버마스와는 달리 우리는 이 기획에서 계몽의 인식론적 관점이 수행할 만한 역할이 더는 없다고 믿는다. 계몽의 인식론적 관점은 민주주의의 출현에서는 어떤 중요한 역할을 했더라도, 오늘날 우리 사회에 특유한 저 새로운 형태의 정치학을 이해하는 경로에서는 하나의 걸림돌이 되어 왔다. 비본질주의적 관점에서 새로운 형태의 정치학에 접근해야 할 필요가 있다. 따라서 철학에서는 탈근대적이라고 불릴 수 있는 다양한 조류들이 상술한 이론적인 도구를 사용할 필연성이 나오며 합리주의와 주체주의에 대한 이들의 비판을 전유할 필연성이 나오는 것이다.7

민주주의 혁명

근대성을 정의하기 위한 서로 다른 많은 기준들이 제안되었다. 이 기준들은 강조하고자 하는 특수한 수준이나 특색에 따라 매우 다양하다. 그중 하나로 나는 근대성이 정치적인 수준에서 정의되어야 한다고 생각한다. 사회적 관

---

7 나는 탈구조주의만이 아니라 정신분석학과 포스트하이데거적 해석학, 후기 비트겐슈타인의 언어철학과 같은 다른 조류들도 가리키는 것이다. 이런 조류들은 모두 합리주의와 주관주의에 대한 하나의 비판으로 수렴한다.

계들이 형태를 갖추고 상징적으로 배열되는 곳이 바로 정치적인 수준이기 때문이다. 근대성은 그것이 어떤 새로운 유형의 사회를 개시하는 한 하나의 확고한 준거점으로 간주될 수 있다. 이 관점에서 근대성의 기본 특징은 분명 민주주의 혁명의 도래다. 클로드 르포르Claude Lefort가 보여 준 것처럼 이 민주주의 혁명은 새로운 종류의 사회적인 것을 설정하는 기원이다. 이 속에서 권력은 하나의 '텅 빈 장소'가 된다. 이 때문에 현대 민주주의 사회는 "권력·법·지식이 어떤 근본적 불확실성에 노출된 사회, 즉 어떤 통제 불가능한 모험의 극장이 되어 버린 사회"로 구성되어 있다. "따라서 제도화된 것은 결코 확고하지 않으며 알려진 것은 알려지지 않은 것에 의해 확정되지 않은 채로 남아 있으며 현재는 정의 불가능하다는 것을 증명한다."[8] 군주의 인격에 구현되어 있고 어떤 초월적인 권위에 속박된 권력이 부재한다는 것은 어떤 궁극적인 보증의 실존이나 정당성의 원천을 선취하는 것이다. 사회는 하나의 유기적인 정체성을 지닌 어떤 실체로 더는 정의될 수 없다. 이제 남아 있는 것은 확실하게 정의된 윤곽 같은 것이 없는 사회, 어떤 단일한 시각 혹은 보편적 시각으로 묘사하는 것이 불가능한 어떤 사회적 구조뿐이다. 바로 이런 방식으로 민주주의는 '확실성 표지의 해소'[9]라는 특징을 갖는다. 나는 이런 접근이 대단히 시사적이며 유용하다고 생각한다. 우리는 이런 접근을 통해 현대사회의 많은 현상을 새로운 관점에서 다룰 수 있다. 따라서 민주주의 혁명의 효과는 예술·이론·문화 일반의 모든 측면에서 분석될 수 있다. 우리는 근대성과 탈근대성 사이의 관계에 대한 물음을 새롭고 더 생산적인 방식으로 정식화할 수 있다. 게다가 민주주의 혁명을 르포르가 그린 대로 근대성의 뚜렷한 특색으로 보면, 탈

8 Claude Lefort, *The Political Forms of Modern Society*, Oxford, 1986, p. 305.
9 Claude Lefort, *Democracy and Political Theory*, Oxford, 1988, p. 19.

근대성이 언급될 때의 철학적 의미가 민주주의적 사회 형식의 도래, 다시 말해 근대성 자체의 도래를 구성하는 궁극의 토대 혹은 최후의 정당성이 불가능하다는 것을 인정하는 것임이 분명해진다. 이런 인정은 '신' 또는 '자연'에 놓인 전통적 토대를 '인간'과 인간의 '이성'에 놓은 대안적인 토대로 대체하려는 여러 시도가 실패한 이후 나타났다. 이런 시도들은 근본적 불확실성이라는 현대 민주주의의 특징 때문에 시작부터 실패할 운명에 놓여 있다. 프리드리히 니체Friedrich Wilhelm Nietzsche는 '신'의 죽음이 휴머니즘의 위기와 분리될 수 없다고 선언했을 때부터 이것을 이미 잘 알고 있었다.10

따라서 합리주의와 휴머니즘에 대한 도전은 근대성 전체에 대한 거부가 아니라 오직 근대성 내의 특수한 기획의 위기, 즉 자기 정초라는 계몽주의적 기획의 위기만을 의미한다. 그것은 우리가 만인의 평등과 자유의 성취라는 근대성의 정치적 기획을 포기해야 한다는 것을 의미하지 않는다. 우리가 민주주의 혁명의 이런 측면을 추구하고 심화하려면, 민주주의적 기획이 우리 시대의 민주주의적 투쟁의 충만한 폭과 특정성을 고려할 수 있어야 한다. 이른바 탈근대적 비판은 바로 여기서 자신의 역량을 충분히 발휘하게 된다.

단일한 주체의 상을 적대적 행위들을 이해할 수 있는 궁극적인 원천으로 고집한다면, 우리는 어떻게 이 새로운 적대의 본성을 알 수 있다고 희망할 수 있겠는가? 사회적 행위자들을 동질적이고 단일한 존재자들로 생각한다면, 한 개인에게 영향을 줄 수밖에 없는 종속 관계들의 다양성을 우리는 어떻게 파악할 수 있단 말인가? 이 새로운 사회적 운동들에서 일어나는 투쟁들을 특징짓는 것은 어떤 단일한 행위자의 구성 요소인 주체 위치들의 다양성

---

10 이 문제에 대해서는 통찰력 있는 분석인 Gianni Vattimo, *La fine della modernita*, Milan, 1985, 2장의 "La crisi dell 'umanismo'"을 보라.

과, 이 다양성이 적대의 자리가 되어 정치화될 수 있는 가능성이다. 따라서 단일한 주체라는 합리주의적 개념에 대한 비판이 중요하다. 이런 비판은 탈구조주의에서만이 아니라 정신분석학과 후기 비트겐슈타인Ludwig Josef Johann Wittgenstein의 언어철학과 한스 가다머Hans-Georg Gadamer의 해석학에서도 발견할 수 있다.

오늘날 정치에 대해 사고할 수 있으려면, 그리고 이 새로운 투쟁들의 본성과 사회적 관계들—민주주의 혁명이 확장되어야만 하는—의 다양성을 이해할 수 있으려면 주체를 탈중심적이고 탈전체적인 행위자로 보는 이론을 발전시켜야 한다. 이런 주체는 다양한 주체 위치들의 교차점에 세워져 있다고 간주할 수 있으며, 주체 위치들 사이의 선험적이거나 필연적인 관계는 전혀 존재하지 않으며 그들 간의 접합도 헤게모니적 실천의 결과일 뿐이다. 결국, 어떤 정체성도 결코 설정된 적이 없으며, 서로 다른 주체 위치들이 접합되는 방식에는 항상 어느 정도의 개방성과 애매성이 존재한다. 정치적 행위에 대한 완전히 새로운 관점이 출현한 것이다. 자기 이익만을 추구하는 개인이라는 관점에 서 있는 자유주의나 모든 주체 위치들을 계급 위치로 환원하려는 마르크스주의는 이 새로운 관점을 상상하는 것은 차치하고 인식조차 못 하고 있다.

그런데 민주주의 혁명의 이 새로운 국면이 그 방식에서는 계몽주의에 대한 민주주의적 보편주의의 결과라고는 하나, 계몽주의의 몇 가지 전제에도 문제를 제기하고 있다는 것을 주목해야 한다. 이 새로운 투쟁들의 상당수는 보편성을 담고 있는 주장을 사실상 포기한 것이다. 이런 투쟁들은 어떻게 모든 보편성의 주장에 특수한 것에 대한 부인과 특정성에 대한 거부가 놓여 있는지를 잘 보여 준다. 여성주의적 비판은 소위 저 보편적 이상의 배후에 감춰진 특수주의를 폭로하는데, 보편적 이상은 사실상 항상 배제의 메커니즘이었던 것이다. 예를 들어 캐럴 페이트먼Carole Pateman은 고전 민주주의 이론들이 어떤 식으로 여성의 배제에 근거해 있는지를 보여 주었다. "보편적 시민권의 관념은 근대 특유의 관념이며, 모든 개인이 자유롭고 평등하게 태어났다는 혹은 원래부터 서로 자유롭고 평등하다는 견해가 출현하면서 필연적으로 나타난 관념이다. 어떤 개인도 원래부터 다른 개인에게 종속된 사람은 없다. 따라서 모든 사람은 시민으로서 자신들의 자치 상태를 지지한다는 공적인 입장을 가져야 한다. 개인의 자유와 평등은 또한 일치나 합의를 통해서만 정부가 출현할 수 있다는 생각을 함축한다. 우리는 모두 '개인'이 어느 한 사람 혹은 각각의 모든 사람에게 적용되는 하나의 보편적인 범주라고 배웠지만, 사실은 그렇지 않다. '그 개인'은 남자였던 것이다."[11]

민주주의 기획을 급진 민주주의 입장에서 재정식화하려면 획일적인 인간 본성을 전제하는 추상적인 계몽적 보편주의를 포기해야 한다. 심지어 바로 이 개념들을 통해 현대 민주주의와 권리의 담지자로서 개인에 대한 최초의 이론들이 출현할 수 있었더라도, 이 개념들은 오늘날 민주주의 혁명을 미래로 확장하는 데에는 주요한 걸림돌이 되었다. 오늘날 요구되고 있는 새로운 권리들은, 그 중요성이 이제야 역설되고 있는 차이들을 표현하고 있다. 또 이 새로운 권리들은 더는 보편화할 수 있는 권리들이 아니다. 급진 민주주의가 우리에게 요구하는 것은 차이—특수한 것, 다양한 것, 이질적인 것—를 인정하라는 것, 다시 말해 사실상 추상적인 '인간' 개념에 의해 배제되었던 모든 것을 인정하라는 것이다. 보편주의는 거부되는 것이 아니라 특수화된다. 이제 보편적인 것과 특수한 것의 새로운 접합이 필요해졌다.

---

11 Carole Pateman, "Removing Obstacles to Democracy", paper presented to the International Political Science Association meeting, Ottawa, Canada, October, 1986, mimeographed.

실천 이성 : 아리스토텔레스 대 칸트

계몽주의의 추상적 보편주의에 대한 불만이 증가하는 상황은 아리스토텔레스의 개념인 프로네시스[실천적 지혜]phronesis의 복귀를 잘 설명해 준다. 학문에 고유한 지식[에피스테메]episteme과는 구별되는 이 '윤리적 지식'은 에토스, 즉 그 공동체에 통용되는 문화적이고 역사적인 조건들에 의존하며 보편성에 대한 모든 주장을 포기할 것을 함축한다.[12] 이것은 인간의 실천에 관한 연구에 적절한 합리성의 일종으로, 실천 '학문'의 모든 가능성을 배제하지만 명백한 진술로 특징짓기는 어려운 분야인 어떤 '실천 이성'을 요구한다. 여기서는 합당한 것이 논증 가능한 것을 능가한다. 한편 칸트Immanuel Kant는 보편성을 필요로 한다는 점에서 실천 이성에 대한 매우 다른 통념을 제출했다. 폴 리쾨르Paul Ricoeur는 이렇게 진술한다. "칸트는 보편화의 규칙을 최고 원칙의 지위로 끌어올림으로써, 피히테Johann Gottlieb Fichte부터 마르크스Karl Marx까지 파급된 가장 위험한 관념 가운데 하나를 창시했다. 그 내용은 실천 영역이 이론 영역에서 요구되는 과학적 지식에 필적할 만한 지식의 특정 유형에 종속되어야 한다는 것이었다."[13] 그래서 가다머 역시 실증주의로 가는 길을 인문학 내에 열었다고 칸트를 비판했으며, 인간 행위 영역 내에 보편적인 것과 특수한 것 사이에 존재하는 관계의 유형을 파악하려면 프로네시스라는 아리스토텔레스적인 통념이 판단에 대한 칸트의 분석보다 훨씬 더 적합하다고 생각했다.[14]

---

12 아리스토텔레스에 대한 최근의 해석들은 아리스토텔레스를 자연법 전통과 분리하고 이 쟁점과 관련된 아리스토텔레스와 플라톤 사이의 차이들을 강조하려 한다. 실례로 *Truth and Method*, New York, 1984, pp. 278-89에 나오는 가다머의 비평을 보라.

13 Paul Ricoeur, *Du texte à l'action*, Paris, 1986, pp. 248-251.

탈경험주의적 과학철학의 발전은 해석학과 더불어, 과학에서 우세한 위치를 점하는 실증주의적 합리성의 모델에 집중적으로 도전하고 있다. 토마스 쿤Thomas Kuhn과 메리 헤세Mary Hesse 등의 이론가들은 과학 진화에 수사修辭적 요소들이 중요하다는 점을 지적하면서 이런 비판에 상당히 많이 이바지했다. 오늘날 우리가 '합당한' 것 및 '개연적인' 것에 여지를 마련해 주고 합리성의 다양한 형식들의 실존을 인정하려면 합리성 개념을 확장해야 한다는 것에 대해서는 광범위한 동의가 존재한다.

이런 관념들은 판단이 하나의 기초적인 역할을 하는 급진 민주주의관에 중요한데, 한편으로는 몇 가지 보편적인 기준의 존재와 다른 한편으로는 자의성 규칙 간의 거짓 딜레마를 피하려면 적절하게 개념화되어야 한다. 어떤 문제가 과학에 의해서는 답변될 수 없는 채로 남아 있다거나 논증될 수 있는 진리의 지위를 얻지 못했다고 해서, 그 물음에 대해 어떤 합당한 의견이 형성될 수 없다거나 그 물음이 합리적 선택의 기회일 수 없다는 것을 의미하는 것은 아니다. 한나 아렌트Hannah Arendt에 따르면 정치적 장에서 사람들은 진리의 영역이 아닌 의견이나 '독사'doxa 영역에서 자기의 나아갈 바를 깨닫게 되며, 각각의 장에는 고유한 타당성과 정당성의 기준이 있다고 한다.15 전적으로 올바른 주장이다. 물론 이것이 상대주의라는 유령에 사로잡혀 나오게 된 입장이라고 반박할 사람들도 있을 것이다. 하지만 객관주의와 상대주의 사이에서 아무런 대안도 제시하지 않는 전통적인 문제틀에 속박된 사람에게나 이런 비난이 의미 있을 것이다.

어떤 가치 체계가 주어졌을 때 그에 대한 궁극의 합리적 토대가 마련될

---

14 Gadamer, *Truth and Method*, pp. 33-39.
15 Hannah Arendt, *Between Past and Future*, New York, 1968.

수 없다고 주장한다고 해서 모든 견해가 동등하게 고려된다는 것을 함축하지는 않는다. 로티도 다음과 같이 주목하듯이 말이다. "실제의 논쟁점은 하나의 견해를 다른 견해만큼 좋다고 생각하는 사람들과 그렇지 않다고 생각하는 사람들 사이에 있는 것이 아니다. 그것은 우리의 문화, 우리의 목표나 제도들이 대화의 방식이 아니면 지탱될 수 없다고 생각하는 사람들과 다른 방식으로 지탱되기를 여전히 희망하는 사람들 사이에 있다."16 정의로운 것과 정의롭지 않은 것, 정당한 것과 정당하지 않은 것은 언제나 구별할 수 있지만, 이는 오직 주어진 전통 내에서 이 전통이 제공하는 기준의 도움으로만 행해질 수 있다. 실제로 모든 전통의 바깥에 존재하는, 다시 말해 우리가 이로부터 보편적 판단을 제시할 수 있는 그런 관점은 존재하지 않는다. 나아가 탈근대적인 비판이 도달하게 된 논리학과 수사학 간 구별의 포기—아리스토텔레스와 결별하는 지점이 바로 여기다—는 '힘이 곧 정의'임을 의미하거나 허무주의로의 침몰을 의미하지 않는다. 우리는 (타당성이 권력과 연관된 특정 진리 체계에 항상 상대적이므로) 타당성과 권력을 절대적으로 분리할 수 없음을 미셸 푸코Michel Foucault와 마찬가지로 받아들이지만, 그렇다고 주어진 진리 체계 내에서 이루어지는 논쟁의 전략과 규칙들을 존중하는 사람들과 단순히 그 권력을 강요하는 사람들을 구별할 수 없다고 주장하려는 것은 아니다.

결국, 이런 토대의 부재는 비트겐슈타인이 말하려 했던 것처럼 '모든 것을 있는 그대로 내버려 두고서', 동일한 물음을 새로운 방식으로 질문하도록 우리를 강제한다. 따라서 표류, 전파dissemination, 통제 불가능한 의미 작용의 유희를 특징으로 하는 근본적으로 새로운 신기원의 문턱에 서 있다고 우리를 믿게 하려는 특정 유형의 묵시론적인 탈근대주의의 오류가 따라 나오는

---

16 Richard Rorty, *Consequence of Pragmatism*, Minneapolis, 1982, p. 167.

것이다. 이런 견해는 그것이 비판하고자 하는 합리주의적 문제틀에 여전히 사로잡혀 있다. 다음의 지적처럼 말이다. "고전 형이상학자의 실제 잘못은 형이상학적인 토대들이 있다는 믿음이 아니라, 어떻게 해서든지 이런 토대들이 필요하다는 믿음, 토대들이 존재하지 않으면 무언가가 상실되거나 무언가가 위협받거나 무언가가 바로 문제가 된다는 그런 믿음이었다."17

전통과 민주주의 정치

급진 민주주의가 특수한 것, 상이한 형식의 합리성의 실존, 전통의 역할에 동의한다는 중대한 사실 때문에, 급진 민주주의의 경로는 역설적으로 몇몇 주요 보수주의 사상과 마주친다. 사실 보수주의 사상의 주된 강조 가운데 하나는 계몽주의의 합리주의와 보편주의를 비판한다는 것인데, 이 점에서 탈근대주의자들과 입장을 공유한다. 이 근접성은 왜 특정 탈근대주의자들이 하버마스에 의해 보수적이라는 낙인을 받았는지를 설명해 줄 것이다. 그러나 그 친화성은 정치적 수준에서는 발견될 수 없다. 그것은 화해와 지배의 교리들인 자유주의 및 마르크스주의와 다르게, 보수주의 철학이 인간의 유한성, 불완전성, 한계에 근거해 서술되고 있다는 사실에서 찾을 수 있다. 그렇다고 보수주의 철학이 반드시 현상 유지와 반민주적 시각으로 귀결된다고 볼 수는 없다. 왜냐하면, 보수주의 철학은 여러 가지 유형으로 접합될 수 있기 때문이다.

---

17 John R. Searle, "The Word Turned Upside Down", *The New York Review of Books*, 27 October, 1983, p. 78.

예를 들어 전통이라는 통념은 전통주의와 구별되어야 한다. 전통이 있기에 우리는 역사성 속에 삽입된 우리 자신을 생각할 수 있다. 우리는 현존하는 일련의 담론들을 통해 주체들로 구성된 것이며, 우리를 형성하고 있는 바로 이 전통에 의해 세계가 우리에게 주어지며 모든 정치적 행위도 가능하다는 사실을 깨닫게 된다. 이와 관련해 마이클 오크쇼트^{Michael Oakeshott}의 주장을 살펴보기로 하자. 그는 실제 존재하는 '행동의 전통들'에 핵심 역할을 부여하며 정치적 행위를 '친숙성의 추구'로 보는데, 그와 같은 정치관은 급진민주주의의 정식화에 매우 유용하고 생산적이다. 실제로 오크쇼트는 이렇게 말한다. "정치는 일군의 사람들의 일반적 배치에 종사하는 활동인데, 이들은 그 배치에 종사하는 방식을 공통으로 인정하는 관점에서 하나의 단일한 공동체를 조직하게 된다. …… 그렇다면 정치적 활동은 순간적인 욕망이나 일반적 원리에서가 아니라 실제 존재하는 행동 전통들 자체에서 솟아나는 것이다. 또한, 다른 형식이 채택될 수 없기에 채택된 정치적 활동의 형식은 배치 내에 친숙하게 있는 것을 탐사하고 추구함으로써 실제 존재하는 배치들을 개정하는 것이기도 하다."¹⁸ 누군가가 자유민주주의 전통을 우리 사회의 주요 행동 전통으로 간주한다면, 그 사람은 모든 사회적 삶의 분야에서 민주주의 혁명의 확장과 평등 및 자유를 위한 투쟁의 전개를 바로 이들 '친숙성'의 추구로 이해할 수 있을 것이다. [이와 관련해] 오크쇼트는 우리에게 좋은 예를 제시한다. 물론 그가 자신의 주장이 가진 급진적 잠재성을 깨달은 것은 아니다. 그는 여성의 법적 지위를 논의하면서 이렇게 선언한다. "정치적 활동 능력이 갖춰진 한 사회를 구성하는 배치는, 이 배치가 관습이든 제도든 법이든 외교적 결정이든 간에 일관적인 동시에 비일관적이다. 즉 이 배치는

---

18 Michael Oakeshott, *Rationalism in Politics*, London, 1967, p. 123.

하나의 유형을 조직하며, 동시에 충분하게 나타나 있지 않은 것에 대한 어떤 공감을 암시하고 있다. 정치적 활동은 바로 그 공감을 탐색하는 것이다. 그 결과 그와 관련된 정치적 추론은, 존재하기는 하지만 아직 철저히 추적되지는 못한 어떤 공감을 확신시켜 주면서 드러내 줄 것이다. 또한, 정치적 활동은 바로 지금이 그 공감을 인정할 적절한 계기임을 확신시키는 입증일 것이다."[19] 그는 여성의 법적인 평등에 대한 인정이 이런 방식으로 가능하다고 결론을 내린다. 분명히 이런 유형의 추론은 민주적 원칙의 확장을 정당화하는 데 매우 유용할 것이다.

또 이렇게 전통에 부여된 중요성은 정치적 주체의 구축에 관해 수많은 중요한 사유 방식을 우리에게 제공하는 가다머의 철학적 해석학의 주요 주제 가운데 하나이다. 가다머는 마르틴 하이데거Martin Heidegger를 좇아 사고와 언어와 세계 사이에 기본적인 통일성이 존재한다고 단언한다. 우리에게 현재의 지평은 바로 언어에 의해 구성된다. 또 이 언어는 과거의 표지를 간직하고 있다. 다시 말해 그것은 현재 내의 과거의 삶이며 따라서 전통의 운동을 구성하는 것이다. 가다머에 따르면, 계몽의 오류는 '선입견들'prejudices을 불신한다는 것, 또 사람들에게 그들의 현재를 초월하여 역사에 삽입되어 있는 사유로부터 자유로워질 것을 요구하는 앎의 이상을 제안한다는 점에 있다. 하지만 이 선입견들이야말로 우리가 처한 해석적 상황을 정의하며 우리의 앎의 조건과 세계에 대한 개방성을 구성한다. 또한, 가다머는 계몽주의가 그어 놓은 전통과 이성 간의 대립을 거부한다. 그 이유는 가다머의 다음 말에서 잘 드러난다. "전통은 항상 자유와 역사 그 자체를 이루는 한 요소다. 가장 견고하고 진정한 전통이라 하더라도 일단 현존했던 것이 지닌 관성 때문

---

19 같은 책, p. 124.

에 자연적으로 지속한다는 법은 없다. 전통은 긍정되고 포용되고 양성되어야 한다. 모든 역사적 변화에도 불구하고 능동적으로 작용하는 것이 본래 보존이다. 하지만 보존은 이성의 한 작용이지만, 뚜렷하게 드러나는 것은 아니다. 이 때문에 오직 새로운 것 혹은 계획된 것만이 이성의 결과인 것처럼 보인다. 그러나 이는 가상이다. 심지어 혁명의 시대처럼 삶이 격렬하게 변화할 때조차도, 모든 것이 변형된다고 전제는 해야겠지만 그 변형에도 불구하고 알려진 것보다 훨씬 더 많은 오래된 것이 보존되며 새로운 것과 결합하여 새로운 가치를 창조하게 된다."[20]

가다머에게 발견되는 이런 전통관은 비트겐슈타인의 '언어 게임'이라는 용어로 재정식화할 때 더 구체적이고 복잡하게 만들어질 수 있다. 이런 견지에서 보았을 때 전통은 어떤 주어진 공동체를 구성하는 언어 게임의 집합이된다. 비트겐슈타인에게 언어 게임은 언어 규칙과 객관적 상황과 삶의 형식 간의 분리 불가능한 결합이기에,[21] 전통은 우리를 주체로 형성하는 담론들과 관행들의 집합이다. 그래서 우리는 정치를 친숙성들의 추구로 생각할 수 있다. 이것을 비트겐슈타인적인 관점에서 생각해 보면, 정치는 주어진 전통의 핵심 용어들에 대한 새로운 용법들을 창출하는 것이며, 또 새로운 삶의 형식을 가능하게 하는 새로운 언어 게임 속에서 이 용법들의 사용을 창출하는 것으로 이해될 수 있다.

전통의 통념을 통해 급진 민주주의 정치에 관한 사고를 할 수 있으려면, 민주주의 전통의 혼합적이고 이질적이며 개방적인, 궁극적으로는 불확실한 성격을 강조하는 것이 중요하다. 언제나 여러 가능한 전략들이 이용될 수 있

---

20 Gadamer, *Truth and Method*, p. 250.

21 Ludwig Wittgenstein, *Philosophical Investigations*, Oxford, 1953.

는데, 이는 동일한 요소가 서로 다르게 해석될 수 있다는 의미에서만이 아니라 전통의 어떤 부분이나 측면이 다른 부분이나 측면에 반하여 작동할 수 있기 때문이기도 하다. 이것이야말로, 아마도 전통의 역할을 이해했던 유일한 마르크스주의자인 안토니오 그람시Antonio Gramsci가 헤게모니적 실천들의 특징인 요소들의 탈접합와 재접합의 과정으로 간주했던 것이다.22

근래에 신자유주의자들과 신보수주의자들은 자유 및 평등과 같은 개념들을 다시 정의하고 자유의 관념을 민주주의 관념으로부터 탈접합하려 하는데, 이런 시도들은 자유민주주의 전통에서 서로 다른 유형의 친숙성들을 활용하게 해 주는 서로 다른 전략들이 어떤 식으로 추구될 수 있는지를 입증한다. 19세기에 자유주의와 민주주의 간에 설정된 접합을 종식시키려 하고, 자유를 강제의 부재 이상이 아닌 것으로 다시 정의하려는 사람들 쪽에서 시도하는 이 공세에 직면해, 급진 민주주의 기획은 민주주의를 옹호하고자 노력해야 하며, 새로운 사회적 관계들에 적용할 수 있도록 민주주의 영역을 확장하려고 노력해야 한다. 급진 민주주의 기획은 자유민주주의 전통의 요소들 사이에서 상이한 유형의 접합을 창조하려는 것이다. 그것은 개인주의적 틀 내에서 권리를 보는 것이 아니라 오히려 '민주주의적 권리'를 생각하는 것이다. 이것은 새로운 헤게모니를 창조할 것이며, 이 새로운 헤게모니는 가능한 한 가장 많은 수의 민주주의적 투쟁들이 접합된 성과일 것이다.

민주주의적 가치들이 헤게모니를 행사하기 위해서는 다양한 민주주의적 실천이 필요하다. 이렇게 되면 민주주의적 실천들은 훨씬 더 다양한 사회적 관계들 속에서 제도화될 것이다. 그에 따라 주체 위치의 다양성은 민주주의

---

22 이 쟁점에 관해서는 내가 편한 *Gramsci and Marxist Theory*, London, 1979, pp. 168-204 에 실린 내 논문 "Hegemony and Ideology in Gramsci"를 보라.

의 모체|matrix를 통해 형성될 수 있다. 이런 방식—그리고 하나의 합리적 토대를 제공하려 노력하지 않는 것—을 통해 우리는 민주주의를 옹호할 뿐만 아니라 이를 심화시킬 수도 있을 것이다. [그러내 그와 같은 헤게모니가 완결되는 일은 결코 없을 것이며, 어찌 됐건 단일한 민주주의 논리가 통치하는 사회는 바람직할 수 없다. 권위와 권력의 관계들은 완전히 사라질 수 없으며, 그 자체로 조화로운 투명한 사회라는 신화를 포기하는 것이 중요하다. 이런 유형의 환상은 전체주의로 통하기 때문이다. 반대로 급진적이고 다원적인 민주주의 기획은 다양성과 다원성, 갈등이 실존하기를 요구하며 그 속에서 정치의 존재 이유를 파악한다.

급진 민주주의, 하나의 새로운 정치철학

실로 급진 민주주의의 과제가 민주주의 혁명을 심화하고 상이한 민주주의적 투쟁들을 이어 주는 데 있다면, 이런 과제는 이를테면 반인종주의와 반성차별주의와 반자본주의 간의 공통 접합을 허용할 수 있는 새로운 주체 위치들을 창조할 필요가 있다. 이 투쟁들이 자연 발생적으로 수렴되는 법은 없으며, 민주적 등가성의 확립을 위해서는 새로운 '상식'이 필연적이다. 이 새로운 '상식'은 서로 다른 집단들의 정체성을 변형하여, 각 집단의 요구들이 민주적 등가성의 원칙에 따라 다른 집단의 요구들과 접합될 수 있도록 할 것이다. 왜냐하면, 문제는 주어진 이익들 간의 단순한 동맹의 설정이 아니라 이 힘들의 정체성을 현실에서 변화시키는 것이기 때문이다. 노동자 이익의 옹호가 여성이나 이주자나 소비자의 권리를 희생하는 대가로 추구되는 것이 아니려면, 이 서로 다른 투쟁 간의 등가성이 반드시 확립되어야 한다. 권력에 대항하는 투쟁들은 오직 이런 환경들에서만 진정 민주적이 된다.

정치철학은 이 상식의 출현과 이 새로운 주체 위치들의 창조에서 매우 중요한 역할을 한다. 왜냐하면, 그것은 특정 유형의 주체 구축을 위한 정치적 경험의 형식을 제공할 것이며 하나의 모체로 사용될 '실재reality에 대한 정의定義'를 구체화할 것이기 때문이다. 권리·자유·시민 의식 등과 같은 자유주의의 몇몇 핵심 개념들은 오늘날 소유적 개인주의 담론이 주장하는 것들인데, 민주적 등가성의 연쇄적 설정 방식으로 설립된다.

나는 다음과 같은 민주주의적 권리 개념의 필연성을 이미 언급한 바 있다. 그것은 권리가 개인에게 속하기는 하지만, 오직 집합적으로만 행사될 수 있으며 다른 사람에게도 똑같은 권리가 있음을 전제하는 개념이다. 하지만 급진 민주주의에는 다음과 같은 자유의 관념 또한 필요하다. 그것은 고대인의 자유와 근대인의 자유 간의 거짓 딜레마를 초월하여 우리에게 개인적 자유와 정치적 자유를 함께 생각하도록 하는 자유의 관념이다. 급진 민주주의는 이 쟁점과 관련해, 시민 공화주의의 전통을 회복하고자 하는 다양한 저자들의 선취를 공유한다. 하지만 그 추세는 상당히 이질적이다. 따라서 이른바 공동체주의자들을 구별할 필요가 있다. 일단 공동체주의자들은 모두, 사회적 관계들이 주체를 형성한다고 생각하기 때문에 주체가 사회적 관계들보다 먼저 실존한다고 보는 자유주의적 개인주의 관념에 대해서는 비판한다. 하지만 근대성을 향한 태도는 서로 다르다. 한쪽에는 마이클 샌들Michael Sandel 및 알래스데어 매킨타이어Alasdair MacIntyre와 같은 공동체주의자들이 있다. 그들은 주로 아리스토텔레스의 영향을 받아 공동선의 정치[핵]의 이름으로 자유주의적 다원주의를 거부한다. 다른 쪽에는 찰스 테일러Charles Taylor 및 마이클 왈쩌Michael Walzer와 같은 공동체주의자들이 있다. 그들은 자유주의의 인식론적 전제들을 비판하긴 하지만, 권리와 다원주의 분야에 대한 자유주의의 정치적 기여를 통합하고자 노력한다.[23] 먼저 소개한 공동체주의자들이 민주주의의 도래에 관해 극히 애매한 태도를 유지하며, 윤리적인 것과 정치적인 것을 구별하지 않는 전근대적 정치관들을 공유된 도덕적 가치들의 표현으로 이해하면서 옹호하려는 경향이 있지만, 나중에 소개한 공동체주의자들은 급진 민주주의에 좀 더 근접한 관점을 지니고 있다.

아마도 마키아벨리Niccolò Machiavelli의 저서에서 우리는 시민 공화주의가 우리에게 줄 수 있는 최대치를 찾아낼 수 있을 것이다. 이런 관점에서 켄틴 스키너Quentin Skinner의 최근 연구는 특별히 흥미롭다. 스키너는 마키아벨리의 자유관이 선한 삶에 대한 객관적인 통념을 가정하지 않으며(그런 까닭에 이사야 벌린Isaiah Berlin에 따르면 '소극적' 자유관이지만), 그럼에도 불구하고 (벌린에 따르면 '적극적' 자유관의 전형인) 정치 참여와 시민적 덕의 이상들을 포함한다는 것을 잘 보여 준다. 스키너는 우선 마키아벨리의 『로마사 논고』Discourses에서 자유의 관념이 개인의 고유한 목표, 자신의 '기질'humori을 추구하는 개인의 능력으로 그려지고 있음을 보여 준다. 이것은 다음과 같은 고려 사항과 공존한다. 즉 강제와 노예 상태를 피하면서도 이 자유의 사용을 불가능하게 할 필요조건을 확보하려면, 개인들에게는 특정 공공 기능을 다하며 필수 덕목들을 연마하는 것이 반드시 요구된다는 것이다. 마키아벨리에게, 사람들이 시민적 덕을 행사해야 하고 공동선에 봉사해야 하는 이유는, 자기 고유한 목적의 추구를 허용하는 특정 정도의 인격적 자유를 스스로에게 보증하기 위해서이다.[24] 우리는 이 속에서 오래된 정치적 자유관 위에 접합된 매우 현대적인 개인적 자유관과 마주친다. 이것은 급진 민주주의 정치철학의 발전에

---

23 여기서 지시하는 논문은 다음과 같다. Michael Sandel, *Liberalism and the Limits of Justice*, Cambridge, 1982. Alasdair MacIntyre, *After Virtue*, Notre Dame, 1884. Charles Taylor, *Philosophy and the Human Sciences*, New York, 1883.

24 Quentin Skinner, "The Idea of Negative Liberty: Philosophical and Historical Perspectives", in R. Rorty, J. B. Schneewind and Q.Skinner eds., *Philosophy in History*, Cambridge, 1984.

필수다.

하지만 시민 공화주의 전통에 대한 이런 호소는, 마키아벨리적 분파에 특권을 주더라도, 우리에게 오늘날 민주주의적 투쟁들의 다양성을 접합하기 위해 요구되는 정치적 언어를 전적으로 제공할 수는 없다. 이런 호소가 할 수 있는 최선의 일은 자유주의적 개인주의의 부정적 측면과 싸울 수 있는 요소들을 우리에게 제공한다는 것이다. 하지만 그것은 오늘날 정치의 복잡성을 파악하기에는 부적절하다. 우리 사회들은 근본적으로 새롭고 서로 다른 정치적 공간의 증식에 직면해 있다. 이런 상황은 정치적인 것을 하나의 단일한 구성적 공간에서 구성할 수 있다는 관점—이 관점은 자유주의와 시민 공화주의 모두에 비추어 보아도 독특한 것이다—을 포기할 것을 우리에게 요구한다. '무연고적 자아'라는 자유주의적 관점이 불충분하다면, 시민 공화주의의 공동체주의적 옹호자들이 제시한 대안도 불만족스럽기는 마찬가지다. 그것은 단일한 '무연고적 자아'로부터 '단일한 상황적 자아'로 이동하는 것의 문제가 아니다. 문제는 단일한 주체라는 바로 그 관념이다. 많은 공동체주의자들은 우리가 경험적으로 심지어 지리적으로 정의된 오직 하나의 사회에만 속해 있으며, 이 공동체가 단일한 공동선의 관념으로 통합될 수 있을 것이라 믿는 것처럼 보인다. 그러나 우리는 사실상 항상 다양하고 모순적인 주체들이며, 각종 담론들에 의해 구축되어 있고, 주체 위치들의 교차로에서 불확실하고 일시적으로 봉합된 (실제로 우리가 참여하는 사회적 관계들과, 사회적 관계들이 정의하는 주체 위치들만큼이나 많은) 상이한 공동체에 거주하는 자들이다. 따라서 진정으로 다원적이고 민주적이 될 새로운 형식의 개인성individuality이 가능할 정치철학을 발전시키려면 탈근대적인 비판이 매우 중요하다. 이런 철학 유형은 민주주의의 어떤 합리적 토대를 가정하지 않으며, 정치적 문제들의 본성 및 최선의 체제와 관련한 물음들에 대해 레오 스트라우스Leo Strauss와 같은 방식으로 대답하지도 않는다. 반대로 그것은 동굴에 남자고 제안하며,

왈쩌가 설정했듯이 "우리가 공유하는 의미들의 세계를 동료 시민들에게 해석하자고"[25] 제안한다. 자유민주주의 전통은 수많은 해석에 열려 있으며 급진 민주주의 정치는 여러 전략 가운데 하나의 전략이다. 그 성공을 보증하는 것은 아무것도 없지만, 그런 기획은 근대성의 민주주의적 기획을 추구하고 심화하기 시작했다. 이런 전략은 계몽의 추상적인 보편주의, 사회적 총체성이라는 본질주의의 관점, 단일한 주체의 신화를 포기하라고 우리에게 요구한다. 이런 관점에서 급진 민주주의는 탈근대주의 철학의 발전을 결코 위협으로 바라보는 것이 아니라 목표를 성취하기 위한 하나의 필수불가결한 도구로 환영한다.

---

25 Walzer, *Spheres of Justice*, p. xiv.

미국 자유주의와 그에 대한 공동체주의의 비판

미국은 알렉시스 드 토크빌Alexis de Tocqueville 이래 종종 자유민주주의의 선택된 땅으로 간주되어 왔다. 1787년 헌법 제정에서 출발한 미국의 자유민주주의는 유럽 국가들이 이겨 내야 했던 장애물과 마주치지 않고 번성해 올 수 있었던 것이다. 루이스 하츠Louis Hartz가 1955년『미국의 자유주의 전통』*The Liberal Tradition in America*이라는 저서에서 새로 정식화한 이 주제는 오랫동안 확실한 헤게모니를 향유해 왔다. 미국에서 진정한 보수적 전통과 유력한 사회주의 운동의 이중적인 부재는 대체로 이 특징에서 기인한다. 또한, 많은 사람들이 미국이라는 신세계의 힘과 생명력의 비밀을 이 특징에서 찾았다. 하지만 최근 수년 동안 미국인은 이 민주적 자유주의의 지배에 대해 점점 더 비판적이 되었다. 그 결과 몇몇 사람은 다른 형식의 정체성을 탐구했으며 다른 전통이 현전한다는 기호들을 발견하려고 과거를 파고들기 시작했다.

'신보수주의' 운동은 1960년대 말 '민주주의의 과잉'을 경계하면서 조직되었다. 잡지『논평』*Commentary*, 『공익』*The Public Interest*을 중심으로 결합한 명망 높은 지식인들로 구성된 이 집단은, '평등의 낭떠러지'라는 유령을 불러내어 당시 십 년 동안 각종 사회운동이 표현한 민주적 물결에 대항하는 공세에 착수했다.1 그들은 이 다양한 새로운 권리들이 국가에 과잉 요구들을 부과했으며, 이 평등주의적 주장들의 폭발이 권위 체계를 위태롭게 했다고 비난했다. 이와 거의 동시에 '신자유주의자' 집단은 [존슨 대통령이 추진한] '위대한 사회'의 재분배 정책을 공격했으며 경제에 대한 국가의 늘어나는 간섭을 공공연히 비난했다. 그들은 밀턴 프리드먼Milton Friedman과 더불어 자유 시장 자본주의로의 복귀를 설교했다. 사실상 이 두 그룹이 모두 겨냥하는 표적은 자유주의와 민주주의 간의 접합, 즉 지배적인 사회적 관계들의 보존에 맞서는 민주주의 관념의 전복적인 잠재력이다.2

최근 하나의 새로운 목소리가 두드러지고 있다. 이제 비판의 표적은 민주주의가 아니라 자유주의라는 것이다. 자유주의의 그 뿌리 깊은 개인주의야말로 공동체적 가치들의 파괴와 공적인 삶의 누적적인 저하에 책임을 져야 한다는 것이다. 좌파와 보수적 변형들 양쪽에 다 걸쳐 있는 이런 유형의 비판은 근원적이다. 왜냐하면, 이 비판은 미국 내에 깊숙이 숨겨진 하나의 전통인 '시민 공화주의'의 재발견이라는 틀에서 작동하기 때문이다. 몇몇 사람들이 '시민 휴머니즘'이라고 부르는 이 전통이 펼치는 정치적 담론에서는 우리가 자유롭고 자치적인 정치 공동체의 한 시민으로서 행위할 경우에만 참

---

1 제일 많이 알려진 사람들만 인용하면, 어빙 크리스톨(Irving Kristol), 다니엘 패트릭 모이니한(Daniel Patrick Moynihan), 다니엘 벨(Daniel Bell), 사무엘 헌팅턴(Samuel Huntington), 즈비그뉴 브레진스키(Zbigniew Brezinski) 등이 있다. 이 운동에 대한 탁월한 분석으로는 Peter Steinfels, *The Neo-Conservatives*, New York, 1979를 참조.
2 민주주의에 반대하는 세력은 신보수주의자들만큼이나 신자유주의자들로도 이루어져 있는데, 이 공세에 대해서는 *Politics and Power*, London, 1979, ch. 4, pp. 221-235에 실린 우리의 논문 "Democracy and the New Right"를 참조.

된 인간의 실현이 가능하다고 생각한다. 그 재건에 가장 많이 이바지했던 한 사람인 포콕J. C. A. Pocock에 따르면, 이 관점의 기원은 사람을 정치적 동물로 보는 아리스토텔레스의 시각에서, 키케로Cicero의 작품에서, 공적인 일res publica3이라는 로마적인 이상에서 발견되어야 한다. 그러나 제임스 해링턴James Harrington과 신해링턴주의자들의 작업을 거쳐 17~18세기 북미 정치사상에 영향을 준 특징들은 15세기 플로렌스에서 나타났다.4 이것은 아리스토텔레스적 요소와 마키아벨리적 요소를 종합한 정치적 언어이다. 여기서는 '공동선', '시민덕', '부패'의 통념이 핵심 역할을 한다.

최근 몇십 년 동안 미국 독립 혁명의 해석에 극적인 방향 전환이 일어났는데, 특히 혁명 시기 시민 공화주의의 중요성이 부각되었다. 로크John Locke의 영향을 주로 받아 이 혁명을 구세계와의 합리주의적 유형의 단절이라고 보았던 지배적인 해석에 맞서, 버나드 베일린Bernard Bailyn과 고든 우드 Gordon S. Wood와 같은 역사학자들의 작업5은 이 혁명이 신해링턴주의적인 시민 휴머니즘 문화의 영향을 깊숙이 받았음을 보여 주었다. 따라서 그들의 소책자에 대한 베일린의 분석에서 나타나듯이, '부패'라는 관념은 미국 애국주의자

---

3 [옮긴이] 'res publica'는 라틴어로 '공적인 것' 혹은 '공적인 일'을 뜻한다. 넓은 의미로는 국가·공화국·공공재산을 의미하기도 한다. 플라톤의 『국가』(Politeia)의 라틴어 번역어이기도 하다. 오늘날 공화국(republic)의 어원이다.

4 J. C. A. Pocock, *The Machiavellian Moment: Florentine Political Thought and the Atlantic Republican Tradition*, Princeton, 1975; *Politics, Language and Time*, New York, 1973; *Virtue, Commerce and History*, Cambridge, 1985. 그러나 포콕 자신이 시민 공화주의 전통을 오늘날 되살리자고 제안한 사람은 아님을 분명히 밝힐 필요가 있다.

5 Bernard Bailyn, *The Ideological Origins of the American Revolution*, Cambridge, Mass., 1967; *The Origins of American Politics*, New York, 1967. Gordon S. Wood, *The Creation of the American Republic 1776-1787*, Chapel Hill, 1969.

들의 정치 언어에서 핵심 위치를 차지하게 되었다. 공적인 일에 적극적으로 참여하는 개인이라는 고전적 정치관이 하나의 새로운 패러다임 즉 대의 민주주의의 패러다임 쪽으로 미끄러져 간 것은 그리 오래전이 아니다. 우드에 따르면 1787년 연방 헌법이 고전적 정치[학]의 종말과 새로운 패러다임의 설정을 표현하고 있다는 것이다. 연방 헌법은 인민을 동일한 이익을 통해 연결된 것으로 이해하지 않고 "사회의 건설에서 그들 간의 상호 이익을 위해 함께 모인 적대적인 개인들의 응집체"로 이해한다.6

바로 그때 공적인 덕과 공동선의 필연성을 강조하는 주장이 여론이라는 새로운 관점에 자리를 내주면서 실종된 것이다. 우드는 새로운 통치 형식이 어떤 식으로 출현했는지를 보여 준다. 그것은 정치적인 것을 이익 사이의 타협으로 보는 관점을 함축하는데, 이 관점의 정식화는 정치적 행위 자체에 외재적이다. 일반적으로 '자유주의적'인 특징을 지니는 이 새로운 관점은 19세기 내내 지배적이었지만, 몇몇 사람들에 따르자면 공화주의적 관점이 완전히 말살된 것은 아니었다. 예를 들어 포콕은 미국 문화 내에 전근대적이고 반산업적인 상징들이 지탱된 덕에 공화주의 관점이 지하에서나마 존속했다고 주장한다.7 자유주의적 개인주의를 비판했던 저자들은 이 전통을 불러들일 것이다. 미국인이 이 전통 덕에 개인주의의 침식 효과들에 저항할 수 있게 하는 공동체의 어떤 특정 의미를 보유할 수 있었다고 주장하면서 말이다.8 이 저자들에 따르면 오늘날 미국 사회가 겪는 위기는 사회적 유대의 파

---

6 Wood, *The Creation of the American Republic*, p. 607.

7 Pocock, *The Machiavellian Moment*, p. 549.

8 이는 로버트 벨라(Robert Bella)와 그 공동 연구자들이 *Habits of the Heart*와 *Individualism and Commitment in American Life*, Berkeley, 1985에서 옹호한 테제다. William M. Sullivan, *Reconstructing Public Philosophy*, Berkeley, 1982 역시 마찬가지 내용을 담고 있다.

괴에 있으며, 그렇게 된 이유는 개인들에게 자기 이익만 돌볼 줄 알고 자기 자유를 구속할지도 모르는 의무는 모두 거부하라고 자유주의적으로 선동했기 때문이다. 그래서 그들은 그 해결책이 이런 시민 공화주의 전통의 소생에 있다고 본다. 신보수주의자들은 자유민주주의 체제가 곤경을 겪게 된 기원이 민주주의 관념 때문이라고 보지만, '공동체주의자'로 불리는 저자들은 시민덕 및 정치 공동체의 정체성이 실종되었기 때문으로 본다. 정치 공동체에서 시민권은 권리만이 아니라 핵심적인 의무도 포함하기에 말이다. 공동체주의 저자들이 지적하는 문제점은 사회적 삶에서 증대하는 개인화와 공적 공간의 실종에서 나온 결과이며, 이는 오직 정치 참여라는 가치의 회복으로만 치료될 수 있다. 사적 이익들의 자유로운 유희에서 조화가 탄생할 수 있을 것이며 시민덕이 현대사회에서 더는 필요하지 않다는 자유주의적 가상은 그 자체로 위험하다는 것이 결국 드러나게 되었다. 결국, 자유주의적 가상은 민주주의 과정 그 자체를 문제 삼는다. 따라서 시민 공화주의 전통과 다시 연결되고 정치의 권위를 복원하는 새로운 정치 문화가 반드시 필요하다.

새로운 자유주의 패러다임

오늘날의 공동체주의자들이 지난날의 신보수주의자들처럼 존 롤즈John Rawls를 주요 표적으로 택한 것은 놀라운 일이 아니다. 실제로 『정의론』A Theory of Justice은 1971년 출판된 이래 '새로운 자유주의 패러다임'을 창시한 권위 있는 저서로 열렬한 환영을 받아 왔다.9 '의무론적인' 혹은 '옳음에 기반

---

9 John Rawls, A Theory of Justice, Cambridge, Mass., 1971.

을 둔' 이 패러다임은 앵글로색슨적인 이론적 반성 속에서 공리주의의 명백한 우월성에 종지부를 찍었다. 이제 자유주의를 비판하려면 자유주의의 가장 진전된 역작으로 간주되는 『정의론』과 씨름을 해야만 했다.

롤즈의 입장은 『정의론』의 출판 이래 다소 실체적인 방식으로 진화해 왔는데,[10] 자기 이론의 일관성을 견지하면서도 자신에 대한 비판을 평가할 수 있는 특정 문제들을 제출한 것이다. 『정의론』이 함축하는 바는 롤즈가 합리적 선택을 위한, 다시 말해 자신의 '공정' 이론의 보편적 성격을 보증해 줄 아르키메데스 점을 위한 하나의 알고리즘을 추구하고 있었다는 것이다. 롤즈의 문제의식은 자유롭고 합리적인 인격체들이 평등한 상황에 놓여 있을 때, 그들이 속한 결사체의 기본 조건들을 정의하기 위해 어떤 정의 원칙을 선택할 것인지를 규정하는 것이었다. 이후에 그는 사회 구성원이 지닌 공통의 직관들에서 출발해 현대 민주 사회의 정의관을 정교화하려 한 것뿐이라고 선언했다. 롤즈의 목표는 우리 상식 안에 잠복해 있는 관념들과 원칙들을 접합하고 분명하게 하는 것이었다. 따라서 롤즈가 주장하려는 것은 '참된' 정의관을 정식화한 것이라기보다는, 우리의 역사, 우리의 전통, 우리의 열망으로 기능할 수 있는 우리에게 타당한 원칙들과 우리가 우리 정체성을 이해하는 방식을 제안한 것이다.[11]

공리주의와는 반대로, 롤즈는 인격체에 대해 그 자신의 복리well-being만을 배타적으로 추구하는 순수하고 합리적인 개인으로 이해하지 않는다. 그는

---

10 특히 두 논문은 롤즈의 이런 진화를 분명하게 보여 준다. "Kantian Constructivism in Moral History", *The Journal of Philosophy*, vol. LXXVII, no 9, September, 1980, "Justice as Fairness: Political not Metaphysical", *Philosophy and Public Affairs*, vol. 14, no. 3, Summer, 1985.

11 Rawls, "Kantian Constructivism", pp. 516-519.

오히려 (자신의 고유한 이익을 위한 도구적 행위로 이해된) '합리적' 행위만이 아니라 사회적 협동을 조직화하기 위한 도덕적 숙고와 정의감을 함축하는, 롤즈가 부르는 바에 따르면, '합당한' 행위도 할 수 있는 도덕적 인격체로 이해한다. 바로 이것은 롤즈가 '칸트적 구성주의'라는 용어로 지시했던 방식인데, 자유롭고 평등한 도덕적 인격체라는 칸트적 방식으로 이해한 인격체의 관점에서 자신이 작업하고 있음을 가리키기 위한 것이다.

롤즈와 같은 칸트적 유형의 자유주의자들은 옳음이 어떤 공리주의 관점에도 의존하지 않아야 하는 자유주의의 한 형식을 지지하기에, 그들에게 중요한 것은 다음의 두 가지 사항이다. [첫째], 옳음은 일반 복지welfare의 최대화나 어떤 다른 특수한 가치관으로 정당화되는 것이 아니라는 것, [둘째], 개인적 욕구들의 방어가 일반 복리보다 우선권을 가진다는 것이다. 이 때문에 롤즈는 합당한 것the reasonable이 합리적인 것the rational보다 우선한다고 주장한다. 왜냐하면, 공평한 협동 조건의 요구는 개인의 고유한 이익을 정의하고 추구할 때 개인들이 행사하는 자유의 범위를 반드시 제한해야 하기 때문이다. 그 의미는 '좋음에 대한 옳음의 우선성', 다시 말해 개인에게 허용된 여러 다른 가치관들을 넘어서는 옳음 및 기본 자유의 틀이 있을 것이라는 점이다.[12] 롤즈의 목표는 사회 전체의 복지를 단순히 확대하려는 것이 아니다. 이 복지로 말미암아 일정 수의 개인이 희생될 수 있기 때문이다. 모든 개인은 수단—롤즈가 이 준칙을 존중하지 않는 공리주의를 비난하는 이유는 이 때문이다—이 아닌 목적 그 자체로 간주되어야 한다. 실제로 공리주의 이론에서 개인은 일반 이익의 최대화를 위한 계산 단위에 불과하다. 공리주의 이론은 개인들을 총괄해 동질화하고 다수의 유용성이라는 이름으로 사적 이익을

---

12 Rawls, A Theory of Justice, pp. 446-452.

희생시킨다. 롤즈의 정의론은 개인의 다수성과 특정성을 존중하는 방식으로 구성되기 때문에, 공리주의보다 훨씬 완전한 방식으로 개인의 기본권과 자유를 보장한다.

그러나 정의 원칙들에 대한 이런 동의가 진정으로 공평해지려면, 참여자들이 처한 특수한 환경과 그들의 이해관계에 의해 영향을 받지 않는 하나의 관점을 찾아야 한다. 롤즈가 작동시키는 '원초적 입장'이 이 역할을 한다. 원초적 입장은 참여자에게 무지의 베일을 씌워 그들의 정확한 사회적 위치, 재능, 목표, 그들의 공평함에 편파적일 수 있는 모든 것을 숨긴다. 원초적 입장은 칸트의 인격체관과 롤즈가 구성하고자 하는 정의 원칙들의 중재에 이바지한다. 이렇게 하여 롤즈는 칸트의 인격체관을 칸트의 작업에 무겁게 드리워져 있는 형이상학에서 분리하여 엄격하게 경험적인 용어로 다시 정의하려 한다. 따라서 원초적 입장이 의미하는 바는 자유롭고 평등한 인격체들 간의 사회적 협동을 조직화하기 위한 정의 원칙들을 참여자들이 숙고[심의]deliberation의 절차 속에서 선택할 수 있게 하는 자유와 평등의 발견적 상황이다. 그런 까닭에 정의의 독립된 기준은 없으며 절차 자체가 산출된 결과의 공정성을 보증한다. 이런 칸트적 구성주의 방법은 다음과 같이 정식화된 두 개의 정의 원칙을 이끌어 낸다. ① 각각의 모든 사람은 타인의 동일한 자유와 양립 가능한 자유의 가장 광범위한 체계 전체에 대해 평등한 권리를 지닌다. ② 경제적이고 사회적인 불평등은 다음과 같은 방식으로 배열되어야 한다. ㉠ 이 불평등은 최소 수혜자에게 최대 혜택을 부여한다(이것이 그 유명한 차등의 원칙이다). ㉡ 이 불평등은 공정한 기회균등의 조건에서 만인에게 개방된 직책 및 지위와 결부된다.

첫 번째 원칙은 두 번째 원칙보다 우선적이며, ㉡ 조항은 ㉠ 조항보다 우선적이다. 따라서 부유한 소수의 몫의 증대에 이바지하는 논증 구사에 의한 어떤 자유나 기회 평등의 제한도 정당화될 수 없다. 롤즈는 자신의 정의론의 일반적 관점을 아래 방식으로 개정한다. "자유와 기회, 소득과 부, 자기 존중의 토대들과 같은 사회의 모든 일차적 선들은 이 선들의 일부 혹은 전부에 대한 불평등한 분배가 최소 수혜자의 이득을 위한 것이 아니라면 평등하게 분배되어야 한다."13

롤즈는 '어떤 정의 원칙이 자유롭고 평등한 인격체들 간의 사회적 협동 요구들을 조직화해야 할 것인가'라는 매우 논쟁적인 문제에 대한 대답을 자신의 정의론이 결국은 제공한다고 주장한다. 그는 사회적 제도들 내에 반드시 놓여 작동되어야 할 자유와 평등의 가치들을 허용하면서도, 두 세기 동안의 민주주의 사유에서 존속되었던 갈등을 해소할 직접적 원칙을 성공적으로 정식화했다고 생각한다.

하지만 그런 자부심은 얼마 안 가서 문제가 된다. 이미 1974년에 로버트 노직Robert Nozick은 『아나키, 국가, 유토피아』Anarchy, State and Utopia에서 롤즈와 유사한 입장에서 출발하더라도 어떻게 정반대의 대립되는 정의관에 도달할 수 있는지를 보여 주려 했다. 요컨대 롤즈는 그가 가장 합리적이고 정의로운 정치 형식으로 정당화하려고 한 자유민주주의적 복지국가에 대한 명백한 옹호자인 반면, 노직은 법과 질서의 옹호에만 한정하고 재분배 기능을 완전히 제거한 최소 정부의 옹호자다. 노직에 따르면 사회정의는 그것이 분배적 정의를 의미한다면 존재하지 않는다. 노직은 선언한다. 한 사회는 그것이 함축하는 부의 분배 형식들과 무관하게, 그 구성원들이 무언가를 할 권리를 소유하는 한에서 정의롭다.14

---

13 같은 책, pp. 302-303.
14 Robert Nozick, *Anarchy, State and Utopia*, New York, 1974, ch. 7. 국내에는 남경희 옮김, 『아나키에서 유토피아로』(문학과지성사, 1997)로 번역되어 있다.

자유주의적 개인주의에 대한 공동체주의자들의 비판

여기서는 롤즈의 작업이 불러일으킨 논쟁 전체를 분석하는 것이 아니라 '공동체주의자'의 특징을 지닌 비판가들의 논증들을 검토하는 것이 주요 과제다. 이들이 롤즈의 작업과 롤즈가 설립한 새 패러다임을 비판하는 주요 표적은 개인주의에 입각한 자유주의 철학이다. 이 비판은 개인이 사회보다 먼저 자연권을 부여받았다는 관념에 함축된 비역사적이고 비사회적이고 실체 없는 주체관을 비난하며, 좋음보다 옳음이 우선적이라는 테제를 거부한다. 공동체주의 저자들은 롤즈의 칸트적인 영감에 반대하면서, 아리스토텔레스와 헤겔Georg Hegel을 불러낸다. 말하자면 그들은 자유주의에 맞서 시민 공화주의의 전통에 호소하는 것이다.

찰스 테일러를 먼저 살펴보자. 그는 자유주의적 주체관이 개인의 자기 충족적인 성격을 긍정한다고 보는 점에서 '원자론적'15이라고 생각한다. 자유주의 주체관은 오직 사회의 한복판에서만 자신의 인간적 본성을 실현할 수 있다고 보는, 다시 말해 사람을 기본적으로 정치적 동물로 보는 아리스토텔레스의 통념과 관련하여 본다면 실제로 빈곤한 것이 사실이다. 테일러는 자유주의적 주체관이 관료주의적 개인주의를 발전시켜 공적인 삶을 파괴하는 데 이바지했다고 주장한다. 테일러에 따르면, 합리성은 정의로운 것과 부정의한 것, 좋은 것과 나쁜 것을 규정할 수 있는 언어와 상호 담론의 공동체에 참여해야만 발전할 수 있으며 사람들은 선을 발견할 수 있는 도덕적 주체가 될 수 있다. 따라서 좋음에 대한 옳음의 우선성은 있을 수 없다. 테일러는 특

---

15 Charles Taylor, *Philosophy and the Human Sciences*, Philosophical Papers 2, Cambridge, 1985, ch. 7 "Atomism."

히 노직을 언급하면서, 자연권의 우선성에서 출발해 사회적 맥락 전체를 연역하려는 주장의 불합리성을 보여 준다. 실제로, 자기 권리[옳음]rights를 지닌 이 근대적 개인은 길고 복잡한 역사적 발전의 결과이며, 자신의 고유한 목표를 선택할 수 있는 그런 자유로운 개인은 오직 특정 유형의 사회에서만 존재할 수 있다.16

매킨타이어17가 롤즈와 노직을 어떻게 비판하는가를 살펴보자. 매킨타이어가 생각하기에 롤즈의 정의관과 노직의 정의관은 자신이 기본적이라 생각하는 '덕'의 통념을 전혀 고려하지 않는다. 매킨타이어에 따르면 이 결함은, 개인들의 이익을 개인들 간의 어떤 도덕적이거나 사회적인 유대의 구성에 선행하며 그와 독립적인 것으로 정의한다는 점에서, 또 그런 개인들로 사회가 구성되어 있다고 본다는 점에서 나온다. 매킨타이어의 주장은 다음과 같다. 오직 덕의 통념만이 공동체의 맥락 속에 자리 잡고 있는데, 이때 공동체의 원초적 유대는 인간의 선만큼이나 공동체의 선이라고 공유된 앎이며 여기서 개인들은 그들 간의 기본적인 이익을 이 선들과 동일하게 여긴다는 것이다.18 매킨타이어는 우리 사회를 서서히 파괴하고 있는 허무주의는 자유주의가 모든 '공동선' 관념을 거부하기 때문이라고 본다.

그러나 공동체주의 진영에서의 가장 폭넓은 비판은 샌들의 저서에서 발견할 수 있다. 샌들은 『자유주의와 정의의 한계』Liberalism and the Limits of Justice 19에서 롤즈 정의론의 비일관적인 성격을 증명하기 위해 정의론을 꼼꼼히 분석한다. 샌들은 좋음에 대한 옳음의 우선성 테제와 이 테제가 함축하는 주체관

---

16 Taylor, *Philosophy and the Human Sciences*, p. 200.
17 Alasdair MacIyntyre, *After Virtue*, Notre Dame, 1984.
18 같은 책, p. 256.
19 Michael J. Sandel, *Liberalism and the Limits of Justice*, Cambridge, 1982.

을 공격한다. 샌들의 말을 따라가 보자. 롤즈는 사회제도의 최우선적인 덕이 정의라고 주장하는데, 그 이유는 다른 가치관들을 가능하게 해 줄 틀로 사용될 수 있게끔 어떤 특수한 가치관도 전제하지 않는 정의관을 롤즈의 의무론적 자유주의가 요구하기 때문이다. 실제로 의무론적 관점에서 정의의 일차성은 도덕적 우선성만이 아니라 정당화의 특권화된 형식으로도 기술된다. 좋음에 대한 옳음의 우선성은 이 요구가 우월해서만이 아니라 이 원칙이 독립된 방식으로 도출되기 때문이기도 하다.[20] 그러나 이 옳음이 좋음에 앞서 존재하려면 자기의 의도 및 목적과 독립적으로 존재하는 주체가 필연적으로 있어야 할 것이다. 따라서 이 관점에는 자신이 선택하는 가치와 목표에 선행하여 정의되는 정체성을 지닐 수 있는 주체가 필요하다. 그런 주체를 정의해 주는 것은 선택이 아니라 선택할 수 있는 능력이다. 이 주체는 자신의 정체성을 구성하는 목적들은 결코 지닐 수 없다. 이 사실 때문에 이 주체는 자신이 누구인지에 대한 바로 그 정의가 문제가 되는 사회에는 참여할 수 없다.[21]

샌들에 따르면 롤즈의 문제틀에서는 이런 '구성적인' 유형의 공동체를 생각할 수 없다. 롤즈의 문제틀에서 공동체는 개인의 이익들이 이미 주어져 있고, 그 이익을 옹호하고 증대시키기 위해 한데 모여 있는 개인들 간의 단순한 협동으로 생각될 수 있을 뿐이다. 샌들의 중심 테제는 옳음이 좋음보다 우선성을 지닐 수 있으려면 구성적 약속을 할 수 없는 이 무연고적 주체관이 필연적인데, 이는 롤즈가 정당화하려는 정의 원칙들과 모순된다는 것이다. 실제로 차등 원칙은 하나의 분배 원칙일 테니 사회적 선들을 분배하게 될 사람들 사이의 도덕적 유대와 그 유대에 요구되는 인정을 해 줄 구성적인 공동체

---

20 같은 책, p. 15.
21 같은 책, p. 150.

가 있어야 한다는 것을 전제한다. 하지만 샌들에 따르면, 정확히 그런 공동체는 롤즈적인 애착 없는 주체관, 즉 주체가 선택하는 목적들에 선행하여 정의되는 주체관을 배제하는 공동체다. 결론적으로 롤즈의 기획은 실패한 것이다. 왜냐하면 "우리는 정의가 일차적인 그런 인격체일 수 없으며 차등 원칙을 하나의 정의 원칙으로 삼는 그런 인격체들일 수도 없기 때문이다."[22]

권리[23]의 정치학인가 공동선의 정치학인가?

샌들의 비판은 롤즈가 『정의론』에서 개진한 입장에 주로 근거하고 있으며 뒤이은 롤즈 사상의 진화를 고려하지 않은 것이다. 많은 점에서 롤즈의 최근 논문들은 자신의 주체관을 좀 더 실체적인 방식으로 변화시킨다.[24] 하지만 자유주의 철학에서 발견되는 실체 없는 주체에 반대하는 샌들의 논증들은 정말로 타당하며, 자유주의적 개인주의의 전제 위에 분배적 정의의 기

---

22 같은 책, p. 178.
23 [옮긴이] '좋음'(the good)은 흔히 재화·가치·선 등 다양한 의미로 쓰이고 있다. '옳음'(the right) 역시 권리로도 쓰이고 있다. 이 용어들을 일괄적으로 하나의 용어로만 번역하면 어색하고, 실제 사용과 맞지 않는 부분이 많다. 이 점에서 이 책에서는 각각의 맥락에 따라 다르게 번역했다. 우선 '좋음에 대한 옳음의 우선성'의 의미에서 쓰이는 것들은 '좋음', '옳음'으로 번역했다. 또 'common good'과 같이 굳어진 표현은 '공동선'으로, 'a good life'는 '좋은 삶'으로, 'conception of the good'은 가치관으로, 'politics of rights'는 '권리의 정치학' 등으로 번역했다. 'primary goods'는 '기본 가치들'로 많이 번역하는데, 이 책에서는 '가치'(value)와 혼동을 일으키는 경우가 있어 '일차적 선들'로 번역했다.
24 현재 롤즈는 자신의 이론 내에서 작동하고 있는 칸트적인 도덕적 인격체관의 역할에 대해 점점 더 많이 강조하고 있다. 이는 특정 도덕철학이 원초적 입장 자체 내에 기입되어 있으며 합리적 선택에 대한 순수 이론의 문제가 더는 아님을 보여 주고 있다.

초를 놓으려는 생각에는 확실히 모순이 있다. 이런 면에서 이 개념의 존재를 부인하는 노직이나 프리드리히 하이에크Friedrich A. von Hayek와 같은 자유주의자들은 확실히 더 일관적이다.25 우리가 샌들에게 동의할 수 있는 것은 롤즈가 정의의 일차성과 좋음에 대한 옳음의 우선성을 설득력 있는 방식으로 정당화하는 데 성공하지 못했다고 샌들이 주장할 때뿐이다. 그러나 옳음을 옹호하는 정치학에 대해 공동선의 정치학의 우월성을 증명하는 것이 자기 논증이라고 샌들이 결론 내린다면, 우리는 그를 따를 수 없다.26 롤즈의 논증이 사실상 부적절하다고 해서, 롤즈의 목표를 거부해야 하는 것은 아니다.

그 논쟁의 본질은 좋음에 대한 옳음의 우선성 문제인데, 이를 통해 우리는 공동체주의적 비판의 애매성과 위험성만큼이나 자유주의 관점의 한계들을 논증할 수 있다. 샌들이 주목해 왔듯이, 롤즈와 같은 칸트적 유형의 자유주의자들에게 좋음에 대한 옳음의 우선성은 개인의 권리들[옳음들]이 일반 선의 이름으로 희생될 수 없을 뿐만 아니라 어떤 특수한 좋은 삶의 관점에서는 정의의 원칙들이 도출될 수 없음을 의미한다.27 이는 자유주의의 기본적인 원칙이다. 이 원칙에 따르면 만인에게 부과될 수 있는 오직 하나의 에우다이모니아[행복]eudaimonia28 관점은 존재할 수 없지만, 각자에게는 자신의 고유한 목표를 스스로 설정하고 자신의 고유한 방식으로 그 목표를 실현하고자 자

---

25 Friedrich A. Hayek, *Law, Legislation and Liberty*, Vol. 2, Chicago, 1976, p. 69; Nozick, *Anarchy, State and Utopia*.

26 Michael J. Sandel, "Morality and the Liberal Ideal", *New Republic*, 7 May, 1884, p. 166

27 Sandel, *Liberalism and the Limits of Justice*, p. 156.

28 [옮긴이] '에우다이모니아'(*eudaimonia*)라는 그리스어는 '잘'(well)을 의미하는 '에우'(*eu*)와 신적 존재인 다이몬(*daimon*)의 결합으로 이루어진 말이다. 따라서 '신이 있는 상태'여서, 오늘날 개인의 주관적 만족이라는 의미가 강한 '행복'(happiness)과는 다르다. 더 자세한 것은 아리스토텔레스 지음, 김재홍 외 옮김, 『니코마코스 윤리학』(이제이북스, 2006, 458쪽) 참조

기가 이해하는 대로 자기 행복을 발견할 가능성이 있어야 한다. 공동체주의 자들의 관점에서 옳음은 좋음보다 먼저 정의될 수 없다. 왜냐하면, 우리는 좋음이 정의된 하나의 공동체에 참여함으로써만, 옳음의 의미와 정의관을 지닐 수 있기 때문이다. 이는 흠잡을 데 없는 논증이지만, 샌들의 결론까지 정당화하지는 않는다. 샌들의 결론은 우리가 개인적 권리의 옹호만큼이나 사회제도의 주요 덕인 정의의 우선성을 거부해야 한다는 것이며, 공동의 도덕적 질서에 기반을 둔 정치[학]로 되돌아가야 한다는 것이다. 사실 이런 결론은 바로 공동선의 통념이 근본적으로 다의적인 데서 나오는 것이다. 이는 상당 부분 롤즈 자신에게서 기인한 것이기도 하다. 최근까지 롤즈는 자신의 정의론이 도덕철학에 속한다고 주장했다.29 그러나 이런 도덕철학은 당연히 도덕이 아니라 정치적인 것에 의존하며, '공동의 도덕적 선'과 '공동의 정치적 선'을 구별할 필요가 있다. 일단 이런 구별이 확립되면, 샌들이 롤즈의 인식론적인 비일관성에서 끌어낸 결론은 받아들일 수 없는 것으로 보인다.

이를 좀 더 면밀하게 검토해 보자. 롤즈는 사람들에게 하나의 복지관과 하나의 특수한 인생관을 부과하지 않기를 요구하는 자유주의적 다원주의를 옹호하려 한다. 자유주의자들에게 개인의 도덕성은 사적인 문제이며 각자는 자기 삶을 자기 의도대로 조직할 수 있어야 한다. 여기서는 권리들[옳음들]이 중요하며 정의 원칙은 어떤 특수한 복지관을 특권화할 수 없다. 하지만 분명히 좋음에 대한 옳음의 이 우선성은 일정한 제도를 가진 특정 유형의 사회에서만 가능하며, 좋음에 대한 옳음의 절대적인 우선성은 있을 수 없다. 왜냐하면, 공동체주의자들이 조리 있게 주장하듯이, 한 개인은 공동체가 자명하

---

29 Rawls, "Justice as Fairness: Political not Metaphysical", p. 224. 주 2에서 그는 자신의 정의관을 정치적이며 비도덕적인 것으로 다시 고려한다.

게 전제하는 좋음에 의해 스스로를 정의하는 그런 특정 공동체 내에서만 자신의 권리와 더불어 존재할 수 있기 때문이다. 그런데 정치적 선에 의해 정의되는 정치 공동체에 관한 문제, 즉 정체(고대 그리스적 의미에서는 폴리테이아)의 문제가 설정되어야 한다. 이를 좀 더 살펴보자.[30] 어떤 체제들은 인간의 선과 도시의 선 사이에 아무런 구별도 하지 않는다는 사실로 체제의 성격을 규정하기도 한다. 그러나 근대성에 의한 두 영역 간의 구별과 단일한 도덕적 가치관에 대한 거부에도 불구하고 '정치적 선', 즉 정치적 결사체를 그렇게 정의해 주는 선의 존재를 무시해서는 안 된다. 그렇기 때문에 자유민주주의 체제가 도덕성에 대해 불가지론적일 수밖에 없다 하더라도, 그것은 자유와 평등이라는 정치적 원리를 긍정하고 있다는 점에서 정치적 선에 관해 불가지론적인 것은 아니며 그럴 수도 없다. 오직 이 체제에서만 다른 도덕적 가치관들을 고려하더라도 옳음이 우선적일 수 있으며, 이 옳음은 그 체제를 정의하는 정치적 선으로 기능한다. 따라서 공동체주의자들이 롤즈의 작업에 나타나는 좋음에 대한 옳음의 우선성을 문제 삼을 권한이 있다 해도, 샌들이 그런 것처럼 권리[옳음]에 기반을 둔 정치학만이 아니라 자유주의적 다원주의 역시 포기해야 한다고 주장하는 것은 공동체주의자의 입장에서 생각해 보더라도 부당하다. 왜냐하면, 그 우선성이야말로 정확히 자유민주주의 체제의 특징이기 때문이다.

---

30 우리는 만인의 선을 목표로 하는 결사체라는 아리스토텔레스의 정치 공동체에 대한 정의를 여전히 받아들일 수 있다. 하지만 이것은 오늘날 어떤 결사체의 정치적 원칙들에 의해 구성된 정치적 용어들 내에만 배타적으로 포함되어 있어야 하며, 하나의 도덕적 가치관이 존재하기를 요구하는 것은 아니다. 따라서 근대 정치철학의 과제는 바로 정치학에 고유한 윤리학이다.

도덕과 정치

실제로 문제가 되는 것이 정치적인 것의 지위임은 명백하다. 이에 대한 논의는 정치적인 것을 근대적인 방식으로 고려하지 못하는 우리 시대의 무능력을 드러낼 것이다. 이때 근대적 방식이란 '정치적 좋음' 즉 정치에 고유한 윤리의 관념에 함축된 모든 것을 고려하려는 입장에 있기 때문에 단순히 도구적인 방식을 뜻하는 것이 아니라 도덕과 정치 간의 근대적 구별을 존중하는 입장을 견지하는 데서 나오는 것이다. 서로 다른 근거에서 나온 것이긴 하지만 롤즈와 샌들 모두 이 구별을 제대로 고찰할 수 없었다. 샌들의 경우, 그의 자유주의 비판은 도덕과 정치가 아직 분리되지 않았으며 '정치적 공동선'과 '도덕적 공동선'이 진정으로 분화되지 않은 아리스토텔레스의 기본적 문제틀에서 작동하는 것이다. 정치적인 것은 고대적인 관점에서는 사실상 윤리적인 것에 종속되어 있었다. 이 사실은 공동선의 관점에서 통치하려면 어떤 단일한 도덕적 전망을 장려하고 자유주의적 다원주의를 거부할 필요가 있다고 믿는 샌들이나 매킨타이어 등 아리스토텔레스의 영향을 받은 몇몇 공동체주의 비판가들의 경향을 잘 설명해 준다. 근대성에 대한 그들의 일반적인 부정적 태도와 게마인샤프트*Gemeinschaft* 유형의 원초적 공동체에 대한 향수는 여기서 나온 것이다. 롤즈는 또 어떤가? 정치적인 것이 자유주의의 맹점이라는 사실을 보면, 롤즈가 왜 정치적인 것을 고찰하는 데 무능력한지를 잘 설명할 수 있다. 자유주의는 정치적인 것을 하나의 도구적 활동으로 축소하는 경향이 있다. 실제로 정치철학에는 고유한 규범적인 측면이 있을 수밖에 없는데, 과학으로서의 정치학이 발전하고 사실과 가치 사이의 실증주의적 구별이 유행하면서 이 규범적인 측면이 불신을 받았다. 그에 따라 정의의 문제처럼 명백히 정치적인 본성에 속하는 일련의 문제 전체가 도덕 영역으로 분류된 것이다. 롤즈가 그토록 오랫동안 완강히 그의 정의론을 도덕철학에 대한 기여로 제시해 왔던 이유는 분명히 이 때문이다.

정치적인 것을 사고하는 데서 나타나는 이런 자유주의의 무능력에는 깊은 뿌리가 있다. 칼 슈미트가 지적했듯이, 순수하고 엄격한 자유주의 원칙은 어떤 특정 정치관을 탄생시킬 수 없다.[31] 모든 일관된 개인주의는 사실상 정치적인 것을 부인해야 한다. 개인이 시작점이자 끝점이기를 요구하는 것이 바로 개인주의이기 때문이다. 슈미트에 따르면 자유주의 사상은 이 때문에 윤리학과 경제학의 양극단 사이에서 움직이며, 정치적인 것에 윤리적 의무를 부과하려 하거나 윤리적 의무를 경제적인 것에 종속시키는 식으로 스스로를 제한한다. 이로부터 나오는 사실은 정치[학]에 대한 자유주의적 비판이 개인적 자유의 옹호라는 명분을 내걸고 존재할 뿐이며 진정한 자유주의 정치[학]는 존재하지 않는다는 것이다.[32]

이 때문에 이 자유주의적 개인주의는 구성적인 특징을 지니는 집단적인 사회적 삶의 측면을 인정하지 않는다. 공동체주의자들의 지적대로 롤즈 기획의 핵심에는 모순이 있다. 개인주의적 주체관에서 출발해 서구 민주주의의 상식 속에 존재하는 평등의 요구를 합리적으로 정초하려는 롤즈의 야망은 좌초할 수밖에 없다. 그리고 자유주의의 이런 기본적 한계는 도덕성에 의지해서는 해결될 수 없다. 칸트적인 도덕적 인격체관에 대한 롤즈의 호소와 합리적인 것에 이은 합당한 것의 도입은 롤즈에게 사적 에고이즘의 추구에 대한 도덕적 한계를 설정해 주었지만 개인주의 관점을 진정으로 문제 삼은 것은 아니다. 인간 실존에 필수불가결한 정치적 차원의 여지를 제공하고 권

---

31 Carl Schmitt, *The Concept of the Political*, Rutgers, 1971, p. 70.
32 같은 책, p. 71. 슈미트가 행한 자유주의 비판의 타당성을 재고한다고 해서 그것이 그의 입장 전체를 받아들여야 한다는 것을 뜻하지는 않는다.

리의 단순한 보유가 아니라 시민권을 생각할 수 있게 하는 전통의 맥락에서만 민주주의 가치를 고려할 수 있다. 하지만 자유주의에 대한 이 비판은 도덕성의 틀과 민주주의 혁명의 획득물의 틀 내에서 작동한다. 고전적 관점은 우리에게 여전히 많은 것을 가르칠 수 있겠지만, 더는 적용할 수 없다. 개인의 출현, 교회와 국가의 분리, 종교적 관용의 원칙, 시민사회의 발전이라는 이 모든 요소 덕분에 우리는 도덕의 영역을 정치의 영역과 구별할 수 있게 되었다. 공동선의 문제와 시민덕의 문제를 다시 한번 제기하는 것이 중요하다면, 이것은 어떤 단일한 도덕적 선을 요청하는 일 없이 근대적 양식으로 행해져야 한다. 우리는 자유주의의 성과물보다 앞서가서는 안 되며, 개인주의를 비판한다고 해서 그것이 '권리'의 통념이나 다원주의의 통념에 대한 포기를 함축하는 것은 아니다.

정의와 다원주의

마이클 왈쩌의 접근이 바로 이와 같다. 왈쩌는 비록 자신을 공동체주의자의 쪽에 놓기는 했지만 자유주의의 정치적 이상과 대립하지 않는다. 반대로 왈쩌의 기획은 자유주의 전통을 옹호하고 급진화하려는 것이다.33 오히려 왈쩌는 다음과 같은 철학적 추론 유형과는 분명히 대립한다. 그것은 이른바 보편적이고 영원한 진리들을 발견하고자 자기가 속한 공동체와의 모든 인연

---

33 마이클 왈쩌의 수많은 책 가운데 여기서 다루는 주제에 대해 많이 다루고 있는 저서는 다음과 같다. *Obligations. Essays on Disobedience, War and Citizenship*, Cambridge, Mass., 1970; *Radical Principles: Reflections of an Unreconstructed Democrat*, New York, 1980; 특히 *Spheres of Justice, A Defence of Pluralism and Equality*, New York, 1983.

에서 스스로를 분리해 내는 사상가를 전제하는 그런 철학적 추론 유형이다.[34] 왈쩌에 따르면, 철학자는 어떤 특수한 공동체의 한 구성원으로서 자신의 지위를 충분히 추정할 수 있게끔 동굴 속에 머물러 있어야 하며, 그 공동체의 시민들에게 그들이 공유하는 의미의 세계를 해석해 주는 역할을 맡고 있다. 왈쩌가 계몽의 합리주의와 보편주의를 공공연히 비난하고 전통과 공동체 등의 개념을 재평가하자고 제안한다면, 그것은 민주주의의 이상을 더 효과적인 방식으로 옹호하기 위해서다.

왈쩌는 롤즈의 인식론적 입장을 비판하면서도, 정의의 우선성을 주장하고, 또 이 우선성이 우리의 사회들에서는 자유와 평등의 제도화에 있다고 생각하는 면에서 롤즈와 일치한다. 하지만 왈쩌는 평등을 이해하는 방식에서 롤즈와 구별되며, 『정의의 영역』 *Spheres of Justice* [35]에서 그가 '복합 평등'complex equality이라 부르는 것의 실현을 목표로 하는 다원주의적 사회정의관을 제시하는 면에서도 롤즈와 구별된다. 왈쩌에 따르면 '복합 평등'이야말로 분화의 정도가 매우 정교한 현대사회에 채택될 수 있는 유일한 평등관이다.[36] 왈쩌의 생각에 따르면 사실상 우리는 평등을 단순 평등의 방식으로 이해할 때가 아주 많다는 것이다. 하지만 단순 평등의 방식은 광범위한 상태에서 그들을 가급적 평등하게 만들려는 경향이 있다. 이런 생각은 모든 지배 형식의 출현을 막기 위한 국가의 부단한 개입을 필연적으로 함축한다. 따라서 이 견해는

---

34 Walzer, *Spheres of Justice*, p. XIV. *Political Theory*, vol. 9, no. 3, August, 1981에 실린 그의 논문 "Philosophy and Democracy"에서 그는 이 주제에 관한 자기 입장을 더 상세한 방식으로 제출했다.

35 [옮긴이] 국내에는 정원섭 외 옮김, 『정의와 다원적 평등』(철학과현실사, 1999)으로 번역되어 있다.

36 Walzer, *Spheres of Justice*, p. 316.

모든 영역에서 모든 선들의 분배를 체계적으로 조정한다고 자처하는 전체주의를 향해 길을 열어 주게 된다. 그래서 왈쩌는 평등을 정치[학]의 주된 목표로 삼으려 하면서도 자유 역시 존중하려는 사람이라면 오직 복합 평등으로만 평등을 생각할 수 있을 뿐이라고 주장한다. 이런 생각에 따르면 서로 다른 사회적 선들은 획일적인 방식으로가 아니라 서로 다를 수밖에 없는 기준에 따라 분배되어야 한다. 이 기준들은 사회적 선들과 그 선들에 부여된 의미들의 상이성을 반영해야 한다. 평등은 일련의 사회적 선들에 의해 조정되는 인격체들 사이의 복합적인 관계이다. 평등은 소유의 동일성에 있는 것이 아니다.37 그래서 각 영역에 고유한 분배 원칙들을 위반하지 않으며, 한 영역이 다른 영역을 압도할 수 없도록 하는 것이 중요하다. 예를 들어 지금 같으면 부의 경우가 그렇다. 왈쩌는 파스칼Blaise Pascal을 인용한다. "전제정은 다른 수단으로만 획득될 수 있는 것을 한 가지 수단으로 획득하려는 시도다. 우리는 서로 다른 특성들에 대해 서로 다른 의무들을 지닌다. 사랑은 매력에 대한 고유한 대응이며, 공포는 힘에 대한, 믿음은 학습에 대한 고유한 대응이다."38 따라서 정의는 분배 기준에 대한 해석과 적용의 문제만이 아니라 서로 다른 영역 사이의 구별 및 경계 설정의 문제이기도 하다. 가장 중요한 것은 어떤 사회적 선도 지배 수단들로 사용될 수 없으며, 정치권력·부·명예, 특히 누구나 선망할 만한 관직이 동일한 사람의 수중에 집중되는 사태를 피해야 한다는 것이다.

그렇다면 왈쩌가 채택한 관점의 이점은 무엇인가? 그것은 자유주의적 개인주의에 대한 비판을 허용하며, 다원주의에 대한 기여를 보존하고 풍부하

---

37 같은 책, p. 18.
38 Pascal, Pensées. 이 문구는 Spheres of Justice, p. 18에 인용되어 있다.

게 하는 자신의 인식론적 전제들을 가능하게 한다는 데 있다. 그것은 또한 우리가 어떤 보편적인 관점을 찾아내거나 모든 사회에 타당한 일반 원칙들을 정교화하지 않더라도 정의를 상상할 수 있는 방식이 있음을 입증한다. 왈쩌에게 정의의 문제는, 어떤 특정한 정치 공동체 — 전통 속에서 특정 정치 공동체를 구성하며 그 구성원들에게 공통적인 사회적 의미를 구성하는 — 에서 출발함으로써만 제출될 수 있다. 왈쩌에 따르면 사회적 선들의 분배가 평등주의적 원칙들에 따라 산출되지 않는다는 이유로 위계적인 유형의 사회를 부당하다고 선언하는 것은 이치에 맞지 않는다. 평등이 우리에게 핵심 목표인 이유는 우리가 자유민주주의 사회에 살고 있기 때문인데, 자유민주주의 사회는 이 가치가 깊이 스며들어 있는 제도와 사회적 의미를 지니고 있으며 이 가치를 정당한 것과 부당한 것을 판단하는 기준으로 활용하고 있다. 자유만이 아니라 평등이라는 정치적 원칙들에 대한 수많은 해석이 가능한 한, 자유와 평등의 정의定義에 대한 명확한definitive 일치는 있을 수 없으며, 이 원칙들이 작동되어야 할 사회적 관계들과 그 원칙들의 제도화 방식에 대한 명확한 일치도 있을 수 없다. 서로 다른 정치철학은 서로 다른 해석을 제공하지만, 이 가치는 우리의 전통에 중심적이기 때문에 이에 대한 토론은 가능하며 우리는 이런 의미에서 정의의 문제를 제기하는 것이다.

아리스토텔레스인가 마키아벨리인가?

공동체주의 저자들은 시민 공화주의 전통에서 찾아낸 시민상을 자유주의의 개인관과 대립시킨다. 자유주의와는 반대로 이런 전통은 정치적인 것을 비도구적 방식으로 생각하게 하는 하나의 언어를 갖추고 있다. 그것은 18세기 미국의 정치 문화에 중요한 역할을 했으며 아직 완전히 사라지지 않았다. 공동체주의자들은 이 전통을 되살리자고 제안하는 것이며, 그렇게 해서 미국인에게 정치 공동체에 대한 능동적 참여의 관점에서 그들의 경험을 접합할 능력과 그들의 정체성을 이해할 능력을 제공하려는 것이다. 그들은 정치 영역에 대한 재평가와 '시민덕'이라는 통념의 회복에서 민주주의 체제를 침범하는 정당화 위기에 대한 해법을 찾아낸다.39

문제는 최근 정교화된 '시민 휴머니즘' 혹은 '시민 공화주의'라는 통념의 애매성에 있다. 아리스토텔레스적 요소와 마키아벨리적 요소의 이런 혼합은 실제로 극단적으로 서로 다른 해석을 발생시킬 수 있다. 아리스토텔레스를 따라 선의 단일성 및 윤리와 정치의 불가분성을 받아들이느냐, 아니면 마키아벨리를 좇아 이 두 영역을 구별하고 자유의 보존에서 갈등의 중심 역할을 강조하느냐에 따라 말이다. 나는 이미, 샌들이나 매킨타이어와 같은 저자들의 작업에서 자유주의에 대한 비판이 어떻게 현대 민주주의의 특징들을 무시하고 근대성의 거부로 귀결되는지를 지적한 바 있다. 하지만 이것은 공동체주의적 입장의 필연적인 귀결이 아니다. 그것은 자유주의의 특정한 성과들을 통합하려는 왈쩌나 테일러의 경우에는 해당하지 않는다. 따라서 그것은 특정 자유주의자들이 시사하는 것처럼 반근대적 문제틀에 고유하게 내재한 것이 아니다.40

하지만 현대 민주주의들의 요구들에 부합하는 공화주의적 모델의 구체화가 부재한 가운데, 시민 공화주의로 이끌리는 최근 경향은 권리와 민주주의적 실천의 확장을 옹호하는 모든 사람에게 어쩌면 위험한 귀결을 가져다

---

39 아렌트의 입장에 관해서도 똑같이 말할 수 있다. 아렌트는 그녀의 사상으로 보건대 시민 공화주의 전통에 기입되어야 한다.

40 예를 들어 *Political Theory*, vol. 14, no 3, August, 1986에 실린 H. Hirsch, "The Theory of Liberalism"과 D. Herzog, "Some Questions for Republicans"를 보라.

줄 혼동을 불러일으킬 수 있을 뿐이다. 우리는 기본적으로 '시민 의식'과 어떤 가정된 실체적 공동선을 구별해야 한다. 이때 '시민 의식'은 정의의 기준이 자유와 평등의 기준인 자유민주주의 체제의 모든 시민에게 고유하게 요구되는 것들이며, 가정된 실체적 공동선은 에우다이모니아라는 독자적 관점을 만인에게 부과하고자 요청되는 것이다. 시민 의식은 합의가 필연적으로 존재해야 한다는 생각을 함축하지 않으며, 공화주의적 이상은 통일성을 위해 상이성을 억압하라는 식의 요구를 하지 않는다. 마키아벨리만이 아니라 몽테스키외Montesquieu, 토크빌, 밀에게서 영감을 이끌어 낸 공화주의적 관점은 자유주의의 핵심적 기여를 구성하는 것들에도 여지를 줄 수 있을 것이다. 하지만 이를 위해서는 민주주의적 방식, 즉 개인적 자유를 포기하지 않고 시민권을 생각할 필요가 있다. 이런 과제는 우리가 시민들에게 개인적인 것을 희생하지 않기를 당부하는 한편 국가에 반하는 개인적 권리를 옹호하지 않는 자유를 개념화하려 할 경우에만 가능하다.

고대인의 자유인가 근대인의 자유인가?

이 기획에 특히 딱 들어맞는 것은 퀜틴 스키너가 개척한 '새로운 역사'에 의해 고취된 작업일 것이다. 이런 유형의 탐구 결과를 분석한 한 논문에서, 포콕은 우리가 어떻게 근대 정치사상의 기원 속에서 두 가지 정치적 언어 양식을 발견하게 되는지를 지적하고 있다. 이 중 한 정치적 언어는 다른 정치적 언어의 희생으로 자신의 언어를 강요하는 데 성공하게 될 것이다.[41] 한편

---

41 Pocock, *Virtue, Commerce and History*, ch. 2.

으로 고전적인 공화주의의 언어인 덕virtue의 언어가 있으며, 다른 한편으로는 자연권 패러다임을 표현하며 법리학에서 발견되는 권리(옳음)의 언어가 있다. 자유libertas라는 용어는 두 언어로 제시되지만, 서로 다른 의미를 지닌다. 법률가들의 언어에서 자유libertas는 절대권imperium의 의미 즉 자기 고유의 법칙을 수행할 자유freedom라는 의미가 있다. 따라서 시민의 자유liberty는 법의 보호 아래에서 자기 일에 힘쓸 자유freedom로 이루어져 있다. 반대로 공화주의의 언어에서 자유liberty는 공적인 영역에서의 활동을 통해서만 자신의 본성을 실현하는 정치적 동물로서의 인간관과 연결되어 국가의 통치에 참여한다는 의미가 강조된다. 이 두 형식은 얼마 동안 공존했다. 스키너는 『근대 정치사상의 토대』 The Foundations of Modern Political Thought 42의 제1권에서 이탈리아 공화주의자의 독립 투쟁이 공화주의의 언어와 법률가의 언어로 동시에 지휘된 과정을 잘 보여 주었다. 그 이후 자연권의 언어는 덕의 언어를 내신해서 등장한다. 하지만 그것은 법과 권리(옳음)를 중심에 놓는 자유주의 전통의 연장선 위에 있다 이렇게 하여 근대의 시작 시기에 덕의 용어로 인격성을 이해했던 공화주의적 휴머니즘이 있었던 것이다. 개인의 권리(옳음)에 대한 옹호로 자유 자체를 제한한 개인주의의 정치적 추론 방식은 단지 홉스에게만 지배적이었다.

스키너의 가장 최근 저서43의 목표는 고전적인 로마의 시민관에 대한 재정식화가 이루어졌던 유럽 르네상스 기간의 공화주의 관점을 재평가하려는

---

42 Quentin Skinner, *The Foundations of Modern Political Thought*, 2 vols, Cambridge, 1978.
43 Quentin Skinner, "The Idea of Negative Liberty: Philosophical and Historical Perspectives", in R. Rorty, J. B. Schineewind and Q. Skinner, *Philosophy in History*, Cambridge, 1984.

제2장 | 미국 자유주의와 그에 대한 공동체주의의 비판 67

것이다. 그는 공화주의 관점이 자유주의 관점보다 더 적합한 자유관을 우리에게 제공할 수 있다고 믿었다. 스키너는 오늘날 개인적 자유와 정치적 자유 간의 관계를 통해 제기된 문제를 충분히 의식하고 있다. 실제로 벵자멩 콩스탕Benjamin Constant 이래 다음과 같은 사실이 일반적으로 받아들여지고 있다. 즉 '근대인의 자유'는 사적인 독립을 평화로이 향유하는 것이며, 여기에는 집단적 권력에 대한 능동적 참여라는 '고대인의 자유'를 포기한다는 함축이 들어 있다. 이런 참여는 개인을 공동체에 종속시킬 것이기 때문이다.

벌린44은 자신의 유명한 논문에서 이와 동일한 테제를 재정식화했다. 그의 '소극적' 자유관과 '적극적' 자유관의 구별이 바로 그것이다. 벌린에 따르면 단순히 강제의 부재로 단순히 '소극적' 자유관은 인간 존재의 일부분이 사회적 통제 영역과 독립된 채 남아 있기를 요구하는 것이며, '적극적' 자유관은 자기 자신의 주인이고자 하는 개인의 욕구에서 유래하며 참된 인간 본성의 실현과 성취의 관념을 함축한다. 벌린은 '적극적' 자유관이 잠재적으로는 전체주의적이며 자유주의자들에게는 수용 불가능한 것이라고 말한다. 벌린은 이로부터 민주주의와 자치의 관념이 자유주의적 자유관에 속할 수 없다고 결론을 내린다. 그는 적극적 자유관 전체가 인간의 좋은 삶이라는 객관적 통념의 실존을 자명한 것으로 요청한다는 점에서 반근대적이라고 단언한다. 따라서 공화주의적 자유관 즉 자기 통제적인 공동체에서만 자유가 보증될 수 있다는 자유libertas의 관념을 옹호하는 모든 사람은 근대성의 반대자로 나타난다.

스키너는 이 테제를 거부하며, 시민 공화주의 전통, 좀 더 특별히 마키아벨리의 저작에는 에우다이모니아의 객관적인 통념이 함축되어 있지 않다는

---

44 Isaiah Berlin, "Two Conception of Liberty", in *Four Essays on Liberty*, Oxford, 1969.

점에서, 소극적이기는 하지만 정치 참여와 시민덕의 이상을 여전히 포함하는 자유관이 발견될 수 있음을 증명하고자 한다. 그에 따라 『로마사 논고』에서 마키아벨리는 인간의 고유한 목표, 기질을 추구하려는 인간적 능력으로 자유관을 제안하면서도, 이 개인적 자유를 행사할 수 없게 할 강제와 예속을 피하기 위한 필수적인 조건을 확보하려면 사람들이 특정한 공공 기능들을 수행하고 필요한 덕을 계발하는 것이 필수불가결하다고 주장하는 것이다. 마키아벨리에게 시민덕의 실천과 공동선에 대한 봉사가 반드시 필요한 이유는 우리의 목적 추구를 허용해 줄 인격적 자유의 정도를 우리가 보증하기 위해서다.[45]

이런 논증 노선은 분명히 더 발전해야 하겠지만, 지극히 효과적인 길을 보여 주고 있다. 현대 민주주의 정치철학의 중심 과제는 정확히 개인적 자유와 정치적 자유의 접합이다. 바로 거기에 다원주의적이고 민주적인 시민권의 문제가 근거해 있기 때문이다. 마키아벨리로 돌아가는 길을 보여 준 것이야말로 스키너의 위대성이다. 마키아벨리는 분명 오늘날 정치적으로 사유하고자 하는 사람들의 기본적인 준거점을 대표하며, 시민 공화주의의 전통과 새롭게 친교를 맺어야 한다면 본질적으로 그의 후원 아래에서여야 한다. 이렇게 자유주의에 대한 공동체주의적 비판은, 최초로는 수세기 전에 전개되었지만 그 잠재성을 아직 발굴하지 못한 사유 방식을 재발굴할 수 있도록 우리를 이끌 수 있다. 왜냐하면, 홉스 이래 정치적인 것에 대한 성찰은 그것의 규범적 측면을 거부하고 도구적 관점의 우월성을 함축하는 방향을 채택했기 때문이다.

---

45 Skinner, "The Idea of Negative Liberty", p. 217-219.

제3장

롤즈 : 정치 없는 정치철학

정치적 자유주의는 한편으로는 계몽의 합리주의에서 상속받은 용어에서, 다른 한편으로는 경제적 자유주의와의 오랜 제휴에서 나타난 함축에서 빠져 나올 수 있을까? 나는 이것이 현대 민주주의 정치철학의 정교화에서 핵심 문 제라고 믿는다. 최근의 여러 논의들이 우리가 받아들이기 어려운 이분법을 강요한다는 사실에서 이와 같은 질문에 대한 해명이 필요함을 잘 보여 준다. 그것은 특히 근대성과 탈근대성에 관한 논쟁과 계몽의 옹호자와 그 비방자 간 의 대치를 보건대 명백하다. 로티가 "하버마스와 리오타르의 탈근대성"Habermas and Lyotard on Postmodernity에서 했던 말을 살펴보자. "우리는 보편주의 철학을 피하려고 자유주의 정치학을 포기할 각오가 된 프랑스의 하버마스 비판가들 과, 그 모든 문제에도 불구하고 자유주의 정치학을 지지하고자 한사코 보편 주의 철학을 지지하는 하버마스를 발견한다."1 공동체주의자들의 자유주의

---

1 Richard Rorty, "Habermas ane Lyotard on Postmodernity", in Richard J. Bernstein ed., *Habermas and Modernity*, Oxford, 1985, p. 162.

비판에서도 매우 유사한 혼동이 있다. 여러 공동체주의자들은 인간 주체의 본성에 관한 특정 교리인 자유주의적 개인주의와, 권리의 옹호, 다원주의의 인정, 국가 역할의 제한, 권력 분립 등 '법치국가'의 특징을 이루는 일련의 제도들로 이루어진 정치적 자유주의를 구별하지 못한다. 그래서 자유주의적 개인주의의 원자론적 인간관을 거부하는 샌들 및 매킨타이어와 같은 공동체주의자들은 '옳음의 수사와 다원주의'를 반드시 탄핵해야 하며, 결국은 정치적 자유주의를 거부해야 한다고 생각한다. 심지어는 로티도, 부르주아적 경제 관계를 자유주의의 내적인 성분으로 만들었다는 면에서 부당한 합병amalgamation을 범한 셈이다. 실제로 로티의 '자유주의' 개념은 지극히 애매하다. 그는 블루멘베르크를 좇아 (정치적 기획과 동일시될 수 있는)[2] '자기주장'과 (인식론적 기획인) '자기 정초'라는 계몽의 두 측면을 제대로 구별함에도 불구하고, 이후에 근대의 정치적 기획을 자본주의와 자유주의를 모두 함축하는 모호한 '자유주의' 개념과 동일시한다. 따라서 그의 '탈근대적인 부르주아 자유주의'는 '부유한 북미 민주주의들의 제도와 관행'[3]을 위한 순수하고 단순한 변명에 불과하다. 여기에 민주적 비판의 여지는 전혀 없다.

그 모든 거짓 딜레마는 특정 환경들 속에서는 함께 접합되었지만 필연적인 관계가 없는 일련의 서로 다른 담론들을 '자유주의' 용어 아래에 융합한 결과다. 우선, 정치적 근대성을 이해하기 위해 무엇보다 중요한 것은, 19세기에만 접합되어 있었던 자유주의와 민주주의의 두 전통을 구별하는 것이다. 다음으로는 이 '정치적 근대성'을 자본주의적 생산관계의 지배 아래에서

---

2 이 구별에 대해서는 Hans Blumenberg, *The Legitimacy of the Modern Age*, Boston, 1983을 참조.
3 Richard Rorty, "Postmodernist Bourgeois Liberalism", *The Journal of Philosophy*, vol. LXXX, no. 10, fall, 1983, p. 585.

수행된 근대화 과정과 혼동해서는 안 된다. 물론 몇몇 자유주의자는 경제적 자유주의와 자유 시장경제가 없이는 정치적 자유주의가 있을 수 없다고 주장하지만, 그것은 자유주의의 한 조류의 표현에 불과하다. 마지막으로, 인간관, 합리성의 기준, 도덕의 본성 등에 관한 일련의 철학적 담론들이 있는데, 이 담론들은 '자유주의 철학'으로 언급될 때도 있지만 극히 이질적이며, 칸트주의와 공리주의만큼이나 서로 다른 입장들을 포함한다. 따라서 이 담론들이 단일한 교리를 구성한다고 보는 것은 잘못이다. 그런 서로 다른 자유주의의 '형식들' 사이에서 다양한 접합이 일어날 수 있다. 내가 논증하려는 것은 우리가 정치적 자유주의를 수용하더라도 개인주의나 경제적 자유주의를 수용해야 하는 것은 아니며, 또한 보편주의와 합리주의를 옹호하는 것도 아니라는 것이다. 나는 롤즈의 의무론적 자유주의를 그런 다양한 접합의 한 사례로 채택하여, 민주주의 사회에서 정치철학의 본성과 역할은 무엇인지를 토론하기 위한 하나의 출발점으로 사용할 것이다.

롤즈의 정의론

롤즈의 작업은 내가 제시하는 논점에 대한 좋은 예시다. 첫째, 여기서 우리는 경제적 자유주의로부터 자신의 자율성을 설립한 정치적 자유주의에 대한 옹호를 보게 된다. 브라이언 베리Brian Barry가 지적했듯이, 『정의론』의 의의는 "자유주의 입장에 있으면서도 다음과 같이 진술한다는 점에 있다." [『정의론』은 "사유 재산을 교리의 본질적 부분이라기보다는 생산수단들과 분배와 교환 내의 우연적 사실로 설정함으로써 자유주의의 핵심 특색과 절연하며, 적절한 해석과 일정한 사실적 가정을 갖추어 평등주의적 함축을 지닐 수 있게끔 분배 원칙을 도입하고 있다"[4]라는 것이다. 둘째, 그것은 자유주의 도덕철학에서 견고한 헤게모니를 확립했던 공리주의 사상에 대한 하나의 대안을 제공하려는 시도다. 마지막으로 롤즈는 보편주의적 틀과 단절하면서 현재 자신의 정의론의 '상황적' 성격을 강조하고 있다. 내가 검토하려는 것은 이 마지막 부분이다.

실제로 롤즈는 사람들이 자신을 오해하고 있었으며 자신의 저서가 정의의 문제를 무역사적인 방식으로 제기하려는 것이 아니었다고 주장한다. 그러나 롤즈는 공정으로서의 정의Justice as Fairness 원칙에 대해 "자신의 고유한 이익들에 더 많은 관심을 갖는 자유롭고 합리적인 인격체들이라면" 더 진척된 역사적 상술이 없어도 "그 결사체의 기본적인 요구들을 정의함으로써 원초적 평등의 입장을 수용하게 된다"[5]라고 진술함으로써, 보편주의적 해석에 문을 활짝 열어 놓고 있었다. 그는 나중에 가서야 자기 목표가 사회적이거나 역사적으로 특수한 환경과 무관하게 모든 유형의 사회에 적합한 정의관을 정교화하려는 것은 아니며, 단지 "현대적 상황의 민주주의 사회에서 정의로운 사회제도의 형식을 둘러싼 기본적인 불일치를 안정시키려는 것"[6]이라고 명시했다. 따라서 그는 논쟁 중인 문제, 즉 자유와 평등의 원리를 구체화하려면 사회의 기본 제도들은 어떻게 설정되어야 하는지, 또 그 두 가지 이상이 어떻게 이해되고 균형 잡혀야 할 것인지에 대한 하나의 해결책을 찾으려 했던 것이다. 또한, 롤즈는 현재 공적인 정의관을 명료하게 하는 과제는 우선 실천적인 사회적 과제이지 인식론적인 과제가 아니라고 강조한다. 그뿐만 아니라 롤즈는 이렇게 말한다. "한 정의관의 정당화는 우리보다 선행하고

---

4 Brian Barry, *The Liberal Theory of Justice*, Oxford, 1973, p. 166.
5 John Rawls, *A Theory of Justice*, Oxford, 1973, p. 11.
6 John Rawls, "Kantian Constructivism in Moral Theory", *Journal of Philosophy*, vol. 77, no. 9, September, 1980, p. 518.

미리 주어진 어떤 질서를 충실하게 존재하게 하는 데서가 아니라, 우리 자신들과 우리의 열망들과 우리의 실현들에 대한 좀 더 심층적인 이해와 그 정의관과의 합치에서 나온다. 그 근거는 이런 이해가 우리의 공적인 삶 내에 구현된 역사와 전통으로 주어져 있어서 우리에게 가장 합당한 교리라는 데에 있다"[7]라고 강조한다. 맥락주의 옹호자들의 주요 표적이었던 롤즈가 맥락주의의 투사가 된 것인가? 롤즈는 로티를 위해 로널드 드워킨Ronald Dworkin을 포기한 것인가? 오늘날 롤즈와 공동체주의 비판가들 사이의 논쟁 지점은 도대체 어디인가? 좀 더 일반적으로 말해서, 롤즈의 공정으로서의 정의의 '역사화된' 변형은 얼마나 성공적인가?

이 문제들 가운데 몇 가지를 해명하려면 『정의론』 이후에 나온 일련의 논문들에 제시된 롤즈 이론의 주요 생각들을 간단히 개괄할 필요가 있다. 거기서 그는 이렇게 선언한다. 입헌 민주주의에서 정치철학의 목표는 "사회정치적이고 경제적인 제도를 정당화할 수 있는 공정한 공적 기초를 제공할 수 있을 뿐만 아니라, 한 세대에서 그다음 세대로 [이어질 수 있는] 안정성의 확보에 도움을 줄 수 있는 정치적 정의관"[8]을 제안하는 것이다. 관건은 사회적 통일성의 창출이다. 민주주의 사회에서 사회적 통일의 창출은 삶의 의미·가치·목적에 대한 공유된 관점에 근거하지 않는다. 그렇다고 오로지 자기 이익의 수렴이나 집단 이익의 수렴에만 근거하는 것도 아니다. 이런 정당화는 충분히 안정적인 기초가 아니다. 따라서 사회적 통일은 합당한 정치적 정의관에 대한 중첩적 합의를 통해 확보되어야 한다.

---

7 같은 책, p. 519.

8 John Rawls, "The Idea of an Overlapping Consensus", *Oxford Journal of Legal Studies*, vol. 7, no. 1, Spring, 1987, p. 12.

롤즈의 지적에 따르면, 이런 정치적 정의관은 본성상 정치적이고 사회적이고 경제적인 제도를 위해 산출된 도덕관이며, 일반적이고 포괄적인 도덕관을 정치적 질서에 적용한 것으로 이해되면 안 된다. 그것은 서로 상충하며 통약 불가능한 다원적 가치관을 허용해야 하는 다원주의의 실존을 존중해야 한다. 따라서 정치적 정의관은 철학적이고 종교적인 교리들이 논쟁적일 수밖에 없음을 고려할 때 그 교리들과 무관해야 하며, 현대 민주주의 사회의 정의관에 공적으로 인정된 기초를 제공할 수 있는 일반적 도덕관은 없다. 이런 정치적 정의관은 오직 사회의 상식 속에 잠재되어 있고 사회제도 속에 새겨진 특정한 기본적인 직관들에 의해서만 정식화될 수 있다.9

이 때문에 공정으로서의 정의는 민주주의의 공적인 문화 속에 함축된 핵심 직관이라고 롤즈가 간주한 것, 즉 자유롭고 평등한 인격체들 사이의 공정한 협동 체계라는 하나의 사회관과 함께 출발한다. 그렇다면 정치적 정의의 기본적 문제는 "사회를 자유롭고 평등한 인격체 간의 협동 체계로 간주하고 나서, 자유와 평등을 실현하기 위한 가장 적절한 원칙들을"10 찾는 것이다. 롤즈의 제안은 그 원칙들을 관련된 사람들 간의 상호 이득이 고려된 합의의 결과로 보자는 것이다. 그는 자기 이익의 합리적 선택이라는 관념이 정치적 목적들에 적합하며 어떤 특수 교리와도 무관하게 공유된 시민적 선의 관념을 제공할 수 있다고 믿는다. 그렇지만 그런 선택은 일련의 제약에 종속되며, 공정한 방식으로 이뤄져야 할 합의에 꼭 필요한 자유와 평등의 조건들을 명시하기 위해 원초적 입장이 도입된다. 원초적 입장에 등장하는 '무지의 베일'

9 John Rawls, "Justice as Fairness: Political not Metaphysical", *Philosiphy and Public Affairs*, vol. 7, no. 1, Spring, 1987, p. 12
10 같은 글, p. 235.

은 결정 과정에 영향을 줄 수 있고 그 결과를 왜곡시킬 수 있는 교섭상의 이득을 제거하는 데 쓰인다. 롤즈의 주장에 따르면, 시민들은 일단 스스로를 자유롭고 평등한 인격체로 간주하고 나서, 서로 다른 각자의 가치관들을 추구하기 위해서는 동일한 일차적 선들, 다시 말해 소득과 부와 같은 동일한 다목적의 수단들과 자기 존중의 동일한 사회적 토대들만이 아니라 동일한 기본권과 자유, 기회를 필요로 한다. 그 결과 시민들은 다음과 같이 진술할 정치적 정의관에 동의하게 될 것이다. "자유와 기회, 소득과 부, 자기 존중의 토대들과 같은 사회의 모든 일차적 선들은 이 선의 일부나 전부의 불평등한 분배가 최소 수혜자의 이득을 위한 것이 아니라면 평등하게 분배되어야 한다."[11] 그런 것은 정확히 '공정으로서의 정의'에 의해 상술된 정의의 두 원칙 배후에 놓여 있는 일반적 관점이다. 정의의 두 원칙 중 첫 번째 원칙은 다음 사항을 요구한다. 각 인격체는 타인의 유사한 자유와 양립 가능한 가장 광범위한 기초적 자유에 대한 평등한 권리를 가져야 한다. 두 번째 원칙은 다음과 같다. 선들은 그 불평등한 분배가 ㉠ 최소 수혜자의 최대 혜택을 위한 것일 때에만, 그리고 ㉡ 공정한 기회의 조건들 아래에서 만인에게 개방된 직책과 지위에 결부될 때에만 불평등하게 분배되어야 한다.[12]

『정의론』과의 주요 차이점은, '공정으로서의 정의'라는 기본 관념을 민주주의 사회의 공적인 문화에 함축되어 있거나 잠재되어 있는 것으로 간주한다는 사실을 새로 강조하는 것이며, 그 결과 정의론을 합리적 선택 이론의 일부로서 기술하려는 생각을 포기한 데 있다. 롤즈는 합리적 선택이라는 생각이 잘못임을 인정하면서 이렇게 선언한다. "내가 말해야 했던 것은 자유롭

---

11 Rawls, A Theory of Justice, p. 303.
12 같은 책, p. 302.

고 평등한 인격체들을 대표하는 당파들이 하게 될 숙고의 특징을 결정하기 위해 합당한 조건에 종속된 합리적 선택을 공정으로서의 정의관이 사용한다는 점이다. …… 합리적인 것이라는 관념을 유일한 규범적 관념으로 사용하는 하나의 틀 내에서 정의의 내용을 끌어내려는 생각은 전혀 없다."13 롤즈는 또한 원초적 입장에서 나타나는 인격체관이 하나의 정치관이라는 것, 다시 말해 우리의 공적인 정체성과 연관된 시민관이라는 것을 강조하며, 또 이 인격체관이 자아의 본성에 대한 어떤 특정의 포괄적인 견해를 전제하는 것도 아님을 강조한다.

좋음에 대한 옳음의 우선성

공정으로서의 정의의 특징적인 면모 가운데 하나는 그것이 좋음에 대한 옳음의 우선성을 긍정한다는 점이다. 그 의미는 개인적 권리들이 공리주의처럼 일반 복리를 위해 희생될 수 없으며, 개인들이 추구해도 되는 그들 자신의 가치관들을 정의 원칙으로 제한한다는 점이다. 당연히 정의 원칙은 어떤 특수 가치관과도 무관하게 이끌어 내야 한다. 정의 원칙을 모든 시민이 수용할 수 있으려면 서로 경쟁하는 가치관들이 다원적으로 존재하고 있음을 존중할 필요가 있기 때문이다. 롤즈는 의무론적 접근이 개인의 독특성에 대한 적절한 표상을 제공하고 개인의 양도 불가능한 권리를 옹호하는 유일한 접근이어서 목적론적 접근보다 의무론적 접근이 더 우월하다고 믿는다(목적론적 접근은 좋음의 우선성을 확신하며 좋음을 극대화할 수 있는 것을 옳음으로 정의한

---

13 Rawls, "Justice as Fairness", p. 237, n. 20.

다). 따라서 공정으로서의 정의가 현대 민주주의에 가장 적합한 정의론이라는 그의 주장이 나온다.

내가 생각하기에 롤즈의 올바른 점은, 현대사회의 정의 원칙들이 도덕적이거나 종교적이거나 철학적인 관점과 무관하게 유도되어야 하며, 하나의 특수한 가치관의 수용 여부를 결정해 줄 틀로도 사용되어야 한다고 주장하는 점이다. 하지만 롤즈는 이 테제를 부적절한 방식으로, 또 공동체주의의 비판에 취약할 수밖에 없는 방식으로 옹호한다. 공동체주의자들은 권리[옳음]를 지닌 어떤 개인이란 오직 일정한 제도를 갖춘 특정 유형의 사회 내에서만 있을 수 있으므로 그런 식의 옳음의 우선성은 있을 수 없다며 반대한다. 찰스 테일러가 올바로 지적한 것처럼 말이다. "모든 형식의 원자론이 범하는 기본적인 오류는 다음과 같다. 자신의 고유한 목표들과 열망들을 지니고 그에 대한 정당한 보상을 지키려는 그런 개인은 특정한 문명 내에서만 가능한데, 원자론은 그 가능한 정도를 제대로 고려하지 못한다. 그런 근대적 개인이 나오려면 일정한 제도와 관행·법규·평등한 존중의 규칙·공동 숙고의 습관·공동의 결사체·문화적 발전 등이 오랫동안 발달해야 했다."14 권리들[옳음]과 정의관의 실재 존재가 하나의 가치관을 자명하게 함축하는 정치적 결사체의 특정한 형식에 선행한다거나 그와 무관하게 존재할 수 없음이 일단 인정되면, 좋음에 대한 옳음의 절대적인 우선성은 결코 있을 수 없음이 분명해진다.

그렇다면 이 말은 정의를 우선적으로 보고 개인적 권리들을 옹호하려는 롤즈의 고려를 우리가 거부해야 한다는 의미인가? 또 샌들이 논증하는 것처

---

14 Charles Taylor, *Philosophy and Human Sciences*, Philosophical Papers 2, Cambridge, 1985, p. 309.

럼 공유된 도덕적 가치에 근거한 공동선의 정치학으로 우리가 돌아가야 한다는 의미인가?[15] 여기서 우리는 하나의 위험한 혼동을 발견한다. 그것은 공동체주의적 비판이 지닌 다른 애매성의 원인이 되며, 샌들과 같은 저자들을 정치적 자유주의에 대한 거부와 다원주의에 대한 부인으로 이끌고 가는 그런 혼동이다. 혼동의 기원은 '공동선'이라는 문제적 통념과 그 통념이 함축하는 윤리학과 정치학 사이의 관계에 있다. 근대가 도래하기 이전의 공동체는 단일한 관념으로 이루어진 실체적 공동선을 둘러싸고 조직되었으며, 정치학이 공동선에 종속되어 있었기에 윤리학과 정치학 사이에는 아무런 실제적 구별도 없었다. 개인의 출현, 교회Church와 국가State의 분리, 종교적인 관용의 원칙, 시민사회의 발전이 이루어지면서, 도덕의 영역에 속하게 된 것과 정치학의 분리가 일어났던 것이다. 이제 도덕적이고 종교적인 신념은 국가가 법률로 정할 수 없는 사적인 관심사이며, 다원주의는 실체적 공동선의 부재라는 특징을 지닌 민주주의 유형인 현대 민주주의의 핵심적 면모다.

그러나 롤즈가 다원주의와 개인적 권리들을 옹호하려 한다는 점에서 올바르다면, 그 기획이 어떤 가능한 공동선의 관념도 거부하기를 요구한다고 믿는다면 잘못된 것이다. 그가 주창하는 옳음의 우선성은 공동선의 한 관념으로 정의되는 특정 정치적 결사체의 맥락에서만 존재할 수 있는 것이다. 단, 이 공동선은 엄격히 정치적인 용어로만 이해되어야 한다. 다시 말해 그것은 자유민주주의 체제의 정치적 공동선, 즉 정치적 결사체로서 자유민주주의 체제의 원칙인 자유와 평등으로 이해되어야 한다. 다른 한편 정치적이고 사

---

15 Michael Sandel, *Liberalism and the Limits of Justice*, Cambridge, 1982; "Morality and the Liberal Ideal." *New Republic*, 7, May, 1984. 샌들에 대한 더 상세한 비판은 이 책의 2장인 "미국 자유주의와 그에 대한 공동체주의의 비판"을 참조

회적인 존재로서의 인간 성격을 역설하는 공동체주의적 접근을 채택한다고 해서 다원주의와 정의의 우선성을 거부할 필요는 전혀 없다. 인간의 이런 정체성이 언어·의미·실천의 공동체에서 창출되기 때문이다. 따라서 권리의 정치학을 비판하고자 롤즈의 정식화 내에 존재하는 부적절성을 활용하고 있는 샌들은 부당한 결론을 끌어낸 것이다. 사실 정치적 자유주의는 공동체주의적인 방식으로 완벽하게 옹호될 수 있다. 게다가 롤즈는 자신의 정의관이 하나의 정치관임을 인정한 이래 그런 방향으로 이동하고 있었다. 이 정치관은 우리를 입헌 민주주의의 시민으로 간주하며, 입헌 민주주의에 잠재되어 있는 이상을 반영하고 발전시키려 한다.

그렇지만 롤즈의 최근 입장은 그렇게 일관적이지 않으며, 윌리엄 글래스턴William Glaston이 올바르게 지적했듯이 그는 칸트와 헤겔 사이에서 어정쩡하게 서 있다. 롤즈는 여전히 옳음의 우선성을 유지하지만, 도덕적 인격체관에 대한 새로운 강조는 그 우선성을 침해한다. 글래스턴은 그 이유를 이렇게 말한다. "정의가 도덕적 인격체로서 우리의 좋음을 목표로 하기에 바람직한 것이라면, 그렇다면 공정으로서의 정의는 특정 가치관에 근거한다. 옳음과 정의의 '강제'는 궁극적으로 그 가치관에서 유도되는 것이다."16 글래스턴은 롤즈의 개정된 이론이 롤즈가 지속적으로 거부하는 완전주의perfectionism 17와 구별하기 어렵다고 논증한다. "분명 그의 인격체의 이상은 다음의 두 가지 관점에서 하나의 도덕적 목표로 기능한다. 첫째, 무엇보다도 정의 원칙을 선택하는 개인들은 그들의 도덕적 능력들을 실현하고 표현할 수 있는 환경을

---

16 William A. Glaston, "Moral Personality and Liberal Theory", *Political Theory*, vol. 10, no. 4, November, 1982, p. 506.
17 [옮긴이] 완전주의란 특정의 좋음이 개인들의 선택과 독립된 가치를 지니거나 국가 정책의 목표가 되어야 한다고 보는 견해다.

창출하려 할 것이다. 둘째, 관찰자로서의 우리는 이 능력의 실현을 촉진하고 그 표현을 용이하게 하려는 성향을 견지하면서 사회제도들을 평가할 것이며, 이 기준은 우리의 다른 관심사보다 우선으로 채택될 것이다."[18]

나는 롤즈의 입장이 오늘날 유지될 수 없다고 주장하는 글래스턴에 동의한다. 하지만 나는 완전주의적 견해를 공공연히 추정하는 것이 그 해결책이라고 생각하지는 않는다. 나중에 보여 주겠지만 오히려 나는, 롤즈가 자신의 정치적 정의관을 엄격하게 정치적인 지반 위에 둘 수 있게 할 조건들을 확립해 주는 것이 그 해결책이라고 생각한다. 이를 위해 우리에게 요구되는 것은 자유민주주의 체제가 도덕과 종교의 관점에서는 불가지론적일지 몰라도 정치적 가치에 대해서는 불가지론적일 수 없음을 인정하는 것이다. 자유민주주의 체제는 정의상, 정치적인 결사체로서의 자신의 특정성을 구성하는 원칙들, 즉 자유와 평등이라는 정치적인 원칙들을 주장할 수밖에 없기에 말이다.

불행하게도 수많은 자유주의자들이 정치적 자유주의를 중립적인 국가와 동일시하길 원하며, 그것이 잘못된 자기 패배적인 전략임을 인정하지 않는다. 심지어 찰스 라모어Charles Larmore를 필두로 한 몇몇 사람들은 국가의 중립성에 대한 중립적인 정당화를 제공하는 것이 자유주의 이론의 과제라고 주장하기조차 한다.[19] 이것은 이미 자유주의 진영 내에 너무나 많이 존재하는, 정치적 문제들을 행정적이고 기술적인 문제들로 변형하려는 경향을 더욱 강화할 뿐이다. 또 그것은 점점 더 많은 영역을, 추측건대 중립적인 전문가들의 통제에 넘겨줌으로써 민주적 결정 범위를 제한하려는 니클라스 루만과 같은 신보수주의자들의 이론들과 장단을 맞춘다.

---

18 같은 글, p. 498.

19 Charles Larmore, *Patterns of Moral Complexity*, Cambridge, 1987.

물론 롤즈는 이런 중립성 주장을 승인하지 않으며, 그의 정의론은 우리가 보았듯이 더욱더 많은 가치를 담아 내고 있다. 롤즈는 합리적인 것을 합당한 것에 종속시킴으로써[20] 합리적인 선택이 사용될 수 있는 범위를 과감하게 제한해 왔다. 원초적 입장은 더는 중립성의 관점을 표현하는 것이 아니라 민주주의 사회의 공적인 문화 내에 함축된 이상들을 반영하며, 당파들의 심의는 이제 자신들의 두 가지 도덕적 능력의 행사와 발전에 의해 인도된다. 나아가 롤즈는 단순히 잠정 협정*modus vivendi*을 창출하려는 것이 아니라 정치적 가치들의 실현을 함축하는 공유된 정의 원칙들에 대한 중첩적 합의를 창출하려는 것이 정의론의 목표임을 견지한다. 그는 "자유주의 내에서 홉스적 가닥—자기 이익과 집단 이익을 잘 설계된 입헌적 배치들을 통해 조정하고 균형을 잡아 하나로 수렴함으로써 확보되는 잠정 협정으로서의 자유주의—과 칸트나 밀의 교리처럼 포괄적 도덕적 교리에 근거한 자유주의 사이에서"[21] 하나의 진로로 나아가려 하는 것이다.

정의와 정치적인 것

나는 정의관을 정교화하려면 '참되다고' 추정되는 무역사적인 원칙들에 도달하고자 역사 속에 삽입된 우리가 아닌 외재적 관점에서 찾을 것이 아니

---

20 이 구별은 롤즈가 "Kantian Constructivism in Moral Theory"에 도입한 것으로, 모든 사회적 협동에 대한 통념의 두 요소인 합당한 것과 합리적인 것을 정식화하기 위해서다. 합당한 것은 공정한 사회적 협동의 요구라는 관점을 지시하며 호혜성과 상호성을 접합한다. 합리적인 것은 다른 요소에 대응하며 각 참여자의 합리적 이득이라는 관점을 표현한다.
21 Rawls, "The Idea of an Overlapping Consensus", p. 23.

라 우리의 민주주의 전통에서 출발해야 한다고 단언하는 롤즈의 주장에 공
감하면서도, 롤즈의 접근이 부적절하다고 생각한다. 나는 그 근거가 그의 작
업에서 발견되는 정치적인 것에 대한 불충분한 통념에 놓여 있다고 믿는다.
롤즈에게 정치학이 있더라도 그것은 '이익의 정치학'으로 환원된다. 이때 '이
익의 정치학'이란 서로 경쟁하는 대안적 담론들에 의한 서로 다른 이익들의
가능한 접합에 선행하며 그와 무관하게 정의되는 서로 다른 이익들의 추구
로 환원된다. 롤즈 정의론의 목표는 합의에 기반을 둔 중립적 규칙들을 설립
해 이런 서로 다른 이익들의 추구를 통제하려는 것이다. 당연히 롤즈에게 그
규칙들은 도덕적 성격을 지니며, 따라서 롤즈의 관점은 순수하게 도구적인
관점은 아니다. 자기 이익을 추구하는 과정에 도덕적 한계가 부과될 수밖에
없는 것이다. 그러나 '합당한 것'과 '합리적인 것' 간에는 고유하게 정치적인
어떤 것을 위한 여지가 전혀 남아 있지 않다. 우리는 정치적인 것의 본성을
도덕이나 경제와 독자적으로 확립할 수 있을 것이다. 롤즈의 저작에 정치적
인 것의 용어가 없다고는 볼 수 없을 것이며 점점 늘어났겠지만, 어떤 포괄
적인 교리에도 근거하지 않고 특정 분야들에만 적용되는 도덕의 한 형식만
을 상술하는 식으로, 다시 말해 소극적(부정적)인 방식으로만 존재한다고 보
아야 할 것이다.

　우리가 이해한 바에 따르면, "정치적 정의관의 첫 번째 특색은 이 정의관
이 당연히 도덕관이긴 하지만 특정 종류의 주제 즉 정치적이고 사회적이고 경
제적인 제도들을 위해 고안된 하나의 도덕관이며", "두 번째 특색은 첫 번째
특색의 보충으로, 정치적 질서에 적용되는 일반적이고 포괄적인 도덕관으로
정치적 정의관을 이해하면 안 된다는 것이다."[22] 여기까지는 정치적인 것의

---

22 같은 글, p. 3.

특정 본성에 대해 긍정적인 방식으로 말한 것은 아무것도 없다. 마침내 롤즈는 정치적 정의관의 세 번째 특색을 도입한다. "정치적 정의관은 일반적이고 포괄적인 종교적 교리나 철학적 교리, 도덕적 교리에 의해 정식화되는 것이 아니라, 오히려 민주 사회의 공적인 정치 문화 내에 잠재되어 있다고 보이는 일정한 기본적 직관들로 정식화된다."[23] 따라서 우리에게는 정의관이 어떤 의미에서 정치적인지를 이해하기 위한 직관적인 관념들이 남아 있는 것이다. 다른 한편 우리가 앞서 보았듯이, 롤즈는 두 주요 직관에서 출발하는데, 하나는 사회가 공정한 사회적 협동 체계라는 것, 다른 하나는 시민들이 두 가지 도덕적 능력을, 다시 말해 ① 정의감의 능력과 ② 가치관을 위한 능력을 소유한 덕택에 자유롭고 평등하다는 것이다.[24] 따라서 우리는 여전히 도덕의 담론 속에 있으며 롤즈의 시민관은 정치적이라고 거의 할 수 없다.

롤즈는 자신의 정의론이 도덕철학에 이바지하는 것으로 제시하고 나서, 나중에는 정의론을 정치철학의 일부로 간주하는 것이 더 나을 것이라고 선언한다.[25] 문제는 애초 롤즈가 도덕적 담론에 특유한 추론 방식을 사용하지만, 그것을 정치 분야에 적용할 경우 그[추론 방식이 가진] 효과를 도덕성의 강제 아래에서 사적인 이익들 사이의 합리적 협상의 과정으로 축소하는 것이다. 따라서 갈등·적대·권력관계·종속·억압의 형식은 간단히 소멸되며, 우리는 이익의 다원성이라는 전형적인 자유주의 전망과 대면한다. 여기서 이익들은 정치적 결정보다 우월한 차원을 필요로 하지 않고서도 통제될 수 있으며, 주권의 문제는 빠져 있다. 칼 슈미트의 다음 지적처럼 말이다. "자유주

---

23 같은 글, p. 6.
24 Rawls, "Justice as Fairness", pp. 226ff.
25 같은 글, p. 224, n. 2.

의적 개념들은 전형적으로 윤리학과 경제학 사이에서 움직인다. 그것들은 이 양극성에서 출발해 권력과 억압을 자신의 영역으로 하는 정치적인 것을 근절하고자 한다."26 롤즈처럼 정치를 도덕적 언어의 관점에서 생각하는 것은 갈등과 권력, 이익이 수행하는 역할을 반드시 무시하게 된다.

한나 피트킨Hanna Pitkin은 도덕적 담론과 정치적 담론의 차이를 비트겐슈타인의 관점에서 분석하면서, 두 담론 모두 인간 행위에 관계하지만 정치적 담론만이 공적인 행위에 관계한다고 지적한다. 핵심 문제 가운데 하나는 하나의 집단적 정체성 즉 '우리'를 창출하는 일이다. '우리가 무엇을 할 것인가?'라는 물음에서 '우리'는 주어져 있는 것이 아니라 오히려 문제를 구성한다. 정치적 담론에는 항상 행위 과정에 대한 불일치가 있을 수밖에 없으며, 특정 형식의 집단적 행위를 통해 창출되어야 할 '우리'라는 정체성을 사실상 핵심 문제로 간주할 수 있다. 피트킨의 다음 글을 살펴보자. "도덕적 담론은 인격적 대화다. 이때 정치적 담론은 하나의 공중, 공동체와 관계되며, 구성원들 사이에서 일반적으로 일어나게 된다. 따라서 정치적 담론은 관점의 다원성이라는 출발점에서 시작할 수밖에 없다. 또 그것은 이 각종 관점의 상호 작용, 단일한 공공 정책으로의 조정을 필요로 한다. 그 조정이 항상 일시적이고 부분적이고 잠정적이라 하더라도 말이다."27

정치적 담론은 서로 다른 이익들을 하나의 공동 기획과 연관시키고, 대립하는 힘들, 다시 말해 '적'을 정의하는 하나의 전선을 설정하여, 서로 다른 이익 사이에 특정 형식의 통일성을 창출하려 한다. 슈미트는 다음과 같이 말하는 한에서는 올바르다. "정치적인 것의 현상은 지금까지 있었던 적과 친구의

---

26 Carl Schmitt, *The Concept of the Political*, Rutgers, 1976, p. 71.
27 Hanna F. Pitkin, *Wittgenstein and Justice*, Berkeley, 1972, p. 216.

배치 가능성의 맥락에서만 이해될 수 있다. 이 가능성이 도덕·미학·경제학에 대해 함축하는 측면과는 관계없이 말이다."[28] 정치에서 공적 이익은 항상 논쟁적인 문제이며 결코 궁극적인 일치에 이를 수 없다. 이런 상황을 상상하는 것은 정치 없는 사회를 꿈꾸는 것이다. 우리는 불일치의 제거가 아니라 자유민주주의 제도의 실존을 존중하는 형식들을 인정하는 가운데 불일치의 수용만을 희망해야 한다. [그래서] 피트킨은 다음과 같이 논증한다. "정치적 삶을 특징짓는 것은 상이성과 경쟁적 주장들과 갈등하는 이익들의 맥락에서 계속 창조되고 있는 통일성의 문제 즉 하나의 공중의 문제다. 경쟁하는 주장들과 갈등하는 이익들이 부재한다면, 어떤 논제도 정치적 영역에 진입하지 못한다. [즉] 아무런 정치적인 결정도 이루어질 수 없다. 하지만 정치적 집합체 즉 '우리'가 행위하기 위해서는, 계속 이어지는 주장들과 이익들이 그 집합체를 계속 보존하는 방식으로 해결되어야 한다."[29]

정치적인 것을 이렇게 보는 생각을 롤즈는 완전히 결여하고 있다. 롤즈는 공동의 합리적 자기 이익의 실존을 당연하게 받아들이며, 그것에 근거하여 자유롭고 평등한 도덕적 인격체로 행위하는 시민들이 정의 원칙들에 동의하고 이를 정초할 수 있다고 본다. 롤즈는 불일치가 단지 종교적이고 정치적인 물음에만 관계하며, 이런 논쟁적인 쟁점을 피함으로써 기본적인 사회제도들이 조직화되어야 할 방식에 대한 하나의 일치에 도달할 수 있다고 믿는 것처럼 보인다. 이 문제에는 오직 하나의 해결책만 있다는 것, 합당한 것의 강제 내에서 숙고하며 자신의 합리적인 이득들에 의해서만 움직이는 합리적 인격체들이라면 자신의 정의 원칙들을 선택하리라는 것, 만인의 합리적 자기 이

---

28 Schmitt, p. 35.
29 Pitkin, p. 215.

익을 계산하는 데는 한 사람으로 충분하리라고 생각한다는 것, 롤즈는 이 모든 것을 매우 확신한다. 그 경우 숙고 과정은 여분의 것이다.[30] 정치는 다원주의의 실존에 의해 영향받지 않는다. 롤즈는 자기 이익에 기반을 둔 합의가 지배하는 공적 영역과 완전히 분리된 사적 영역에서 사람들이 행사하는 가치관들의 다양성으로만 다원주의를 이해한다. 이것은 완벽한 자유주의적 유토피아이다. 낙태에 관한 최근 논쟁이 분명히 보여 주듯이, 다원주의는 갈등하는 모든 가치관이 공적인 영역 내에 개입하려 하지 않고 평화롭게 공존하리라는 것을 의미하는 것이 아니며, 공과 사의 경계는 단번에 주어지는 것이 아니라 구성되며 계속 바뀐다. 게다가 저마다 '사적인' 관심사만 내세운다면 적대는 언제라도 출현할 수 있으며 사적인 관심사는 정치화될 수 있다. 따라서 롤즈의 '질서 정연한 사회'는 정치적인 것이라는 관념의 제거에 근거해 있다.

롤즈에게 정치적인 것이 부재한다는 것은 다른 방식을 통해서도 알 수 있다. 롤즈는 정치적인 것을 사회적 관계들의 상징적 배열, 다시 말해 "정치를 사람들 사이의 실제적이고 사회적인 구조 속에 존재하며 세계를 구축하는 사람들의 능력 속에 존재하는 인간관계의 총합으로, 즉 심층적인 의미"[31]의 측면에서 이해한다. 그것은 고전적인 유형의 정치철학을 다시 불러내며 사회의 서로 다른 형식들 즉 '정체들'(그리스어로는 폴리테이아)에 관해 묻는다.

---

30 롤즈는 이렇게 선언한다. "무엇보다도, 당파 간의 차이들이 그들에게 안 알려져 있고 모든 사람이 평등하게 합리적이며 비슷한 상황에 있기 때문에, 각자가 동일한 논증에 의해 설득당한다는 것은 확실하다. 따라서 우리는 원초적 입장에서의 선택을 무작위로 선택된 한 인격체의 관점에서 바라볼 수 있다"(A Theory of Justice, p. 139). 베르나르 마넹(Bernard Manin)이 지적해 왔듯이, 롤즈가 숙고라고 부르는 것은 하나의 단순한 계산 과정이다. Bernard Manin, "Volonté générale ou délibération?" Le Débat, no. 33, January, 1985.
31 Roland Barthes, Mythologies, Paris, 1957, p. 230.

우리는 이런 접근만으로도 롤즈가 해결하지 못하고 남겨 놓은 몇 가지 문제를 해명하는 데 도움을 줄 수 있다. 첫째, 롤즈가 '다원주의의 사실'이라 부르는 것은 단순히 관용의 원칙을 수용한 데서 나오는 결론보다 훨씬 더 많은 범위를 포괄하고 있다. 다시 말해 그것은 상징적인 돌연변이의 표현 즉 다음과 같이 이해된 민주주의 혁명의 표현이다. 민주주의 혁명은 자연Nature이나 신God에 근거한 단일한 실체적 공동선의 관점을 둘러싸고 조직된 위계적인 사회의 종언으로 이해된다. 클로드 르포르가 보여 주었듯이, 현대 민주주의 사회는 "권력Power과 법Law과 지식Knowledge이 근본적인 불확실성에 노출된 사회, 통제 불가능한 모험의 극장이 된 사회"32로 이루어져 있다. 군주의 인격 내에 구현되어 있고 초월적인 사례와 결합된 권력의 부재는 최종 보증의 실존 혹은 정당성의 원천을 무효화하고 있다. 즉, 사회는 더는 어떤 유기체적 정체성을 지닌 하나의 실체로 정의될 수 없으며, 민주주의는 '확실성 표지의 해소'33라는 특징을 갖게 된다. 현대 민주주의 사회에서 더는 실체적인 통일성이 있을 수 없으며, 분할이 구성 요소로 인정되어야 한다. 사실 롤즈의 다음 주장 자체는 올바르다. "정치 공동체가 일반적이고 포괄적인 교리를 긍정하면서 결합된 그런 정치적 사회를 의미한다면, 우리는 그런 정치 공동체에 대한 희망을 포기해야 한다."34 그러나 이것은 새로운 사회적 관계의 배열에 특징적인 모습이며 다원주의의 '사실'에서 나온 결론이 아니다. 만일 롤즈가 정치적인 것을 그런 식으로 이해했다면, 또 공유된 의미, 제도, 직관의 단순한 수집으로서가 아니라 사회적인 것을 특정 방식으로 설정한 것으로 민주

---

32 Claude Lefort, *The Political Forms of Modern Society*, Oxford, 1986, p. 305.

33 Claude Lefort, *Democracy and Political Theory*, Oxford, 1988, p. 19.

34 Rawls, "The Idea of an Overlapping Consensus", p. 10.

적 전통을 바라볼 수 있었다면, 정의 원칙에 대한 일련의 단일한 최종 일치가 있을 수 없음을 롤즈는 깨닫게 되었을 것이다.

둘째, 평등과 자유에 매우 다른 지위를 제공하려 한다면 '직관'이라는 막연한 통념은 재정식화될 수 있다. 나는 현대 민주주의에서 정의론은 자유와 평등을 우리의 제도 내에서 실현할 수 있을 만한 수단들에 초점을 맞춰야 한다는 롤즈의 말에 동의한다. 하지만 그 이유는 이것들이 자유민주주의 체제의 정치적 원칙들이기 때문이다. 그 원칙들은 사람들이 그들 자신과 그들의 세계 사이에 설립하는 일정 유형의 관계들의 배열을 결정한다. 즉 그것들은 일정한 형식의 민주주의 사회를 제공하며, 그 제도들과 관행들과 정치 문화를 구현한다. [또] 그것들은 개인적인 것을 일정한 유형으로 구성할 수 있게 하며, 일정한 형식의 정치적 주체성의 창조와 특수한 방식의 정체성 구축을 가능하게 한다. 평등과 자유가 우리에게 핵심 기표라면, 그것은 그 체제와 전통이 이 가치들을 사회적 삶의 중심에 두었던 현대 민주주의 사회의 주체들로 우리가 구성되었다는 사실에 기인한다. 이렇게 정치적인 것을 사회적인 것의 '전문 모체'disciplinary matrix 35(토마스 쿤에서 차용한 용어인)로 이해하지 않고서는, '공유된 의미들'과 '직관들'과 그 함축들의 경험적 일반화라는 매우 막연한 통념들보다 더 멀리 나가는 것은 불가능하다.

---

35 [옮긴이] '전문 모체'는 쿤이 사용했던 용어로, 전문가 집단 이를테면 과학자들이 그들 집단 내에서 공유하는 여러 신념·가치·기법 등의 구성체라고 할 수 있다. 무페는 이 용어를 사용해 정치적인 것을 좀 더 폭넓은 범위인 사회적인 것의 전문 모체로 이해해야 한다고 주장하고 있다.

정의와 헤게모니

자유와 평등은 자유민주주의 체제의 정치적 원칙들을 구성하며 현대 민주주의 내에서 정의론의 핵심부에 위치한다. 하지만 그 원칙들, 그 원칙들이 적용되어야 하는 사회적 관계 유형, 그 제도화의 방식에 대해서는 많은 해석이 있을 수 있다. 이 물음에 대한 합리적인 해결책을 발견했다는 롤즈의 주장은 철저히 거부되어야 한다. 왜냐하면 그런 해결책, 즉 "모든 시민이 그들의 정치적이고 사회적인 제도들이 정의로운지를 서로 앞에서 검토할 수 있는", 누구도 이의를 제기하지 않고 "공적으로 인정된 견해"[36]를 제공하는 것은 불가능하기 때문이다. 현대 민주주의의 특징은 이렇게 사회적 질서의 최종 고정화를 방해하며, 확정적인 봉합선을 확립하려는 담론의 가능성을 배제한다는 것이다. 실제로 서로 다른 담론들이 담론장을 지배하려 할 것이며, 접합을 통해 결절점들을 창조하려고 하겠지만, 그것은 단지 의미를 일시적으로 고정하는 데 성공할 수 있을 뿐이다.

현대 정치의 특징을 이루는 투쟁 가운데 일부는 일정한 질서를 구축하려 하며 결절점들 주위에 사회적 관계들을 고정하려 하지만, 적대적 힘들의 영속성으로 말미암아 고정에 성공하더라도 그것은 필연적으로 부분적이며 불확실하다. 정의와 관련된 담론들이 그런 투쟁에 속한다. 그것들이 자유와 평등의 원칙에 대한 경쟁적인 해석들을 제안함으로써 상이한 유형의 요구들을 위한 정당성의 근거를 제공하며, 특수한 동일화 형식을 창조하고, 정치적 힘들을 구현하기 때문이다. 달리 말해, 그것들은 어떤 주어진 순간에서 특정 헤게모니의 설립과 '시민권'의 의미 구축에서 중요한 역할을 한다. 성공한 헤

---

36 Rawls, "Justice as Fairness", p. 229.

게모니는 상대적인 안정화의 시기와 폭넓게 공유된 '상식'의 창조를 의미하지만, 이런 중첩적 합의는 롤즈가 추구하는 합리적 합의라는 아르키메데스점과는 구별되어야 한다. 공정으로서의 정의는 정의의 문제에 대한 궁극적이고 합리적인 해결책을 제공하기는커녕, 평등과 자유라는 정치적 원칙들을 둘러싼 가능한 해석 가운데 한 해석에 불과하다. 사실, 현대 민주주의에서 정의의 문제는 반드시 영속적이고 미해결된 물음으로 남아 있을 수밖에 없다. 물론 공정으로서의 정의는 진보적 해석이며, 신자유주의의 공세적 주장이 거듭되는 상황, 복지 권리와 평등의 확장에 반대하는 신자유주의의 공격을 생각해 보면 롤즈의 의도는 칭찬할 만하다. 그러나 그것은 진행 중인 논쟁에 개입하는 수준 정도로 간주되어야 하며 다소간 급진적인 다른 해석들과 관련시켜 볼 때 특권적인 지위를 자처할 수는 없다. 합리적 선택 절차에 대한 강조는 현재의 지적 배경이 제공한 수사적인 가치에 속하는 것일 터이며 정치적 효과를 산출할 수도 있겠지만, 객관성에 대해 아무런 보증도 하지 않는다.

롤즈에 대한 통상적인 비난은 정의를 평등으로 붕괴시켰고, 미국에서 지배적으로 공유되는 의미들에 충실하기는커녕 평등주의적 전망을 제시했다는 것이다. 그러나 그것이 요점은 아니다. 즉, 정작 내기에 걸린 문제는 미국인이 실제로 지니고 있는 가치들을 롤즈가 어떻게 잘 반영하고 있는가가 아니라, 그 가치들의 변형이다. 존 스카John Schaar가 논증했듯이, 롤즈의 제안은 "평등에 대한 우리의 조작적 정의를 근본적으로 전환하고 기회의 평등이라는 우리의 현재 이해를 바꾸자"는 것이다.37 말하자면 롤즈는 하나의 새로운 접합을 제안하는 셈인데, 그것은 성공하기만 한다면 자유민주주의의 '상식'

---

37 John Scaar, *Legitimacy in the Modern State*, Transaction Books, 1981, p. 214.

을 다시 정의할 것이며 새로운 의미의 시민권을 제공할 것이다. 나는 이것이 중요한 과제라고 믿으며, 효율성이나 개인적 자유에 기반을 둔 하이에크나 노직 유형의 개인주의적 관점들과 대결하려면, 시민권에 대한 새로운 언어 못지않게 민주주의적 힘들에 정체성 형성의 받침대를 제공할 필요가 있다고 믿는다.

그러나 우리가 롤즈의 이론을 이런 각도에서 접근하는 데 동의한다면, 우리가 물어야 할 진정한 물음은 '롤즈의 이론이 얼마나 효과적으로 그런 역할을 할 것인가?'이다. 접합의 새 형식을 확립하려는 담론이라면, 인정된 원칙들과 아직 정식화가 안 된 요구들 간의 연결을 창출하는 데 그 담론이 얼마나 타당한가라는 시험대를 통과해야 한다. 그 담론이 새로운 주체 위치들을 어떻게든 구축할 경우에만, 그것은 사람들의 정치적 정체성을 실제로 획득할 수 있다. 그런 관점에서 봤을 때 공정으로서의 정의의 승산은 그리 좋지 않다는 것이 내가 받은 인상이다. 그것은 '위대한 사회'의 시기에 정교화된 이론이며 이후 수십 년 동안 추방되었던 민주주의 정치학의 한 유형을 제출한 이론이다. 새로운 정치적 주체들이 출현해 왔으며 정체성의 새 형식들, 공동체의 새 형식들이 창조되었다. 또 오로지 경제적 불평등만을 중심으로 하는 전통적 유형의 사회 민주주의적 정의관은 신사회운동들의 상상력을 포획할 것 같지 않다. 정치적 정의관은 우리의 민주주의 문화에 존재하는 자유와 평등이라는 이상을 옹호하고 심화할 것을 목표하는 반면, 여성운동, 동성애 운동, 생태론적이고 반핵적인 운동, 다양한 반제도적 운동에서 명백히 나타나는 새로운 요구들에는 거의 여지를 주지 않기에, 새로운 헤게모니 설립에 요구되는 중첩적 합의를 창출할 위치에 있지는 않을 것이다. 한 가지 더 고려해야 할 사실은 국가의 개입과 관료화에 저항하는 우파의 공격이 새로운 이데올로기적 지형을 정의해 왔으며, 이것을 해체하려면 반국가적인 저항에 새로운 접합의 형식을 제공할 담론 전략이 필요하다는 것이다. 이를 고려하면 롤즈의 단점은 전부 너무나 명백하다. 그의 정의론은 엄청난 양의 국가 개입을 함축하는 것이기에 말이다.

마이클 왈쩌는 『정의의 영역』에서 다원주의적 정의관을 제안했는데, 나는 다원주의적 정의관이 오늘날 평등주의적 이상의 옹호에 더 적합하며 현재의 정치 투쟁에 더 적합하다고 생각한다. 왈쩌는 지속적인 국가 개입이 필요할 '단순 평등'simple equality의 이상을 비판하며, 다음과 같이 주장한다. "평등이 현대의 전제적 정치와, 정당/국가의 지배에 대항하여 우리를 보호한다는 것을 우리가 설명할 수 없다면 평등은 우리 정치[학]의 목표일 수 없다."38 왈쩌가 제출한 복합 평등이라는 해법은 각각 다른 분배적 원칙들을 지닌 서로 다른 정의의 영역을 구별하여 이 문제들을 피하려는 의도에서 나온 것이다. 왈쩌는 정의 원칙들이 형식상 다원주의적이어야 하며 서로 다른 선들이 서로 다른 절차에 따라 서로 다른 행위자에 의해 분배되어야 한다고 진술한다. 왈쩌가 신사회운동들이 요구하는 문제들을 곧바로 제출하는 것은 아니지만, 왈쩌의 일반적 접근은 그 문제들을 다루는 데 유용할 수 있을 것이다. 왈쩌는 롤즈와는 반대로 현재 펼쳐진 민주주의 정치학의 무대에서 정의론과 시민관을 정식화하는 데 결정적으로 중요한 다원주의적 틀을 우리에게 제공하기에 말이다.

토대 없는 정치철학

이와 같은 단점에도 불구하고 롤즈의 정의론은 일련의 매우 중요한 정치

---

38 Michael Walzer, *Spheres of Justice*, New York, 1983, p. 316.

철학의 문제들을 제기한다. 그 문제들에 대한 만족할 만한 대답을 제공하는 데 롤즈가 무능력하다는 사실은 자유주의적 접근이 지닌 한계를 파악하는 데 필요한 교훈과 해결을 향한 길을 보여 준다. 롤즈의 큰 장점은 단일한 실체적 공동선이 더는 존재하지 않으며 다원주의가 중심이 되는 현대 민주주의 사회에서, 정치적 정의관을 하나의 특수한 종교적이거나 도덕적이거나 철학적인 좋은 삶의 관점에서 끌어낼 수는 없다는 것을 강조하는 것이다. 오늘날 샌들과 같은 몇몇 공동체주의자들이 열망하는 하나의 객관적인 도덕적 질서로 통일된 정치 공동체의 관념을 우리는 거부해야 한다.

'좋음에 대한 옳음의 우선성'이 단지 그것만 의미했다면, 이의를 제기할 수 없었을 것이다. 문제는 그런 옳음의 우선성이 자유민주주의 체제의 특징을 이루는 사회관계들의 상징적 배열의 결과이며 따라서 정치적 결사체로 그 체제를 정의하는 정치적 원칙들에 의해 구성된 좋음의 관념에서 파생된 것임을 롤즈가 수용하지 못한다는 것이다. 내 생각에 그 이유는 이중적이다. 첫째, 내가 논증해 왔듯이 고유한 의미의 정치적인 것은 롤즈에서 부재하며 폴리테이아[정체]로서의 체제라는 통념이 배제되어 있다. 둘째, 롤즈는 자유주의적이고 개인주의적인 주체관을 신뢰하기 때문에, 사회적 행위자가 참여하는 언어 게임의 다양성을 통해 담론적으로 구축되는 것이 주체라는 생각을 하지 못한다. 롤즈에게 주체는 하나의 기원으로 남아 있으며, 그 주체가 기입되어 있는 사회적 관계들과 무관하게 존재한다.

물론 롤즈는 자신의 원초적 입장이 우리를 시민으로만 고려하여 말하는 것이며 본격적으로 전개된 자아 이론을 함축하는 것은 아니라고 주장한다. 그러나 시민으로서 우리의 본성을 제시하는 롤즈의 방식은 부적합하며, 주어진 관행과 담론과 제도의 결과로서 일정한 시민권의 유형이 주어짐을 인정하지 않는다는 것이 문제다. 롤즈에게 평등과 자유는 도덕적 인격체들로서의 인간의 속성이다. 롤즈는 드워킨의 자연권 해석[39]에 반대하여, 공정으로서의 정의가 민주주의 사회의 공적인 문화에 함축되어 있거나 잠재되어 있는 이상들을 반영하는 직관들에 기초해 있어서 '옳음에 기반을 둔' 것이 아니라 '관점에 기반을 둔' 것 혹은 '이상에 기반을 둔' 것이라고 주장한다.[40] 그러나 우리가 보여 준 대로, 이 직관들은 결코 그 어떤 구체적인 지위에서 기인하는 것이 아니며, 체제의 원칙들과 아무 관계도 맺고 있지 않다. 왜 우리가 그런 관념들을 가지게 되는지에 대한 그 어떤 해명도 주어진 적이 없다. 롤즈는 '자연권'의 관념을 거부하는 것처럼 보이지만 우리가 오직 특정 유형의 정치 공동체의 시민으로서만 권리들을 가지게 된다는 것을 받아들일 수는 없는 것으로 보인다. 따라서 롤즈의 전체 관점은 진공에 서 있는 셈이다.

롤즈는 보편주의적이고 개인주의적이고 자연권적인 유형의 자유주의 담론에서 벗어나려 했지만, 인간 실존의 집합적 측면을 구성적인 것으로 생각할 수 없는 자신의 무능력으로 말미암아 그 담론을 만족할 만한 대안으로 대치하는 데 아직 성공하지 못했다는 것이 내 추측이다. 개인은 시작점만이 아니라 끝점으로 남아 있으며 이 때문에 롤즈는 정치적인 것을 개념화하지 못한다. 나는 정치적인 담론을 도덕적인 담론과 융합한 롤즈의 입장을 이런 맥락에서 이해해야만 하며, 집합적인 행위로 실현될 수 있는 가치들만이 아니라 권력·갈등·분열·적대·주권이라는 주요 정치적 통념들을 회피하는 롤즈의 입장을 이해해야 한다고 생각한다.

결국, 롤즈가 정치철학으로 제시하는 것은 단지 특정 유형의 도덕철학, 즉 사회의 기본 구조를 통제하려는 공적 도덕성이다. 실제로 롤즈는 "정치적 정의관과 여타의 도덕관 사이의 구별은 범위의 문제, 즉 어떤 관점이 적용되

---

39 Ronald Dworkin, *Taking Rights Seriously*, Harvard, 1977, ch. 6.
40 Rawls, "Justice as Fairness", p. 236.

는 주제들의 한도의 문제이며, 더 넓은 내용일수록 더 넓은 범위를 요구한 다"라고 주장한다.[41] 문제가 있는 곳은 정확히 바로 여기다. 그 구별은 단순 히 범위의 문제가 아니라 본성의 문제라는 것이 바로 내 믿음이기 때문이다. 현대의 정치철학은 정치적 가치들을 접합해야 하는데, 이 가치들은 집합적 행위를 통해 실현될 수 있으며, 어떤 정치적 결사체에 속하는 공통적인 것을 통해 실현될 수 있다. 그 주제는 도덕성과 구별되어야 하는 정치적인 것의 윤리다.

하지만 롤즈의 관점은 정확히 정치철학에 대한 이와 같은 이해를 배제한 다. 롤즈의 관점에 정치적 공동선의 통념을 위한 여지는 없으며, 진정으로 정치적인 시민권을 정의할 만한 자리도 없다. 롤즈는 시민들을 공정한 사회 적 협동의 요구에 관여하는 자유롭고 평등한 도덕적 인격체들로만 생각할 수 있을 뿐이다. 바로 이 지점에서 롤즈를 비판하며 시민 공화주의의 이상들 을 되살리고자 하는 공동체주의적 비판가들의 주장은 일리가 있다. 시민 공 화주의 전통은 정치 참여가 어느 정도의 존엄성을 복원할 수 있도록 우리를 도와줄 수 있을 것이며, 시민권을 권리 혹은 도덕적 능력의 소유와 동일시할 수 있을 뿐인 자유주의 관점을 넘어서서 나아갈 수 있도록 우리를 도와줄 수 있을 것이다.

그렇지만 여기서 피해야 할 위험이 있다. 우리는 전근대적인 관점으로 되 돌아갈 수는 없으며 시민적인 것을 위해 개인적인 것을 희생시킬 수도 없다. 현대적 시민관은 다원주의와 개인적 자유를 존중해야 한다. 도덕 공동체를 재도입하려는 모든 시도, 즉 **우니베르시타스**^{universitas} 42로 되돌아가려는 모든

---

41 John Rawls, "The Priority of Right and Idea of the Good", *Philosophical and Public Affairs*, vol. 17, no. 4, Fall, 1988, p. 252.

시도에 저항해야 한다. 우리가 보듯이 현대 민주주의 정치철학의 한 가지 과제는 새로운 주체 위치들을 해석하고 시민들의 서로 다른 정체성들을 창출할 수 있기 위해 개인적 자유와 정치적 자유를 접합할 언어를 제공하는 것이다. 나는 정의론이 그런 노력을 기울이는 데 중요한 역할을 한다고 생각한다. 왜냐하면, 아리스토텔레스가 주목했듯이 "정의에 대한 공동의 이해로 뒷받침된 참여가 폴리스를 만들기"[43] 때문이다. 그렇지만, 현대적 조건에서 정의론이 열망할 수 있는 최대치는 하나의 헤게모니를 단단히 구축하고, 하나의 경계를 설정하며, 일정한 시민관을 중심에 둔 정체성 확인의 버팀목을 제공하는 것이되, [그것이 가능한 것은] 서로 대립하는 힘들과 경쟁하는 정의들definitions이 대치하게 될 적대의 필연적 교차 영역 속에서임을 명심해야 한다.

현대 민주주의 사회에서 정치철학은 토대들을 탐색하는 것이 아니라 우리의 사회적 관계들에 대한 은유적인 재기술을 제공하는 언어의 정교화여야 한다. 그것은 자유와 평등이라는 민주주의 이상에 대한 서로 다른 해석을 우리에게 제시함으로써, 자유민주주의 체제에 (존재할 수도 없고 전혀 필요하지도 않은) 형이상학적인 토대를 제공하는 것이 아니라, 민주주의 모체 내에 새로운 주체 위치들을 창출하여 민주주의적 관행의 범위를 심화·확장하는 식으로 민주주의를 옹호할 수 있게끔 우리를 도와줄 수 있을 것이다.

비록 롤즈가 충분히 깨닫고 있는 것은 아니지만, 롤즈의 정의론은 그런 투쟁에 속하며, 그 모든 한계에도 불구하고 그 속에는 민주주의를 진전시킬 수 있는 가치들이 많이 있다. 정치적 자유주의에 대한 롤즈의 옹호는 고전적

---

42 [옮긴이] '대학'(university)의 라틴어 어원인 우니베르시타스는 제도·가치·개념·언어 등의 목적이 개별 성원의 권리보다 앞서는 공동체를 말한다. 더 자세한 내용은 이 책 4장 "민주주의적 시민권과 정치 공동체"의 '정치공동체 : 우니베르시타스인가 소키에타스인가?'를 참조.
43 Aristotles, *Politics*, Book I, ch. II, 1253a15.

인 정치철학의 몇 가지 주제들과 시민 공화주의적 전통에 입각한 정치의 안정화와 정치적 자유주의를 접합해 낼 하나의 담론 속에서 다시 정식화되어야 한다. 사람을 정치적 동물로 보는 아리스토텔레스적 통찰을 인정한다고 해서 우리가 어떤 목적론적이고 본질주의적인 관점에 무조건 참여하는 것은 아니다. 현대의 여러 이론적 조류들은 하나의 언어 공동체에 참여하는 것이 인간적 정체성 구축에 얼마나 필수적인 조건이 되는지를 강조하는 데로 수렴되며, 우리가 사회정치적인 인간 본성을 비본질주의적 방식으로 정식화할 수 있게끔 해 준다. 따라서 공적인 영역에 대한 집합적 참여로 이해될 수 있는 정치적인 것에 대한 재가치화revalorization와, 현대 민주주의의 특징을 이루는 다원주의의 옹호 및 옳음의 우선성을 결합할 수 있어야 할 것이다. 이런 공적 영역에서 이익은 서로 대치하고, 갈등은 결정되며, 분열이 드러나고, 대치가 상연된다. 마키아벨리가 처음으로 인정했듯이 자유가 확보되는 것이다.

제4장

민주주의적 시민권과 정치 공동체

'시민권'과 '공동체'는 오늘날 많은 좌파 진영에서 논의되는 주제다. 이는 분명히 계급 정치[학]의 위기에 따른 것이며, 민주주의의 급진화를 위해 투쟁하는 힘들을 조직할 수 있는 새로운 정체성 형성이 필요하다는 의식이 증가하고 있음을 보여 준다. 나는 정치적 정체성의 문제가 중요하며, 민주주의 정치[학]의 중요한 과제 가운데 하나가 바로 '시민들'의 정체성을 구축하려는 시도라고 생각한다. 하지만 시민권을 바라보는 서로 다른 시각이 많이 있으며, 핵심 쟁점을 둘러싸고 서로 경쟁하고 있다. 우리가 시민권을 어떻게 정의할 것인가의 문제는 우리가 원하는 유형의 사회 및 정치 공동체와 밀접히 결부되어 있다.

우리 목표가 급진적이고 다원적인 민주주의라면 우리는 시민권을 어떻게 이해해야 하는가? 이 기획이 가능하려면 민주주의적 투쟁들 간에 일련의 등가성이 창출되어야 하고, 그에 따라 민주적 주체들 간의 공동의 정치적 정체성이 창출되어야 한다. '시민'이라는 호명이 그런 역할을 완수할 수 있으려면, 어떤 조건들이 충족되어야 하는가?

내가 제출하는 문제는 바로 이것이며, 현대 민주주의의 조건들 속에서 정치 공동체의 본성을 어떻게 이해할 것인가라는 핵심 물음을 논증할 것이다. 우리는 자유주의 전통과 시민 공화주의 전통 각각의 강점을 받아들여야 하겠지만, 두 진영이 주장하는 시민관을 넘어설 필요가 있다는 것이 내 고찰이다.

내 성찰을 현재 널리 이루어지는 토론의 맥락에 두기 위해, 나는 우선 칸트적 자유주의자와 이른바 '공동체주의자' 간의 논쟁에 참여하면서 시작할 것이다. 나는 이런 방식을 통해 내 접근의 특정성을 정치적이고 이론적인 관점 모두에서 전면에 내세우기를 희망한다.

자유주의 대 시민 공화주의

존 롤즈와 그에 대한 공동체주의적 비판가들 간에 진정으로 걸려 있는 문제는 시민권의 문제다. 여기에는 두 개의 서로 다른 언어가 서로 대치 중인데, 우리는 시민으로서 우리의 정체성을 이 속에서 접합해야 한다. 롤즈의 제안은 입헌 민주주의의 시민을 자신의 두 가지 정의 원칙으로 표현된 평등한 권리들의 측면에서 재현해 보자는 것이다. 롤즈에 따르면, 일단 시민들이 자신들을 자유롭고 평등한 인격체들로 간주해야 하며, 그런 다음 그들 자신의 서로 다른 가치관들을 추구하기 위해서는 동일한 만능all-purpose의 수단들—소득, 부, 자기 존중의 동일한 사회적 토대—만이 아니라 동일한 일차적 선들—자유와 기회라는 동일한 기초적 권리—도 필요하다는 것을 인정해야 한다. 그에 따라 시민들이 반드시 동의해야 하는 정치관이 나온다. "자유와 기회균등, 소득과 부와 자기 존중의 토대들과 같은 사회의 모든 일차적 선들은, 이 선들의 일부 혹은 전부에 대한 불평등한 분배가 최소 수혜자의 이득을 위한 것이 아니라면 똑같이 분배되어야 한다."[1] 이런 식의 자유주의적 견해에 따르면, 시민권은 각 인격체들이 스스로 선에 대해 정의하고 그것을 개정하고 합리적으로 추구하려는 인격체들 각자의 능력이다. 시민들은 타인의 권리를 존중하라는 요구가 부과하는 일정한 강제 속에서 자신의 이익을 촉진하고자 자신의 권리를 사용하는 사람으로 간주된다. 공동체주의자들은 시민들이 공동선을 견지하면서 공동의 행위를 추구하려면 다른 사람들과 결합하려 하는 것이 당연한데도, 앞서 말한 자유주의적 시민관의 경우 이런 시민 통념을 배제하는 빈곤한 관점이라며 반대한다. 샌들의 논증에 따르면 롤즈의 자아관은 '무연고적' 자아관으로, 여기에는 '구성적 공동체', 다시 말해 개인들의 정체성을 구성하게 될 공동체가 들어설 여지가 전혀 없다. 롤즈의 자아관이 유일하게 허용하는 것은 '도구적 공동체, 다시 말해 미리 정의된 자신의 이익과 정체성을 지닌 개인들이 그 이익들을 증대하겠다는 견해를 가지고 들어가는 공동체뿐이다.[2]

이런 결함을 지닌 자유주의적 접근에 대한 공동체주의적 대안은, 개인적인 욕망과 이익에 선행하며 그것들과 독립된 공공선의 통념을 강하게 강조하는 시민 공화주의 정치관의 부활이다. 이 전통은 그 긴 역사에도 불구하고 자유주의로 대체되어 오늘날 거의 사라져 버렸다. 시민 공화주의 전통은 중세 말 이탈리아 공화정에서 완전히 표현되지만, 그 기원은 그리스와 로마의 사유까지 거슬러 올라간다. 시민 공화주의 전통은 17세기 영국의 제임스 해링턴, 존 밀턴John Milton, 그 밖의 다른 공화주의자들에 의해 다시 정식화되었고, 신해링턴주의자들의 작업을 통해 신세계로 전파되었다. 최근 여러 연구

---

1 John Rawls, A Theory of Justice, Oxford, 1971, pp. 302-303.
2 Michael Sandel, Liberalism and the Limits of Justice, Cambridge, 1982.

는 시민 공화주의 전통이 미국 혁명기에 매우 중요한 역할을 했다는 것을 잘 보여 준다.3

자유주의적 시민관에는 분명히 심각한 문제들이 많이 있지만, 우리는 시민 공화주의 해법의 단점도 깨달아야 한다. 시민 공화주의 해법이 우리에게 자유주의적 시민관보다 훨씬 더 풍부한 시민관을 제공한다는 것은 분명하며, 정치 공동체의 참여자로 우리 자신을 인식할 수 있는 하나의 장으로 정치를 보는 시민 공화주의 관점은 자유주의적 개인주의를 비판하는 사람들에게 분명히 호소력이 있다. 하지만 전근대적 정치관으로 돌아가는 것은 위험하다. 전근대적 정치관은 현대 민주주의의 혁신적인 면모와 자유주의의 결정적인 공헌을 인정하지 않는다. 다원주의의 옹호, 개인적 자유의 관념, 교회Church와 국가State의 분리, 시민사회의 발전, 이 모든 것이 현대 민주주의 정치의 구성 요소이다. 이것들은 사적인 영역과 공적인 영역, 도덕성의 분야와 정치의 분야 사이의 구별을 요구한다. 여러 공동체주의자의 제안과는 반대로, 현대 민주주의의 정치 공동체는 단일하고 실체적인 공동선의 관념을 중심으로 조직될 수 없다. 개인적 자유를 희생하는 대가를 치르면서까지 강한 참여를 주장하는 시민권의 관념을 회복하려 해서는 안 된다. 자유주의에 대한 공동체주의적 비판이 위험한 보수적 선회를 채택하는 것은 바로 이 지점이다.

진정한 과제는 한 전통을 다른 전통으로 대체하는 것이 아니라 오히려 그 두 전통에 모두 근거해, 급진적이고 다원적인 민주주의 기획에 적합한 새로운 시민권의 관념 속에서, 그 전통들이 지닌 통찰들을 결합하려는 것이라고 나는 믿는다. 자유주의는 모든 개인이 자유롭고 평등하게 태어났다는 주장에 근거

---

3 이 논쟁에 대한 일반적 소개로는 이 책의 2장인 "미국 자유주의와 그에 대한 공동체주의의 비판"을 참조

한 보편적 시민권의 관념을 정식화하는 데 확실히 이바지한 반면, 개인이 국가에 대항해 보유하는 권리들을 설정함으로써 시민권을 단순한 법적 지위로 축소하기도 했다. 그 권리들의 보유자들이 법을 위반하거나 타인의 권리와 충돌하지 않는 한 그 권리들을 행사하는 방식은 중요하지 않다. 사회적 협동의 목표는 단지 생산적 능력을 높이고 각 인격체의 개인적 번영을 용이하게 달성하는 것이다. 평등한 사람들로 이루어진 공동체 내의 공공 의식, 시민적 활동, 정치 참여의 관념은 대부분의 자유주의 사상가들과 맞지 않는다.

그와 반대로 시민 공화주의는 정치 참여의 가치를 강조하며 정치 공동체 속에 통합되는 것에 핵심 역할을 부여한다. 하지만 문제는 정치 공동체를 현대 민주주의 및 자유주의적 다원주의와 모순되지 않는 방식으로 이해하려는 요구가 일어날 때다. 다른 말로, 우리는 근대인의 자유와 고대인의 자유를 어떻게 화해시킬 것인가라는 오래된 딜레마에 직면해 있다. 자유주의자들은 그 두 자유가 양립 불가능하며, '공동선'의 관념은 오늘날 전체주의적 함의만을 가질 뿐이라고 주장한다. 자유주의자들에 따르면, 민주주의 제도들을 전근대사회가 누렸던 공동의 목적이라는 의미와 결합하는 일은 불가능하며, '공화주의적 덕'의 이상들은 버려야 할 잔재에 대한 향수다. 공동체주의자들에 따르면 능동적인 정치 참여는 근대적 자유관과 양립 불가능하다. 개인적 자유는 강제의 부재라는 소극적 방식으로만 이해될 수 있을 뿐이다.

이사야 벌린이 『자유의 두 개념』 *Two Concepts of Liberty* 4에서 강력하게 다시 진술한 이 논증은, 일반적으로 시민 공화주의 정치관을 소생시키려는 모든 시도를 비판하는 데 쓰인다. 하지만 그것은 최근 켄틴 스키너에 의해 도전받게 되었다. 켄틴 스키너는 고전 공화주의적 시민관과 현대 민주주의가 기본

---

4 Isaiah Berlin, "Two Conception of Liberty", *Four Essays on Liberty*, Oxford, 1969.

적이고 필연적으로 양립 불가능한 것은 아님을 보여 준다.5 스키너는 몇몇 공화주의적 사유들, 특히 마키아벨리에서 비록 소극적이기는 하지만—그래서 근대적인—정치 참여와 시민적 덕을 포함하는 자유를 이해하는 한 방식을 찾는다. 그 방식은 자유를 우리가 선택한 목적들을 실현하는 데에서 방해물의 부재로 이해한다는 점에서 소극적이다. 그러나 그것은 또한 그런 개인적 자유가 오직 '자유로운 국가'의 시민들, 즉 구성원들이 정부에 능동적으로 참여하는 공동체의 시민들일 때에만 보증될 수 있다고 단언한다. 우리의 고유한 자유를 보장하고 그런 자유의 행사를 불가능하게 할 노예 상태를 피하려면, 시민적 덕들을 계발해야 하며 공동선에 헌신해야 한다. 우리의 사적인 이익보다 공동선이 앞선다고 보는 관념은 개인적 자유를 향유하기 위한 필수 조건이다. 스키너의 논증은 개인적 자유와 정치 참여가 결코 화해될 수 없다는 자유주의자들의 주장을 반박한다는 점에서 매우 중요하다. 또한 이는 급진 민주주의 기획에 결정적으로 중요하다. 하지만 이제 개인의 권리와 시민의 정치 참여 사이의 접합에 적합한 정치 공동체의 종류가 무엇인가라는 물음을 제출해야 한다.

현대 민주주의와 정치 공동체

롤즈와 같은 칸트적 자유주의자들과 공동체주의자들 사이의 논쟁에 접근하는 또 다른 방식이 있는데, 그것은 좋음에 대한 옳음의 우선성의 문제를 경

---

5 Quentin Skinner, "The Idea of Negative Liberty: Philosophical and Historical Perspective", in R. Rorty, J. B. Schneewind and Q. Skinner eds., *Philosophy in History*, Cambridge, 1984.

유한다. 이는 현대 민주주의 정치 공동체의 쟁점과 직접적으로 연관되어 있다.

롤즈가 공리주의자와는 반대로 좋음에 대한 옳음의 우선성을 말하는 것은, 개인의 권리들이 일반 복리를 위해 희생될 수 없으며, 개인들이 추구해도 무방한 가치관들이 무엇인지를 제한하는 역할을 정의 원칙들이 수행한다는 것을 지적하는 것이다. 그렇기에 롤즈는 정의 원칙이 어떤 특수한 가치관과도 무관하게 도출되어야 한다고 고집한다. 모든 시민이 정의 원칙을 받아들이려면 서로 경쟁하는 가치관들이 다원적으로 존재한다는 것을 존중해야 하기 때문이다. 여기서 롤즈의 목표는 그 어떤 특정한 복지관 혹은 특수한 인생 계획을 개인에게 강제하지 말 것을 요구하는 자유주의적 다원주의의 옹호다. 자유주의자들에게 그것은 개인적 도덕성과 관련된 사적인 물음이며, 자유주의자들은 개인이 불필요한 간섭 없이 자신의 고유한 소망에 따라 자기 삶을 조직할 수 있어야 한다고 믿기 때문이다. 이로부터 개인적 권리 개념은 중심이 되며, 정의 원칙이 좋은 삶에 대한 특수한 관점을 특권화하지 못한다는 단언이 따라 나온다.

나는 이것이 현대 민주주의 사회에 핵심적이기 때문에 옹호되어야 할 매우 중요한 원칙이라고 생각한다. 실제로 현대 민주주의는 정확히 실체적인 공동선의 부재라는 특징을 지니고 있다. 이는 클로드 르포르가 확실성 표지의 해소[6]와 동일시할 수 있다고 분석했던 민주주의 혁명의 의미다. 르포르에 따르면, 현대 민주주의 사회는 권력이 빈 공간이 되고 권력이 법·지식과 분리된 사회다. 이런 사회에서는 최종 보증, 규정적인 정당성을 더는 제공할 수 없다. 권력은 더는 군주의 인격에 구현되는 것이 아니며, 초월적 심급과 결합되지도 않기 때문이다. 따라서 권력·법·지식은 근본적인 불확실성에 노

---

6 Claude Lefort, *The Political Forms of Modern Society*, Oxford, 1986, pp. 305ff.

출되어 있다. 내 용어로 표현하면 어떤 실체적 공동선도 불가능하다는 뜻이다. 이는 또한 롤즈가 다음과 같이 지시하는 바이다. "한 공동체가 어떤 일반적이고 포괄적인 교리를 긍정하면서 결합된 그런 정치적 사회를 의미한다면 우리는 그런 정치 공동체에 대한 희망을 포기해야 한다."7 만일 좋음에 대한 옳음의 우선성이 그런 제한성을 의미하는 것이라면, 내가 동의하지 못할 이유가 없다. 그러나 롤즈는 좋음에 대한 옳음의 절대적인 우선성을 확립하려는 것이다. 이는 옳음의 우선성이 특정 제도들을 지닌 일정한 유형의 사회에서만 있을 수 있다는 것과 옳음의 우선성이 민주주의 혁명의 결과임을 인정하지 않는 롤즈의 태도에서 잘 알 수 있다.

이에 대해 공동체주의자들의 대답은 당연히 옳음의 이런 절대적 우선성이 존재할 수 없으며, 일정한 방식으로 좋음을 정의하는 공동체에 참여함으로써만 우리가 옳음의 의미와 정의관을 획득할 수 있다는 것이다. 이를테면 찰스 테일러는 자유주의적 접근의 잘못이 다음과 같은 점에 있다고 올바르게 지적했다. "모든 형식의 원자론이 범하는 기본적인 오류는 다음과 같다. 자신의 고유한 목표들과 열망들을 지니고 그에 대한 정당한 보상을 지키려는 그런 개인은 특정한 문명 내에서만 가능한데, 원자론은 그것이 가능한 정도를 제대로 고려하지 못한다. 그런 근대적 개인이 나오려면 일정한 제도와 관행·법규·평등한 존중의 규칙·공동 숙고의 습관·공동의 결사체·문화적 발전 등이 오랫동안 발달해야 했던 것이다."8

공동체주의자들이 자기 길을 잃는 지점은, 샌들을 위시한 그들 중 몇 사람

---

7 John Rawls, "The Idea of an Overlapping Consensus", *Oxford Journal of Legal Studies*, vol.7, no.1, Spring, 1987, p. 10.

8 Charles Taylor, *Philosophy and Human Sciences*, Philosophical Papers 2, Cambridge, 1955, p. 200.

이 좋음에 대한 옳음의 우선성이란 결코 있을 수 없으며, 따라서 자유주의적 다원주의를 거부해야 하며, 공유된 도덕적 가치들 및 실체적 공동선의 관념을 중심으로 조직된 유형의 공동체로 돌아가야 한다고 결론을 내릴 때다. 우리는 사회정치적 제도의 주요 덕으로서 정의의 우선성을 설정하고 다원주의와 권리들을 옹호하는 롤즈에 전적으로 동의할 수 있다. 물론 이 동의는 그런 원칙들이 일정한 유형의 정치적 결사체에 특정함을 인정하는 조건에서다.

하지만 자유주의에 대한 공동체주의적 비판의 또 다른 측면이 있는데, 우리는 이 측면을 결코 포기할 수 없으며 다시 정식화해야 한다. 현대 민주주의 사회에서 단일한 실체적 공동선의 부재, 도덕과 정치의 분리는 개인적 자유freedom 속에 포함된 논쟁의 여지가 없는 획득물을 보여 주는 것이다. 그러나 정치를 위해서는 매우 해로운 결과를 낳고 있다. 모든 규범적 관심은 사적인 도덕성의 장으로, 즉 '가치들'의 장으로 분류되었으며, 정치는 자신의 윤리적 구성 요소를 박탈당했다. 미리 정의된 이익 사이의 타협에만 관계하는 도구적 관점이 우세하게 된 것이다. 다른 한편으로 자유주의는 개인과 개인의 권리에 대한 배타적 관심에도 불구하고 그 권리들의 실행 내용과 지침을 제공하지 않았다. 이 때문에 시민적 행위와 공동의 관심은 평가절하되었으며 민주주의 사회 내에 사회적 응집력은 점점 약해졌던 것이다. 이런 상황을 비판한다는 점에서 공동체주의자들은 올바르다. 나는 고전적 정치관의 몇몇 측면을 되살리려는 그들의 시도에 동의하는 바이다. 우리는 정치와 윤리 사이의 끊어진 고리를 다시 이을 필요가 있다. 하지만 민주주의 혁명의 성과물을 희생하면서까지 그럴 수는 없다. 우리는 개인적 자유liberty와 권리들(옳음), 혹은 시민적 활동과 정치 공동체 사이에 그어진 잘못된 이분법을 수용해서는 안 된다. 우리의 선택지는 공적인 관심사가 없는 개인들의 단순한 집합체와, 단일하고 실체적인 공동선의 관념을 둘러싸고 조직화된 전근대적인 공동체 사이에만 있는 것이 아니다. 이 이분법 바깥에서 현대 민주주의 정치 공동체를 파악하는 것이야말로 결정적인 도전일 것이다.

나는 퀜틴 스키너가 어떻게 개인적 자유freedom와 시민적 참여 사이의 하나의 가능한 접합 형식을 지시하고 있는지를 이미 지적한 바 있다. 그러나 우리는 또한 근대적 시민권의 윤리적 성격을 도덕적 다원주의와 양립 가능한 방식으로 정식화할 수 있어야 하며, 좋음에 대한 옳음의 우선성을 존중해야 한다. 우리가 공유하고 있으며 우리를 자유민주주의 체제 내의 동료 시민으로 만드는 것은, 실체적 선의 관념이 아니라 그런 전통에 내재된 특정한 정치적 원리들의 집합이다. 즉 만인을 위한 평등과 자유의 원칙들이다. 비트겐슈타인을 따른다면, 이 원칙들은 정치적 행동의 '문법'이라 불릴 만한 것을 구성한다. 시민이 된다는 것은 그 원칙들의 권위를 인정하는 것이고, 그 원칙들을 구현한 규칙들의 권위를 인정하는 것이며, 그것들을 우리의 정치적 판단과 행위들을 형성해 주는 것으로 받아들이는 것이다. 자유민주주의의 원칙들을 인정하면서 결합되는 것, 이것이 바로 내가 제안하려는 시민권의 의미다. 그것은 시민권을 법적 지위로 보는 것이 아니라, 정체성 형성의 한 형식으로, 정치적 정체성의 한 유형으로 간주한다는 것을 함축한다. 즉 시민권을 경험적으로 주어진 것이 아니라 구축되어야 할 무언가로 본다는 뜻이다. 자유와 평등이라는 민주주의 원칙들에 대해서는 경쟁적인 여러 해석이 있을 것이기에, 민주주의적 시민권에 대해서도 경쟁적인 여러 해석이 있을 것이다. 급진 민주주의적 시민권의 본성을 조사하는 것이 궁극적으로 내가 하려는 바이지만, 그전에 먼저 정치 결사체 혹은 정치 공동체의 문제를 되짚어 보자.

정치 공동체 : 우니베르시타스인가 소키에타스인가?

미리 지적했듯이 우리는, 하나의 실체적 공동선의 존재를 전제하지는 않지만 공통성, 즉 윤리-정치적 유대의 관념을 함축하는 정치 결사체의 양식을 생각해 볼 필요가 있다. 이 관념은 강한 의미에서는 아닐지라도 최소한 정치 '공동체'를 말할 수 있다는 의미에서 결사체 참여자들 사이에 결합을 창출한다. 달리 말해 우리는 정치 결사체의 윤리적 본성을 포기하지 않으면서도, 현대 민주주의에 대한 자유주의의 위대한 기여인 공과 사, 도덕과 정치 사이의 구별을 수용할 수 있는 길을 추구하고 있다.

마이클 오크쇼트의 『인간 행위에 대하여』*On Human Conduct*에서 제안된 시민 결사체에 대한 의견들을 우리가 일정한 방식으로 해석한다면 이 목적을 실현하는 데 매우 밝은 빛을 던져 줄 수 있다는 것이 내 생각이다. 오크쇼트는 중세 말 인간 결사체의 서로 다른 두 가지 양식으로 이해되었던 소키에타스*societas*와 우니베르시타스가 현대 국가의 두 가지 대안적인 해석을 표현할 수 있다는 것을 보여 준다. 우니베르시타스는 공동의 실체적 목적을 추구하거나 공동의 이익을 증대하려는 한 기획체*enterprise*에 대한 참여를 나타낸다. 따라서 우니베르시타스는 "인격체들을 하나의 자연적 인격체로 구성해 주는 것과 같은 방식으로 결합된 인격체들, 즉 그 자체로 한 인격체이거나 몇 가지 중요한 관점에서는 거의 한 인격체인 인격체들의 제휴"[9]를 가리킨다.

하나의 목적에 의해 정의된 하나의 공동 기획에 참여하는 행위자들의 결사체인 우니베르시타스 모델과는 반대로, 소키에타스 혹은 '시민 결사체'는 공동의 행위에 의한 어떤 실체적 관계가 아니라 규칙들에 의한 형식적 관계

---

9 Michael Oakeshott, *On Human Conduct*, Oxford, 1975, p. 203.

를 지시한다. "소키에타스의 관념은 선택에 의해서건 환경에 의해서건 각 인격체들이 일정 유형으로 정체성 형성이 가능한 결사체를 조직하기 위해 서로 관계하는 행위자들의 관념이다. 행위자들을 결합해 주며 이런 관점에서 각자 자기 자신을 구성원[소키우스]*socius*으로 인정해 주는 결속은, 공동의 실체적 목적을 추구하거나 공동의 이익을 촉진하기 위한 하나의 기획에 참여하는 관념이 아니라 서로에 대한 충성의 관념이다."10 따라서 그것은 공동의 행위에 의한 관계의 한 양식이 아니라, 참여자들이 행위의 일정 조건들의 권위를 인정하면서 서로 관계하는 하나의 관계다.

오크쇼트의 주장에 따르면, 소키에타스나 키베스*cives*의 참여자들은 하나의 공동 기획이나, 각 인격체의 개인적 번영의 획득을 촉진하려는 관점으로 결합된 것이 결코 아니다. 인격체들을 이어 주는 것은 공동 관심사 혹은 '공적' 관심사를 명시하는 조건들의 권위에 대한 인정, 즉 '시민적 교양*civility*의 관행'이다. 오크쇼트는 키베스에 대한 이 공적인 관심 혹은 고려를 공적인 일*respublica*이라 부른다. 그것은 수행들을 명시하는 것이 아니라 수행들을 선택할 때 승인되어야 할 조건들을 명시하는 시민적 교양의 관행이다. 이 조건들은 추구되어야 할 만족들이나 수행되어야 할 행위들을 규정하는 것이 아니라 "수행들을 선택할 때 승인되어야 할 조건들을 명시하는 도덕적 숙고들"11을 규정하는 규칙들의 복합체 혹은 유사 규칙적인 규정들의 복합체로 이루어져 있다.

나에게는 시민 결사체를 소키에타스로 보는 오크쇼트의 관념이 현대 민주주의의 조건들 속에서 정치적 결사체를 정의할 때 적절한 것으로 보인다. 실

---

10 같은 책, p. 201.
11 같은 책, p. 182.

제로 그것은 단일한 실체적 공동선의 관념이 사라졌다는 것을 인정하며 개인적 자유liberty에 대한 여지를 인정하는 인간 결사체의 한 양식이다. 그것은 많은 목적적 결사체들에 속해 있는 상대적으로 낯선 사람들 사이에서 누릴 수 있는 결사체의 한 형식이다. 여기서는 특정 공동체들에 충성하더라도 시민 결사체에 대한 그들의 소속 의식과 충돌할 것으로 보이지는 않는다. 만일 그런 결사체가 우니베르시타스로, 즉 목적적인 결사체로 이해된다면 그것은 가능하지 않을 것이다. 우니베르시타스는 개인들의 자유로운 참여가 가능한 다른 진정한 목적적인 결사체들의 존재를 허용하지 않을 것이기에 말이다.

정치적 결사체에 속하려면 우리는 특정 언어로 된 시민적 교제, 즉 공적인 일을 수용해야 한다. 이 법칙들은 자기 선택적인 만족들을 추구하고 자기 선택적인 행위들을 수행하기 위해 승인되어야 할 행위 규범들을 처방한다. 이 시민적 교제 규칙들을 가지고 정체성을 형성하면, 많은 서로 다른 기획체에 다른 방식으로 종사하는 인격체들 간에 공동의 정치적 정체성이 창출된다. 이 근대적 형식의 정치 공동체는 공동선이라는 실체적 관념이 아니라 공동의 유대, 공동의 관심사에 의해 결합되어 있다. 따라서 그것은 규정된 형태나 유대 없이 끊임없이 새로 제정되는 공동체다. 분명히 이 관점은 전근대적인 정치 공동체의 관념과는 다르지만, 자유주의적 정치 결사체의 관념과도 다르다. 왜냐하면 자유주의의 경우 그 목표가 자기 이익의 촉진이라는 도구적인 목표라는 사실만 제외하면, 그것 역시 정치적 결사체를 목적을 가진 결사체의 한 형식 즉 기획체의 한 형식으로 보기 때문이다.

오크쇼트는 국가를 이익들의 조정자로 보는 자유주의적 견해를 비판한다. 오크쇼트는 이 견해가 국가를 한 이익의 조장자promoter로 간주하는 생각과 마찬가지로 시민 결사체와 동떨어져 있다고 간주한다. 또 그는 "'법치'Rule of Law는 시민 결사체와 동일시되기에 충분하다고 생각되었지만, 중요한 것은 '도덕적인' 유형의 법인지, 아니면 '도구적인' 유형의 법인지의 문제다"[12]

라고 선언한다. 따라서 그의 관점은 자유주의적 교리인 법치와 혼동되면 안된다. 그는 공적인 일의 도덕적 성격을 강조하며 정치적 사유가 공적인 일을 시민적 가치로 고려하는 것을 긍정한다. 그는 이렇게 선언한다. "그렇다면 시민적 교양은 도덕적이지만 (도구적이지 않은) 사려들considerations의 한 질서를 표시하며, [이 점에서] 소위 시민적 규범의 중립성은 절반의 진리다. 시민적 교양은 그 자체로 도덕적이지만 타산적이지는 않은 시민 결사체를 인정함으로써 보완되어야 한다."13 그는 '도덕적'이라는 말로, 어떤 포괄적인 전망이 아니라 '윤리-정치적'인 것으로 부르자고 내가 제안했던 것을 명백히 지시한다. 왜냐하면 그는 바람직한 시민적 교양은 일반적 도덕 원칙들에서 추론되거나 도출될 수 없으며 정치적 숙고는 자기 자신에 대한 도덕적 숙고들과 관계한다고 단언하기 때문이다. "이 공적인 일은 어떤 공동 관심사의 접합으로, 그 접합은 모든 목적의 추구와 모든 이익의 증대와 모든 욕구들의 만족과 모든 믿음들의 전파가 어떤 이익의 장점들이나 어떤 믿음의 진리나 오류와도 무관한, 결론적으로 그 자체로는 실체적인 이익이나 교리가 아닌 규칙들로 정식화된 조건들을 승인하면서 존재하게 될 것이다."14

우리는 롤즈의 어휘를 사용하여 시민 결사체 혹은 소키에타스에는 좋음에 대한 옳음의 우선성이 존재한다고 말할 수 있겠지만, 오크쇼트의 경우에 옳음, 즉 공적인 일을 명시하는 원칙들은 롤즈처럼 칸트적 방식이 아니라 헤겔적 방식으로 이해된다. 오크쇼트에서 공적인 일을 인정하면서 결합된다는 것은 어떤 인륜적sittlich 관계를 누리는 것이기 때문이다. 나는 이 접근이 다음

---

12 같은 책, p. 318.
13 같은 책, p. 175.
14 같은 책, p. 172.

과 같은 점에서 유용하다고 생각한다. 소키에타스의 통념은 다원주의와 개인적 자유를 인정하면서도 모든 규범적 측면들을 사적 도덕 영역에 양도하지는 않는다. 이 결사체 양식은 정치 공동체에 대한 일정한 관념을 우리가 유지할 수 있게 해 주되, 실체적 공동선의 존재와는 갈라서면서도 동료 시민들 간의 유대 유형인, 비도구적이며 윤리적인 의미 내에서 한정시킨다. 그것은 오크쇼트가 마키아벨리, 몽테스키외, 헤겔을 추적하여 규명한 것이다.

시작할 때부터 나는 오크쇼트의 성찰을 급진 민주주의적 기획에 유용하게 하려면 일정한 방식으로 번역될 필요가 있음을 언급했다. 물론 나는 그가 소키에타스와 우니베르시타스 간의 구별을 보수적으로 활용했음을 충분히 알고 있지만, 그 보수적 사용이 유일하고 필연적인 것은 아니라고 믿는다.15 확실히 오크쇼트의 보수주의는 그가 공적인 일에다 두는 내용에 있으며, 나중에 보겠지만 그 내용은 분명히 좀 더 급진적인 원칙들의 도입을 통해 해결될 수 있다. 그러나 오크쇼트의 보수주의는 더 근본적으로는 그의 결함 있는 정치학 관념에 놓여 있다. 왜냐하면 시민적 교양의 언어를 공유해야 한다고 보는 오크쇼트의 정치관은 정치의 한 측면인 '우리'의 관점 즉 친구 편에서만 적합한 것이다. 그러나 칼 슈미트의 올바른 지적대로, 정치적인 것의 기준은 친구와 적의 관계다. 오크쇼트는 분열과 적대, 즉 '적'의 측면을 완전히 놓치고 있다. 우리가 오크쇼트의 소키에타스 통념을 전유하려 한다면 하나의 부재를 반드시 치료해야 한다.

---

15 오크쇼트가 겨냥하는 표적은 분명히 재분배적 정의관과 그 관념에 의해 적법하다고 간주된 국가 개입의 형식들이지만, 내 생각은 다르다. 나는 우니베르시타스와 소키에타스를 구별하더라도 합목적적인 공동의 기획체로서의 국가관에 고유하게 연관되어 존재하는 국가 개입을 필연적으로 거부해야 한다고는 믿지 않는다. 우리는 공적인 일에 대한 일정한 해석에 기초해 국가 개입을 완벽하게 정당화할 수 있다.

갈등과 적대를 오크쇼트의 모델에 도입하려면 공적인 일이 헤게모니의 산물, 권력관계들의 표현임을 인정해야 한다. 정치는 대부분 공적인 일의 규칙들에 관한 것이며 그와 관련한 많은 가능한 해석들에 관한 것이다. 정치는 정치 공동체의 구성에 관한 것이지 몇몇 공동체주의자들이 생각하는 것처럼 정치 공동체 내부에서 발생하는 무언가에 관한 것이 아니다. 정치적 삶은 집단적이고 공적인 행위와 관계한다. 그것은 상이성과 갈등의 맥락을 인정하는 가운데 하나의 '우리'를 구축할 것을 목표로 한다. 그러나 하나의 '우리'를 건설하려면 그 '우리'는 '그들'과 구별되어야 하며, 이는 경계를 설정하는 것, 즉 하나의 '적'을 정의하는 것을 의미한다. 따라서 정치학이 어떤 정치 공동체의 구축, 어떤 통일성의 창출을 겨냥하더라도, 그 존재를 가능하게 해 주는 어떤 '구성적 외부', 즉 공동체의 바깥은 영원히 존재할 것이기에 완전히 포괄적인 정치 공동체, 다시 말해 어떤 최종적인 통일성은 결코 현실화될 수 없다. 적대적 힘들은 결코 사라지지 않을 것이며 정치는 갈등과 분열의 특징을 지니고 있다. 동의의 형식들은 마련될 수 있겠지만, 항상 부분적이고 잠정적이다. 합의란 필연적으로 배제 행위들에 기반을 두고 있기 마련이니 말이다. 실로 우리는 오크쇼트가 소중히 여기는 시민적 교양의 언어에서 매우 멀리 떨어져 있는 것이다.

급진 민주주의적 시민권

그런 전망에서는 무엇이 시민권의 관념이 되는가? 시민권을 공적인 일과의 동일시를 통해 창출되는 정치적 정체성으로 이해한다면, 새로운 시민관이 가능하다. 첫째 지금 우리는 더는 단순히 어떤 법적 지위를 다루는 것이 아니라 정치적 정체성의 한 유형, 정체성 형성의 한 형식을 다루고 있다. 시민은 자유주의에서처럼 특정 권리의 수동적 수용자가 아니며 법의 보호를 누리는 사람이 아니다. 이 말은 그 요소들이 부적절하게 되었다는 것이 아니라, 공적인 일과의 동일시가 강조되면서 시민이 다르게 정의된다는 것이다. 인격체들이 상이한 가치관을 가지고 수많은 다양한 목적의 기획체에 참여할 수 있겠지만, 자신들의 만족을 추구하고 자신들의 행위들을 수행하면서 공적인 것이 부여하는 규칙에 대한 복종을 받아들이게 하는 것은 바로 공통의 정치적 정체성이다. 시민들은 일련의 윤리-정치적 가치들을 공통으로 인정하면서 서로 유대한다. 이 경우, 시민권은 자유주의가 그런 것처럼 여러 정체성 가운데 단지 하나의 정체성이 아니며, 모든 다른 정체성들을 짓밟는 지배적인 정체성이 아니라는 점에서 시민 공화주의와는 다르다. 시민권은 접합의 원칙으로서, 특정한 충성들의 다원성을 인정하며 개인적 자유를 존중하는 반면에, (공과 사의 구별을 토론할 때 다시 보여 주겠지만) 사회적 행위자의 서로 다른 주체 위치들에 영향을 준다.

그러나 우리는 정치학을 다루는 중이므로, 공적인 일을 서로 달리 해석하는 일과 관련하여 서로 경쟁하는 정체성 형성의 형식들이 존재할 것이다. 자유민주주의 체제에서는 공적인 일이 만인을 위한 평등과 자유라는 자유민주주의 체제의 정치적 원칙들로 구성된다고 우리는 생각할 수 있다. 우리가 그런 취지를 오크쇼트의 공적인 일이라는 통념에서 살려 낸다면, 우리는 타자들을 자유롭고 평등한 인격체들로 다루는 요구야말로 승인되어야 하며 행위에서 고려되어야 할 조건들임을 확언할 수 있다. 이것은 분명 잠재적으로 매우 급진적인 해석들에 개방되어 있다. 예를 들어 급진적이고 민주주의적인 해석은, 지배 관계들의 존재로 말미암아 자유와 평등의 원칙들이 적용되어야 할 경우 그 지배 관계들이 도전받을 수밖에 없는 그런 수많은 사회적 관계들을 강조할 것이다. 시민들이 지닌 공동의 관심사는 민주주의의 확장과 급진화를 위해 투쟁하는 서로 다른 집단 사이의 공동의 인정에까지 도달해야 한다. 또 시민들이 자신의 행위들을 선택하는 경우 승인해야 할 일정한 행동 규칙들에도 그런 공동의 인정이 포함되어 있어야 한다. 달리 말하면 급진 민주주의 시민들로서의 공동의 정치적 정체성을 구축해야 한다.

따라서 급진 민주주의 시민으로서 정치적 정체성들은, 여러 다른 '신사회운동들'만이 아니라 여성운동·노동운동·흑인 운동·생태주의 운동 등, 각종 운동에서 발견되는 민주적 요구 간의 집단적 정체성 형성의 형식에 의존하여 창출된다. 그것은 자유와 평등 원칙에 대한 급진 민주주의적 해석을 가지고 공동의 정체성을 형성하여 하나의 '우리'를 구축할 것을 겨냥하는 시민권 관점이다. 이 '우리'는 민주적 등가성의 원칙으로 시민들의 요구들을 접합하기 위해 이 요구들 사이에 만들어진 등가성의 한 연쇄로 이루어질 것이다. 왜냐하면, 그것은 주어진 이익들 사이에서 단순한 동맹을 설립하는 문제가 아니라 바로 이 힘들의 정체성을 실제로 변경하는 문제이기 때문이다. 이는 권력관계에 무지한 많은 다원주의적 자유주의자들은 이해할 수 없다. 그들은 지금까지는 배제된 집단들을 포함하려면 권리들의 영역을 확장할 필요가 있다는 것에 동의하면서도, 그 과정을 시민권 안으로의 점진적인 포섭이라는 평탄한 과정으로 본다. 이는 T. H. 마셜T. H. Marshall의 유명한 논문 "시민권과 사회계급"Citizenship and Social Class의 전형적인 이야기다. 그런데 이런 식의 접근이 가진 문제는 현실에 존재하는 몇몇 권리들이 다른 권리들을 배제하거나 종속시키면서 구성되었다는 사실에서 알 수 있듯이, 다원주의를 확장할 때 부과되어야 할 한계들을 간과한다는 것이다. 여러 새로운 권리들이 인정되어야 하는 상황이라면 이런 정체성들이 먼저 해체되어야 한다.

민주적 힘들이 헤게모니를 장악하기 위해서는 새로운 정체성들이 요구된다. 여기서 나는 급진 민주주의적 시민들로서의 공동의 정치적 정체성에 대해 논의하고 있다. 내가 하나의 집단적 정체성 형성을 자유와 평등이라는 자유민주주의 체제의 원칙들에 대한 하나의 급진 민주주의적 해석에 입각해서 이해하는 한에서 말이다. 이런 해석은 방금 말한 자유와 평등의 원칙이 성·계급·인종·종족·성적 지향 등과 관련된 서로 다른 사회적 관계들과 주체 위치들을 고려하는 방식으로 이해되어야 함을 전제한다.

사회적 행위자를 일원적인 주체로 이해하는 틀로는 이런 접근을 제대로 정식화할 수 없다. 반대로 주체 위치들 집합의 접합으로, 다시 말해 특정 담론들 내에서 구축되며 주체 위치들의 교차점에서 항상 불확실하고 일시적으로 봉합되는 접합으로 사회적 행위자를 이해하는 문제틀에서만 이 접근은 적절하게 정식화될 수 있다. 우리가 정치적 정체성의 문제를 결실 있는 방식으로 제기하려면, 모든 정체성들이 정체성 형성의 형식들이라는 정신분석학적 통찰을 구현한 비본질주의적 주체관을 반드시 도입해야 한다. 비본질주의적 관점은 공적인 일과 소키에타스와 정치 공동체라는 통념들과 관련해서도 반드시 요구된다. 그 통념들을 경험적인 지시 대상들로가 아니라 담론의 표면들로 보는 것이 중요하기 때문이다. 그렇게 할 수 없다면 여기 제기된 유형의 정치는 완전히 이해 불가능한 것이 될 것이다.

이 지점에서 급진 민주주의적 시민성의 관점은 최근의 '탈근대성' 논쟁들과 합리주의와 보편주의에 대한 비판과 연결된다. 내가 제안하는 시민성의 관점은 특수성 및 차이의 분야로 간주되는 사적 영역과 공적인 일을 대립적인 것으로 보는 생각, 즉 공적인 일을 추상적이고 보편주의적으로 정의하려는 생각을 거부한다. 내가 제안하는 시민성의 관점은 근대적 시민관이 민주주의 혁명에는 실제로 결정적이었더라도 오늘날에는 그 확장에 장애가 된다는 점을 염두에 두는 것이다. 여성주의 이론가들이 주장해 온 대로, 근대적 시민성이라는 공적인 지대는 여성의 참여에 대한 거부에 기반을 두었다.[16]

---

16 예를 들어, Carole Pateman, *Sexual Contract*, Stanford, 1988을 보라. 그리고 Geneviève

공적 영역의 일반성과 보편성을 전제하려면 여성의 배제는 불가피하다고 간주한 것이다. 공과 사의 구별은 개인적 자유의 요구에 핵심일 뿐만 아니라, 사적인 것을 가정적인 것과 동일시하는 데까지 끌고 갔으며, 여성들의 종속에 중요한 역할을 했다.

나는 두 관념을 대립시키고 있으며, 이 중 후자를 채택하고 있다. [하나는] 시민권의 행사가 이성^{Reason}과 동등하게 이루어져 있고 사람들에게 확보되어 있는 보편적인 관점을 채택하는 데 있다는 관념이며, [다른 하나는] 시민권의 행사가 현대 민주주의의 윤리-정치적 원칙들과 동일성을 형성하는 데 있고 그 원칙들에 대한 해석들만큼 많은 시민권의 형식들이 존재할 수 있다는 관념이다.

이런 시각에서는 공과 사의 대립은 포기되는 것이 아니라 재정식화된다. 오크쇼트가 여기서 다시 한번, 자유주의의 한계들에 대한 대안을 찾으려는 우리에게 도움을 줄 수 있다. 오크쇼트에 따르면 소키에타스는 어떤 시민적 조건인데, 여기서 모든 기획체는 '사적'이긴 하지만 공적인 것이 명시하는 '공적' 조건들에서 면제된 것은 결코 아니다. 하나의 소키에타스에서 "모든 사태는 '사적인 것'과 '공적인 것' 간의 충돌, 즉 상상되고 욕구된 실체적 만족을 획득하기 위한 행위 혹은 발언과 그 수행에서 승인되어야 하는 시민적 교양의 조건들 간의 충돌이며, 그 어떤 상황도 이 중 하나를 배제할 수 없다."[17] 욕구들, 선택들과 결정들은 각 개인의 책임이므로 사적이다. 그러나 수행들은 공적인 일이 명시하는 조건들을 승인할 것이 요구되므로 공적이다. 공적인 일의 규칙들은 실체적인 행위나 발언을 강요하거나 금지하거나 보증하지 않으며 행위자들에게 무엇을 해야 하는지를 말하는 것이 아니기에, 이 결사

Fraisse, *Muse de la Raison*, Aix-en-Provence, 1989를 보라.
17 Oakeshott, *On Human Conduct*, p. 183.

체의 양식은 개인적 자유를 존중한다. 하지만 개인이 정치 공동체에 속해 있고 정치 공동체의 윤리-정치적 원칙들과 더불어 정체성을 형성한다는 것은 공적인 일에 표현된 공동 관심사의 수용으로 표명된다. 그것은 시민 행동에 '문법'을 제공하는 것이다.

급진 민주주의적 시민의 경우, 그런 접근은 평등과 자유에 대한 관심이 사회적 삶의 모든 분야에서 시민의 행위를 어떤 식으로 특징짓는지를 보여줄 수 있다. 이 관심에서 벗어난 장은 없으며 지배 관계들은 어느 곳에서나 도전받을 수 있다. 그럼에도, 우리는 그 모든 구성원에게 단 하나의 목표만을 인정하는 목적적 유형의 공동체를 다루고 있지 않으며 개인의 자유freedom는 보존된다.

사적인 것(개인적 자유)과 공적인 일 사이의 구별은 개인과 시민 간의 구별처럼 유지되지만, 따로 분리된 장에 대응하는 것은 아니다. 우리는 '시민으로서의 내 의무는 여기서 끝나며 그다음부터 개인으로서의 내 자유가 시작된다'는 식으로 말할 수는 없다. 그 두 정체성들은 결코 화해될 수 없는 영원한 긴장 속에서 존재한다. 그러나 정확히 이것은 현대 민주주의의 특징인 자유와 평등 사이의 긴장이다. 그것은 그런 체제의 생명력 그 자체이며, 완전한 조화를 달성하려는, 즉 '참된' 민주주의를 실현하려는 시도들은 모두 그 체제를 파멸로 이끌 수 있다. 그렇기에 급진적이고 다원적인 민주주의 기획은 민주주의의 완전한 실현과 정치 공동체의 궁극적 달성이 불가능하다는 것을 인정한다. 급진적이고 다원적인 민주주의 기획의 목표는 민주주의 혁명이 절대 끝나지 않는 과정임을 인지하면서도, 자유민주주의 전통의 상징적 원천을 민주주의 혁명을 심화시키기 위한 투쟁에 사용한다. 여기서 시민권의 이상이 자유와 평등 원칙을 그런 식으로 확장하는 데 크게 이바지할 수 있다는 것이 내 테제다. 권리와 다원주의의 이상을 공적 정신의 관념 및 윤리-정치적 관심과 결합시킴으로써만, 새로운 현대 민주주의의 시민권의 관점은 정치적인 것의 권위를 복원하고 급진 민주주의의 헤게모니 구축에 필요한 수단을 제공할 수 있을 것이다.

여성주의와 시민권, 급진 민주주의 정치

탈근대주의와 본질주의라는 두 주제가 최근 영미 여성주의자들 사이에서 많이 토론되고 있다. 이른바 '탈근대'가 본질주의에 대한 주요 비판으로 제시되므로 분명히 두 주제는 연관되어 있지만, 탈근대주의에 공감하는 일부 여성주의자들이 최근 들어 본질주의를 옹호하게 되었기 때문에 두 주제를 분리하는 것이 좋다.1 이 논쟁의 핵심 쟁점들을 분명히 밝히려면, 하나의 일관된 이론적 접근으로 이해할 수 있는 '탈근대주의'는 없으며, 흔히 볼 수 있는 탈구조주의와 탈근대주의의 혼합은 혼동만을 가져올 뿐임을 인식할 필요가 있다. 이는 20세기 들어 합리성의 지배적 형식과 계몽주의적인 사유 양식의 전제들에 대한 진보적 문제 제기들을 우리가 목격하고 있음을 부인하려는 것은 아니다. 그러나 보편주의와 휴머니즘과 합리주의에 대한 이런 비판은 많은 다양한 진영에서 제기됐으며 '탈구조주의자'나 '탈근대주의자'로

---

1 Diana Fuss, *Essentially Speaking*, New York, 1989; "The Essential Difference: Another Look at Essentialism", *Differences*, vol. 1, no. 2 참조.

일컬어지는 저자들에게만 국한되는 것은 아니다. 20세기의 모든 혁신적 흐름들을 생각해 보자. 하이데거와 포스트하이데거주의적인 가다머의 철학적 해석학, 비트겐슈타인의 후기 저작과 그에게서 촉발된 언어철학, 정신분석학과 자크 라캉Jacques Lacan이 제안한 지그문트 프로이트Sigmund Freud 독해, 미국의 실용주의 등은 서로 다른 입장에서 출발해 전통적인 진리관만이 아니라 보편적인 인간 본성, 즉 합리성의 보편적 규범이라는 관념을 비판했다. 따라서 '탈근대'라는 용어가 계몽의 보편주의와 이성주의에 대한 비판이라고 했을 때, 그것이 20세기 철학의 주요 흐름을 가리킴을 인정해야 하며 탈구조주의만을 특정한 표적으로 삼을 이유가 전혀 없다. 다른 한편 누군가가 리오타르나 장 보드리야르Jean Baudrillard와 같은 저자들이 채택한 특정 형식의 비판만을 '탈근대주의'로 명명하고자 한다면, 흔히 그렇게 해 온 것처럼 그 범주에 자크 데리다Jacques Derrida나 라캉, 푸코와 같은 사람들을 포함시킬 근거는 전혀 없다. 리오타르나 보드리야르의 특정 테제에 대한 비판이 '탈근대주의자들'에 대한 결론들을 일거에 쓸어버리는 식으로 나아간 경우가 너무나 많다. 그에 따라 탈구조주의로 느슨하게 연결된 모든 저자가 여기에 포함되었던 것이다. 이런 유형의 동화assimilation는 완전히 잘못된 것은 아니지만 도움이 되는 면 또한 거의 없다.

탈근대주의와 탈구조주의자들의 혼합이 일단 폭로되고 나면, 본질주의의 문제는 전혀 다른 시각에서 드러난다. 실제로 본질주의에 대한 비판과 관련했을 때만이, 서로 다른 많은 사상적 조류들 간에 수렴이 설정될 수 있으며, 데리다, 비트겐슈타인, 하이데거, 존 듀이John Dewey, 가다머, 라캉, 푸코, 프로이트 등 서로 다른 저자들의 작업에서 유사성을 발견할 수 있다. 이는 매우 중요하다. 그것은 본질주의에 대한 비판이 많은 다양한 형식을 취할 수 있음을 의미하기 때문이다. 또한, 그 비판이 여성주의 정치[학]에 적절한지를 우리가 자세히 살펴보려면 반드시 모든 양상들과 함축들을 고려해야 하며 그중 일부의 입장에 근거하여 그 비판 자체를 간단히 기각해서는 안 되기 때문이다.

이 글의 목표는 반본질주의적 접근이, 급진 민주주의 기획에 의해 형성된 것이기도 한 여성주의 정치[학]를 가다듬는 데 결정적인 통찰임을 보여 주려는 것이다. 나는 본질주의가 필연적으로 보수적 정치를 수반한다고 믿는 것은 분명히 아니며 진보적인 방식으로 정식화될 수 있음을 받아들일 용의가 있다. 다만, 내가 주장하려는 것은 서로 다른 억압 형식들과 관련된 투쟁들을 접합하려는 것이 목표인 민주적 대안을 구축하는 문제에 이르면, 본질주의는 불가피한 결함이 있다는 것이다. 요컨대 본질주의가 인도하는 정체성의 견해는 급진적이고 다원적인 민주주의 관점과 충돌하며 그런 정치[학]가 필요로 하는 새로운 시민권의 전망을 구축할 수 없게 만든다는 것이다.

정체성의 문제와 여성주의

본질주의를 비판하는 사람들 사이에 한 가지 공통된 관행이 있다면, 자기 행위의 원천이 됨으로써 자기 행동의 전 분야에 동질적인 의미를 부여할 수 있는 합리적이고 투명한 존재자로서의 주체 범주를 포기해 왔다는 점이다. 예를 들어 정신분석학에서 인격[성]은 자아의 투명성을 둘러싸고 조직되는 것이 아니라 행위자들의 의식과 합리성의 외부에 놓인 일련의 차원들 위에서 구성된다. 따라서 정신분석학은 주체의 통일된 본성이라는 관념을 침식해 왔다. 프로이트의 핵심 주장에 따르면, 인간 정신이 두 체계로 구분되는데, 그 가운데 하나는 의식되지 않으며, 의식될 수도 없다. 라캉은 프로이트의 통찰을 확장하여 어떤 정체성이라도 관통하게 되는 상징계와 실재계와 상상계라는 다수의 등록부들registers이 있음을 보여 주었으며, 구조 내에서 재현되기는 하지만 정체성이 전복되는 동시에 그 구성 조건이 되기도 하는 텅 빈 공간으로서 결여의 장소가 바로 주체 위치임을 보여 주었다. 주체의 역사는 정체성 형성의 역사이며 그 역사를 넘어서서 구원해야 할 숨겨진 정체성은 없다. 따라서 이중의 운동이 존재한다. 한편으로 어떤 미리 구성된 지점을 둘러싸고 일련의 위치들이 고정되는 것을 방지하는 탈중심화의 운동이 있다. 다른 한편으로 이 본질적 비고정성의 결과로 나타난 정반대의 운동이 있다. 즉, 결절점들의 설립, 기의의 흐름을 기표 아래 제한하는 부분적인 고정화들이 그것이다. 하지만 주체성의 어떤 중심이라도 주체의 정체성 형성에 선행하지 않기 때문에 비고정성과 고정화의 변증법은 고정성이 미리 주어져 있지 않을 때만 가능하다.

우리는 후기 비트겐슈타인의 언어철학에서도 합리주의적 주체관에 대한 비판을 찾을 수 있다. 상이한 언어 게임에 참여함으로써만 세계가 우리에게 드러나므로, 주체는 언어적 의미의 원천이 될 수 없다는 것이다. 또 우리는 가다머의 철학적 해석학에서도 동일한 관념과 만날 수 있다. 그것은 사고와 언어와 세계 사이에 하나의 근원적인 통일성이 존재하며 우리의 현재 지평은 언어 내부에서 구성된다는 테제다. 이미 언급한 다른 저자들에서도 근대 형이상학에서 나타나는 주체의 중심성과 일원적인 성격에 대한 유사한 비판들이 여러 형식으로 나타난다. 그러나 이 글의 목적은 그 이론들을 상세히 검토하려는 것이 아니라, 단지 몇 가지 기본적 수렴점들을 보여 주려는 것이다. 나는 이 아주 상이한 사상가들 사이에 중대한 차이가 있다는 사실을 과소평가하지는 않는다. 그러나 전통적인 주체의 지위에 대한 그들의 공통된 비판이 낳을 귀결을 포착하고, 그 비판이 여성주의에 주는 함축들의 귀결을 파악하는 것이 내가 개진하려는 논증에 비추어 볼 때 중요하다는 것이다.

모든 정체성의 우연성과 애매성을 인정하고, 그 결과 본질적 정체성들을 해체하게 되면 여성주의적인 정치 행위가 불가능해진다는 주장이 종종 들려

온다. 많은 여성주의자들은 여성들을 하나의 일관된 정체성으로 보지 않으면, 여성주의의 특정 목적들을 정식화하고 추구하고자 여성들을 여성들로 통일할 수 있게 될 여성주의적 정치 운동의 가능성은 정초될 수 없다고 믿는다. 반대로 내가 주장하려는 것은 다음과 같다. 급진 민주주의적 정치에 참여하려는 여성주의자들이라면 반드시 인정해야 하는 것은, 본질적 정체성의 해체야말로 자유와 평등의 원칙이 적용되어야 할 각종 사회적 관계들을 적절하게 이해하기 위한 필수 조건이라는 것이다. 합리적이면서도 그 자체로 투명한 행위자라는 주체관을 버리고 또 이 위치들의 집합이 통일성과 동질성을 갖는다는 가정도 버릴 때에만, 우리는 종속적 관계들의 다양성을 이론화할 수 있는 위치에 있게 된다. 하나의 단일한 개인도 이 다양성의 담지자일 수 있으며, 어떤 관계에서는 종속적이더라도 다른 관계에서는 지배적일 수 있다. 따라서 우리는 사회적 행위자가 '주체 위치들'의 집합에 의해 구성되는 것으로 이해할 수 있다. 이 주체 위치들은 폐쇄된 차이들의 체계 내에서 결코 완전하게 고정되지는 못하며, 필연적 관계가 아니라 항상 과잉 결정과 전치의 운동이 존재하는 상이한 담론들에 의해 구축된다. 따라서 그와 같은 다양하고 모순적인 주체의 '정체성'은 그 주체 위치들의 교차점에서 일시적으로 고정되어 있으며 특정 형식의 정체성 형성에 의존하기 때문에 항상 우연적이고 불안정하다. 따라서 마치 하나의 통일적이고 동질적인 존재자를 다루는 것인 양 사회적 행위자에 대해 말하는 것은 불가능하다. 오히려 우리는 사회적 행위자들이 갖가지 주체 위치들에 의존하는 다원성을 지녔다고 보고 접근해야 한다. 사회적 행위자는 이 다양한 주체 위치를 통해 각종 담론적 형성물 속에서 구성되는 것이다. 나아가 우리는 사회적 행위자의 서로 다른 주체 위치들을 구축하는 담론 간에는 어떤 선험적이고 필연적인 관계도 존재하지 않는다고 인식해야 한다. 하지만 이 다원성이 함축하는 바는 앞서 지적한 몇 가지 이유들 때문에, 다원적인 주체 위치들의 공존이 아니라 오히려 다른 주체 위치들에 의한 한 주체 위치의 끊임없는 전복과 과잉 결정이다. 이로 말미암아 개방적이고 불확실한 경계들로 특징지어지는 어떤 장field 속에서 '총체화하는 효과들'이 발생할 수 있다.

이런 접근은 우리 시대의 다른 투쟁들만이 아니라 여성주의자들의 투쟁을 이해하기 위해서도 매우 중요하다. 그 핵심 특징은, 사회관계들 내의 기입을 통해 서로 연결되어 있으며 지금껏 비정치적인 것으로 간주된 주체 위치들의 집합이 이제 갈등과 적대의 중심들이 되었으며 정치적 동원을 끌어내고 있다는 것이다. 이렇게 새로운 형식의 투쟁들이 증식하는 현상은 앞서 서술된 탈중심화와 재중심화의 변증법과 함께 출발할 때에만 이론적으로 포착될 수 있다.

라클라우와 나는 『헤게모니와 사회주의 전략』[2]에서 다원적인 민주주의 기획을 위해 그런 이론적 접근의 중요성을 그려 내려고 했다. 우리의 주장은 여성·흑인·노동자·동성애자, 그 밖의 타자들의 요구들 간에 일련의 동등한 접합을 창출하기 위해 서로 다른 민주주의적 투쟁들 간에 일련의 등가성을 확립할 필요가 있다는 것이었다. 이런 점에서 우리의 전망은, 리오타르와 어느 정도는 푸코의 경우에서 나타나는바, 탈총체화 및 탈중심화의 측면이 압도적이며 주체 위치의 분산dispersion이 결과적인 분리로 변형되는 다른 비본질주의적 견해들과 다르다. 우리에게는 접합의 측면이 중요하다. 주체 위치들 간의 선험적이고 필연적인 연관이 존재한다는 것을 거부한다고 해서 그들 사이에 역사적이고 우연적이고 변이적인 연관들을 설립하려는 지속적인 노력이 존재하지 않는다는 의미는 아니다. 다양한 위치 사이에 어떤 우연적

---

2 Enersto Laclau & Chantal Mouffe, *Hegemony and Socialist Strategy : Towards a Radical Democratic Politics*, London, 1985.

이고 미리 결정되지 않은 관계들을 설립하는 이런 유형의 연관이 바로 우리가 '접합'이라 명명하는 바로 그것이다. 비록 서로 다른 주체 위치들 사이에 필연적 연관이 있는 것은 아니더라도, 정치의 장에는 하나의 접합을 서로 다른 입장에서 제공하려는 담론들이 항상 존재한다. 바로 이 때문에 모든 주체 위치는 본질적으로 불안정한 담론 구조 내에서 구성된다. 모든 주체 위치는 끊임없이 그것을 전복하고 변형하는 각종 접합적 실천들에 내맡겨져 있기에 말이다. 그에 따라 다른 주체 위치들과의 연관이 뚜렷하게 확정된 주체 위치가 존재하지 않으며, 따라서 충분하고 영구적으로 획득될 만한 사회적 정체성도 존재하지 않는다. 이것은 '노동 계급', '남성', '여성', '흑인'과 같은 통념, 혹은 집합적 주체를 가리키는 다른 기표들의 통념을 우리가 유지할 수 없다는 의미는 아니다. 그러나 하나의 공동 본질의 존재가 일단 기각되고 나면, 그 지위는 비트겐슈타인이 '가족 유사성'이라고 말했던 것으로 이해되어야 하며, 그 통일성은 결절점의 창출을 통한 정체성들의 부분적 고정화의 결과로 간주되어야 한다.

여성주의자들이 이 접근을 수용한다면 우리의 정치 투쟁을 정식화하는 방식에 매우 중요한 귀결이 도출된다. '여성'의 범주가 어떤 통일된 혹은 통일적인 본질에 대응하지 않는다면, 더는 그것을 발굴할 필요가 없다. 핵심 쟁점은 다음과 같다. 어떤 식으로 여성은 서로 다른 담론 내에서 하나의 범주로 구성되는가? 성별 차이는 사회관계들 내에서 어떤 식으로 적절하게 구별되는가? 그리고 그 구별에 의해 종속 관계들은 어떤 식으로 구성되는가? 결론적으로 말해, 평등 대 차이라는 거짓 딜레마 전체가 타파된다. 동질적 존재자 '남성'과 대치하는 동질적 존재자 '여성'은 존재하지 않으며, 사회관계들의 다양성만 존재하기 때문이다. 그 속에서 성별 차이는 항상 매우 상이한 방식으로 구축되고 종속에 대항하는 투쟁은 특정하고 변별적인 형식으로 가시화된다. 여성이 평등하게 인식되려면 남성과 동일해야 하는가, 혹은 평등을 희생하면서 여성과 남성 간의 차이를 주장해야 하는가를 묻는 것은, 본질적 정체성 자체가 문제라면 무의미하다.3

시민권과 여성주의 정치[학]

결국, 무엇이 여성주의 정치학이어야 하는가에 대한 문제는 완전히 다른 용어들로 제기되어야 한다. 지금까지 여성주의가 민주주의 정치[학]에 대해 이바지할 수 있는 부분에 관심 있는 여성주의자들은 대부분, 여성의 이익을 표현할 수 있는 특정 요구 혹은 민주주의 정치의 모델이 될 만한 특정 여성적 가치를 모색해 왔다. 자유주의 여성주의자들은 여성들을 동등한 시민으로 만들고자 여성들의 새로운 권리의 범위를 넓히기 위해 투쟁해 왔지만, 지배적 모델인 자유주의적 시민권과 정치[학]에 도전한 것은 아니다. 이런 견해는 현존하는 정치적인 것의 관점이 남성적 관점이며 이런 틀 속에서 여성의 관심사는 수용될 수 없다고 주장하는 다른 여성주의자들에 의해 비판받아 왔다. 이 다른 여성주의자들은 캐럴 길리건Carol Gilligan을 따라, 여성주의적인 '보살핌의 윤리'를 남성적이고 자유주의적인 '정의의 윤리'와 대립시킨다. 그

---

3 평등 대 차이의 딜레마에 대한 흥미로운 비판으로 내가 여기에서 옹호하는 것과 유사한 문제틀에 영감을 받은 것으로는, Joan Scott, *Gender and the Politics of History*, New York, 1988, Part IV를 보라. 여성주의자들 사이에서 본질주의에 대한 비판은 *m/f*라는 저널에서 최초로 개진했는데, 이 저널은 8년 동안(1978~86) 존속하면서 여성주의 이론에 매우 귀중한 기여를 했다. 이들의 작업을 능가할 만한 시도는 아직 나오지 않았으며, 파빈 애덤스(Parveen Adams)의 논문뿐만 아니라 편집자 논설들은 여전히 반본질주의적 입장에 대한 가장 강력한 견해를 대변한다. 12호까지 발간된 *m/f*의 논문 선집이 단행본으로 출판되었다. Parveen Adams & Elizabeth Cowie eds., *The Women in Question*, Cambridge, Mass. and London, 1990이 바로 그것이다.

들은 자유주의의 개인주의적 가치에 대항해 여성으로서 여성의 경험, 즉 사적 영역인 가족 내에서 행사되는 모성과 보살핌의 경험에 근거한 일련의 가치들을 옹호한다. 그들은 자유주의를 비난한다. 왜냐하면 자유주의는 근대적 시민권을 남성과 동일시되는 공적인 것의 분야로 구성했고, 여성을 사적 분야로 추방함으로써 배제했기 때문이다. 이들의 견해에 따르면, 여성주의자들은 사랑과 보살핌이라는 특정 가치, 욕구와 우정의 인정에 의해 인도되는 정치[학]를 위해 싸워야 한다. 여성적 가치에 근거해 자유주의 정치에 대한 대안을 제시하려는 가장 뚜렷한 시도는, 사라 러딕Sara Ruddick이나 진 베스케 엘시타인Jean Bethke Elshtain으로 주요하게 대표되는 '모성적 사고'Maternal Thinking와 '사회적 여성주의'Social Feminism에서 발견할 수 있다.[4] 그들의 주장에 따르면 여성주의 정치는 '어머니로서 여성'의 정체성과 가족이라는 사적 영역을 특권화해야 한다. 우리의 공통된 인간성을 구성하는 가족은 공적 정치의 영역보다 도덕적으로 우월한 것으로 간주된다. 엘시타인에게 "가정은 가장 깊고 가장 공명이 큰 인간적 유대의 장소, 가장 오래 지속하는 희망의 장소, 가장 다루기 어려운 갈등의 장소로 남아 있다."[5] 엘시타인은 자유주의적 개인주의를 대체할 새로운 정치적 도덕성은 가족 내에서만 기대할 수 있다고 생각한다. 그녀의 말에 따르면, 시민적 활동의 새로운 모델은 사적 분야 내의 어머니로서 여성의 체험에서 찾아야 한다. 모성주의자들은 정의라는 추상적인 관점 및 '일반화된 타자'에 의해 정형화된 자유주의의 남성적이고 공적인 것의 정치[학]를 포기하고, 그 대신 가족의 특징인 '구체적 타자'에 대

---

4 Sarah Ruddick, *Maternal Thinking*, New York 1989. Jean Bethke Elshtain, *Public Man, Private Woman*, Princeton, 1981.

5 Jean Bethke Eshtain, "On 'The Family Crisis'", *Democracy*, vol. 3, no.1, p. 138.

한 사랑과 친밀함, 관심이라는 덕목에 토대를 둔 여성주의의 사적인 것의 정치학을 채택하기를 우리에게 바란다.

이런 접근에 대한 탁월한 비판은 메리 디에츠^{Mary G. Dietz} 6가 제시했다. 디에츠는 엘시타인이 모성적 사고 및 모성의 사회적 실천을 민주적 가치와 민주주의 정치로 연결하는 이론적 논증을 제시하는 데 실패했다는 것을 보여준다. 디에츠에 따르면 모성적 가치는 특정하고 독특한 활동과 연관되어 있으며 또 그 활동에서 출현한 것이기 때문에 정치적일 수가 없다는 것이다. 모성적 가치는 어머니와 아이 간의 동등하지 못한 관계의 표현이면서 또한 친밀하고 배타적이고 독특한 활동의 표현이다. 이와 반대로 민주주의적 시민권은 집합적이고 포괄적이어야 하며 일반화되어야 한다. 민주주의는 개인들이 평등한 존재일 것을 목표로 하는 어떤 조건이기 때문에, 모자 관계는 적절한 시민권 모델을 제공할 수 없다는 것이다.

케롤 페이트먼은 자유주의적 시민권에 대한 다른 비판을 제시한다.7 이는 좀 더 세련된 것이지만, '모성적 사고'와 공통된 면모를 지닌다. 페이트먼의 논조는 모자 관계가 아니라 남성과 여성 간의 적대를 강조한다는 점에서 급진 여성주의의 흔적이 있다. 페이트먼에 따르면 시민권은 가부장적 범주다. 즉 누가 '시민'인지, 시민이 무엇을 하는지, 시민의 활동 무대는 어디인지

---

6 Mary G. Dietz, "Citizenship with a Feminist Face: The Problem with Maternal Thinking", *Political Theory*, vol. 13, no. 1, February, 1985.

7 Carole Pateman, *The Sexual contract*, Stanford, 1988; *Disorder of Women*, Cambridge 1989. 이외에도 아직 출판되지 않은 많은 논문을 참조했다. 특히 다음의 논문들이 그것이다. "Removing Obstacles to Democracy: The case of Patriarchy"; "Feminism and Paticipatory Democracy: Some Reflections on Sexual Difference and Citizenship"; "Women's Citizenship: Equality, Difference, Subordination."

등은 남성적인 이미지 속에서 구축되었다. 여성은 자유민주주의에서 현재 시민이긴 하지만, 이런 형식적 시민권은 여성의 자질과 일을 여전히 평가 절하하는 가부장적 권력 구조 속에서 성취된 것이다. 나아가 여성의 차별적인 능력에 대한 요청이 시민권이라는 공적 세계 내로 완전히 통합되면서, 페이트먼이 말하는 '울스턴크래프트의 딜레마'에 직면하게 된다. 즉, 평등의 요구는 가부장적 시민권 관점을 수용하는 것인데, 이는 여성이 남성과 같이 되어야 함을 함축한다. 반면 여성의 차별적 속성, 능력, 활동이 표현되어야 하며 시민권에 이바지하는 것으로 평가되어야 한다고 역설하는 것은 불가능하다. 왜냐하면 가부장적 시민권이 정확히 배제하는 것이 그와 같은 차이이기 때문이다. 이런 딜레마에 대한 페이트먼의 해법은 여성의 신체들과 그것이 상징하는 전부를 지닌 여성으로서의 여성을 인정하게 될 '성별화된' 시민권 관점을 정교하게 하는 데 있다. 페이트먼에게 이는 남성에게는 결여된 생명 창조 능력, 즉 **모성** 능력에 정치적 의미를 부여한다는 것을 의미한다. 페이트먼은 이 모성 능력에, 보통 시민권에 대한 궁극적인 시험대라 간주되는 것—즉 조국을 위해 기꺼이 싸우고 죽을 수 있는 남성의 자발성—과 동등한 정치적 의미를 부여해야 한다고 선언한다. 페이트먼의 고찰에 따르면 전통적인 가부장적 방식—양성의 분리나 동일성을 인정하는 식의 대안—은 여성에 대한 새로운 문제 제기 방식으로 극복되어야 한다. 이는 여성성의 특정성과 남성과 여성에게 공통된 인간성을 모두 인정하는 시민권 관점을 통해 이루어질 수 있다. 이 견해는 "시민적 평등의 맥락에서 성적 차이에 합당한 비중을 두기 때문에 우리의 구체화된 실존 및 남성과 여성 간의 가부장적 분리에서 추상된 일원적인 (즉 남성적인) 개인관을 거부할 것을 요구한다."[8] 여성주의자

---

8 1986년 5월 미주리주 세인트루이스에서 열린 미국철학협회의 학회에 제출된 미출간 논문인,

들은 "여성으로서의 여성을 시민적 평등과 적극적 시민권의 맥락 내에"[9] 포함시킬 성별화된 개인관 및 시민권의 관점을 정교하게 하는 것을 목표로 삼아야 할 것이다.

페이트먼은 사회계약 이론가들의 가부장적 편견에 대해, 그리고 자유주의적 개인이 남성적 이미지에 따라 구성되었던 방식에 대해 매우 흥미로운 통찰을 많이 제공한다. 그러나 나는 그녀의 해법이 만족스럽지 않다고 생각한다. 페이트먼의 견해는 성적 차이가 역사적으로 구성된 측면들이 있다는 그녀의 모든 단서에도 불구하고 여전히 여성으로서의 여성에 상응하는 일종의 본질이 있음을 전제한다. 사실 여성성의 특정성을 인정하는 변별적인 시민권에 대한 페이트먼의 제안은, 곧 여성으로서의 여성을 모성과 동일하게 보는 데 의존한다. 페이트먼에게는 서로 다른 두 형식의 시민권으로 표현되는 개인성의 두 기본 유형, 즉 남성으로서의 남성과 여성으로서의 여성이 존재한다. 페이트먼에 따르면, '개인'이라는 범주는 남성적 모델에 근거하면서도 개인성의 보편적 형식으로 제시되고 있다는 문제가 있다. 여성주의자들은 성별화된 보편성의 두 형식이 존재함을 주장하여 거짓 보편성을 폭로해야 한다. 이것이 '울스턴크래프트의 딜레마'를 해소할 유일한 방법이며 '타자화'와 '동일화'라는 가부장적 대안들에서 벗어날 수 있는 유일한 방법이다.

나는 근대적 개인의 범주가 모든 특수성과 차이를 '사적인' 것으로 추방하는 어떤 보편적이고 동질적인 '공중'을 가정하는 방식으로 구축되어 왔으며, 이것이 여성들에게 매우 부정적인 결과를 가져온다는 페이트먼의 의견에 동의한다. 그러나 나는 성별화된 '양-성적' 개인관으로 그것을 대체하고,

---

Carole Pateman, "Feminism and Participatory Democracy", p. 24.

9 같은 글, p. 26.

이른바 여성에게 특정한 과제들을 시민권의 정의 속으로 가져오는 것이 그 치료책이라고는 믿지 않는다. 내 생각에 이 해법은 페이트먼이 도전하고자 했던 그 문제틀에 갇혀 있는 것으로 보인다. 페이트먼은 공과 사의 분리가 근대 가부장주의를 정초하는 계기라고 확언한다. "공과 사의 분리는 자연적 복종의 세계, 즉 여성의 세계를 관습적 관계들과 개인들의 세계, 즉 남성의 세계에서 분리하는 것"이기 때문이다. "여성적이고 사적인 자연적 세계—특수성·변별화·불평등·감정·사랑·혈연—는, 공적이고 보편적이고 남성적인 관습의 영역—시민적 평등·자유·이성·동의·계약—과 분리되어 설정된다."10 그래서 출산과 모성은 시민권의 안티테제로 제시되며, 또 '공적인' 것의 부분일 수 없고 분리된 장 안에 머물러야 하는 모든 자연적인 것의 상징이 된 것이다. 페이트먼은 모성의 정치적 가치를 주장함으로써 그런 구별을 극복하고자 하며, 시민권, 공적 삶, 사적 삶에 대한 가부장적 관점의 해체에 이바지하고자 한다. 하지만 페이트먼은 자신의 본질주의로 말미암아 남성과 여성의 대립 자체를 해체하지는 못한다. 이로 말미암아 페이트먼은, 모성주의자들처럼, 여성주의가 특징짓는 민주주의 정치[학]가 무엇이어야 하는지에 대해 부적합한 관점을 제안하고 만다. "정치적 이론과 실천에서 가장 심오하고 복잡한 문제는 인류라는 통일체와 여성적 개체성과 남성적 개체성이 정치적 삶 속에서 완전히 구현될 수 있는 방식이다"11라고 페이트먼이 선언하는 것도 이 때문이다.

내 견해는 완전히 다르다. 내가 주장하려는 바는, 성적 차이를 정치적으로 의미 있게 만드는 것이 아니라 성적 차이와 무관한 새로운 시민권 관점을

---

10 같은 글, pp. 7-8.

11 Carole Pateman, *The Disorder of Women*, p. 53.

구성함으로써 근대적 시민권 관점을 치료해야 한다는 것이다. 물론 이는 앞서 내가 옹호했던 유형의 관점, 즉 사회적 행위자가 기입된 사회적 관계들의 다양성에 상응하는 주체 위치들 집합의 접합이라는 사회적 행위자의 관점을 필요로 한다. 이 다양성은 필연적 관계가 아니라 우연적이고 불안정한 접합 형식만을 지니는 특정 담론들 내에서 구축된 것이다. 성적 차이가 모든 사회 관계들 내에서 타당해야 할 이유는 없다. 분명히 말하면, 오늘날 많은 다양한 실천과 담론, 제도는 남성과 여성을 (차별적으로) 구축하며, 많은 분야에서 남성적인 것과 여성적인 것의 구별은 분명히 존재한다. 그러나 이 상황이 계속되어야 할 이유는 없으며, 우리는 최근에 볼 수 있는 많은 사회적 관계들에서 성적 차이가 큰 의미가 없는 상황을 쉽게 상상해 볼 수 있다. 이것이야말로 많은 여성주의 투쟁의 목표다.

나는 성적 차이에 대한 타당한 구별 역시 완전히 사라져야 한다고 주장하는 것이 아니며 남녀평등을 위해 성 중립적인 사회관계가 필요하다고 말하는 것도 아니다. 남성과 여성을 평등하게 대우해야 한다는 생각에는 많은 경우, 그들을 차별적으로 대우하는 생각이 함축되어 있다는 것도 분명하다. 내 테제는 정치의 영역에서는, 또 시민권이 관련된 한, 성적 차이는 타당한 구별일 수 없다는 것이다. 자유주의적이고 남성적인 근대 시민권 관점을 비판하는 점에서 페이트먼과 내 의견은 같지만, 여성과 남성 모두의 특정 과제들이 동등하게 평가되는 성별화된 시민권 모델이 아니라, 시민이 된다는 것이 무엇인지 또 민주적 정치 공동체의 구성원으로 행위한다는 것이 무엇인지에 관한 진정으로 다른 관점이야말로 바로 급진적이고 다원적인 민주주의 기획이 필요로 하는 것이라고 나는 믿는다.

급진 민주주의적 시민권 관점

자유주의 시민권 관점의 문제는 여성과 관련된 문제로만 제한되지 않으며, 급진적이고 다원적인 민주주의 기획에 참여하는 여성주의자들은 그 문제 전부와 대결해야 한다. 자유주의는 모든 개인이 자유롭고 평등한 존재로 태어났다는 주장에 기반을 두고 보편적 시민권 통념을 형성하는 데 이바지했지만, 개인이 국가에 반해 보유하는 권리들을 가리키는 단순한 법적 지위로 시민권을 축소했다. 권리의 보유자들이 법을 위반하거나 타인의 권리와 충돌하지 않는 한 그 권리들이 행사되는 방식은 문제가 안 된다. 평등한 사람들의 공동체에서 공적인 정신과 시민적 활동과 정치 참여라는 통념들은 대부분의 자유주의 사상가들에게는 이질적이다. 게다가 근대 시민권의 공적 분야는 분리와 적대를 인정하지 않고 모든 특수성과 차이를 사적인 것으로 추방하는 보편주의적이고 합리주의적인 방식으로 구축되었다. 따라서 개인적 자유의 주장에 핵심인 공과 사의 구별은 강력한 배제 원칙으로 작용했다. 실제로 공과 사의 구별은 사적인 것과 가사를 동일시함으로써 여성의 종속에 중요한 역할을 했다. 최근 여러 여성주의자들과 자유주의에 대한 비판가들은 정치 참여의 가치를 주목해 왔으며, 개인적 욕망과 이익에 선행하며 그것들과 독립된 공동선의 통념을 강조하는, 좀 더 적극적인 시민권 관점인 시민 공화주의 전통을 주목해 왔다. 하지만 여성주의자들은 이 접근의 한계를 인식해야 하며, 공동체적 유형의 정치[학]가 많은 억압된 집단들의 투쟁을 대표할 때 나타나게 될 잠재적 위험을 인식해야 한다. 공동체주의자들이 고수하는 공공선 및 공유된 도덕적 가치에 대한 실체적 통념들은 다원주의와 양립할 수 없다. 내 생각에는 다원주의야말로 현대 민주주의의 구성 요소이며 민주주의 혁명을 심화하고 현재의 민주주의적 요구들의 다양성을 수용하는 데 필수적이다. 공과 사의 구별이라는 자유주의적 구성의 문제점은 다원주

의를 버린다고 해결되는 것이 아니라 그것을 좀 더 적절한 방식으로 재정식
화함으로써 해결될 것이다. 나아가 근대적 시민관에서 권리들[옳음들]의 통념
이 핵심임은 당연히 인정되어야 한다. 물론 이 문제점들은 좀 더 적극적인
의미의 정치 참여와 정치 공동체에 소속됨으로써 보완되어야 한다.12

내가 급진적이고 다원적인 민주주의 기획에 필요한 것으로 제출하려는
시민권에 대한 견해는 현대 다원주의적 민주주의의 정치적 원칙들—즉, 만
인을 위한 평등과 자유의 요구—과 동일시되는 정치적 정체성의 관점이다.
그것은 인격체들의 공동의 정치적 정체성이 될 것이다. 이 인격체들은 서로
다른 가치관을 갖고 있으며, 서로 다른 다양한 기획체에 종사하고 있겠지만,
일련의 윤리-정치적 가치들에 대한 일정한 해석과의 동일성을 공통으로 형
성함으로써 서로 묶여 있다. 시민권은 자유주의에서 그런 것처럼 단지 다른
정체성들 가운데 하나의 정체성이 아니며, 시민 공화주의에서 그런 것처럼
모든 다른 정체성들보다 우위에 있는 지배적 정체성도 아니다. 그 대신 이
시민권은 사회적 행위자의 서로 다른 주체 위치들에 영향을 주면서도 특정
한 충성들의 다원성과 개인적 자유의 존중을 고려하는 하나의 접합 원칙이
다. 이런 시각에서 공과 사의 구별은 포기되는 것이 아니라 서로 다른 방식
으로 구축된다. 그 구별은 별개의 분리된 영역들에 상응하는 것이 아니다.
모든 상황은 '공'과 '사' 사이에서 일어나는 하나의 마주침이다. 모든 기획체는
시민권의 원칙에 따라 처방된 공적인 조건에서 결코 벗어나지는 못하겠지만
사적인 측면을 지니기 때문이다. 욕구·선택·결정은 각 개인의 책임이기에 사
적이지만, 수행은 공적이다. 수행은 시민 행동의 '문법'을 제공하는 체제의 윤

---

12 자유주의와 공동체주의 사이의 논쟁은 이 책의 2장인 "미국 자유주의와 그에 대한 공동체주
의의 비판"에서 좀 더 자세히 분석했다.

라 정치적 원칙들에 대한 특정한 이해를 통해 구체화된 조건들을 승인해야 나오는 것이기 때문이다.[13]

여기서 다음과 같은 점을 강조하는 것이 중요하다. 즉 시민권의 행사가 현대 민주주의의 윤리-정치적 원칙들과의 동일시로 구성된다는 관점을 유지하기 위해서는, 우리는 또한 그 원칙들에 대한 해석만큼 많은 시민권의 형식이 있을 수 있으며 급진 민주주의적 해석 역시 많은 해석 가운데 하나임을 인정해야 한다는 사실을 받아들여야만 한다. 급진 민주주의적 해석은 자유와 평등의 원칙을 적용하면 도전받을 수밖에 없는 지배 상황들이 존재하는 수많은 사회적 관계들을 강조할 것이다. 민주주의의 확장과 급진화를 위해 투쟁하는 서로 다른 집단들이 공동의 관심사를 갖고 있다는 점이야말로 그들 공동의 인식을 나타낸다. 급진 민주주의적 해석은 다른 '신사회운동'은 물론, 여성·노동자·흑인·동성애자·생태주의자 등 각종 참여 세력에서 발견되는 민주주의적 요구를 접합하는 방향으로 나아가야 한다. 그 목표는 급진적 민주주의의 시민들로서 하나의 '우리'를 구성하고, 민주적 등가성의 원칙을 통해 접합된 하나의 집합적인 정치적 정체성을 구성하는 것이다. 이때 그 등가 관계가 차이를 제거하지 않는다는 점이 강조되어야 한다. 차이가 제거되면 단순한 정체성이 될 것이다. 민주적 차이들이 모든 차이를 부정하는 세력이나 담론들과 대립하는 한에서만, 그 차이들은 서로 대체될 수 있다.

내가 여기에서 제안하는 견해는 시민 공화주의적 견해만이 아니라 자유주의적 견해와도 분명히 다르다. 그것은 성별화된 시민권 관점도 아니지만 중립적인 관점도 아니다. 내 관점은 '우리'에 대한 각각의 모든 정의가 '경계'

---

13 여기에서 보여 주는 시민권 관점은 이 책의 4장인 "민주주의적 시민권과 정치 공동체"에서 좀 더 풍부하게 분석했다.

를 설정하고 '그들'의 지정을 함축한다는 것을 인정한다. 그렇다면 '우리'의 정의는 항상 상이성과 갈등의 맥락에서 이루어진다. 공동선의 관념을 비워 버리는 자유주의와 공동선을 사물화하는 시민 공화주의와는 반대로, 급진 민주주의적 접근은 우리가 시민으로 행동하려면 끊임없이 조회해야 하지만 결코 도달할 수 없는 하나의 '소실점'이 바로 공동선이라고 생각한다. 공동선 은 한편으로는 하나의 '사회적 상상계'로 작동한다. 다시 말해 완전한 재현의 불가능성이 바로 그것이 제한하는 공간 내의 어떤 재현도 가능하게 해 주는 조건이 되는 지평의 역할을 제공하는 것처럼 말이다. 다른 한편 공동선은 내 가 비트겐슈타인을 따라 '행동의 문법'이라 명명한 것, 즉 만인을 위한 평등 과 자유라는 현대 민주주의를 구성하는 윤리-정치적 원칙을 명시한다. 그렇 지만 이 원칙들은 수많은 경쟁적 해석에 개방되어 있기 때문에, 완전히 포괄 적인 정치 공동체는 결코 실현될 수 없다는 것을 인정해야 한다. '구성적 외 부' 즉 공동체의 실존 조건 자체인 그 공동체의 바깥은 항상 존재한다. '그들' 이 없이는 '우리'가 존재할 수 없으며, 합의의 모든 형식은 필연적으로 배제 행위에 근거하고 있음이 받아들여지고 나면, 적대와 분할과 갈등이 사라지 게 될 완전히 포괄적인 공동체의 창출은 더는 쟁점이 될 수 없을 것이다. 따 라서 민주주의의 완전한 실현이 불가능하다는 것을 우리는 감수해야 한다.

이런 급진 민주주의적 시민권은 페이트먼의 '성별화된' 시민권 견해와는 분명히 충돌하지만, 자유주의적 시민관에 대한 대안으로 제출된 또 다른 여 성주의자들의 시도, 가령 아이리스 영[Iris Marion Young]이 제기한 '집단으로 변별 화된' 관점[14]과도 충돌한다. 영은 페이트먼과 마찬가지로 근대 시민권이 '공'

---

14 Iris Marion Young, "Impartiality and the Civic Public", in Seyla Behabib & Drucilla Comell eds., *Feminism as Critique*, Minneapolis, 1987; "Polity and Group Difference: A

과 '사'의 분리 위에 구축된 것이라고 주장한다. 여기서 공적인 것은 동질성과 보편성의 분야를 나타내며, 차이는 사적인 것으로 추방된다. 그러나 영은 이런 배제가 여성만이 아니라 종족·인종·나이·무능력 등의 차이에 근거한 다양한 집단에도 영향을 미친다고 주장한다. 영이 생각하는 결정적인 문제점은 공적인 시민권의 분야가 하나의 일반의지, 즉 시민들이 공동으로 보유하고 있으며 또 그들의 차이들을 넘어선 하나의 관점을 표현하는 것으로 제시되었다는 것이다. 영은 공적인 삶의 재정치화에 찬성하는 입장이다. 하지만 그것은 시민들이 자신들의 특수한 집단적 소속과 요구들을 뒤로 제쳐 놓고서 추정된 일반적 이익이나 공동선을 토론하기 위해 요구되는 공적 분야의 창출을 요구하지는 않을 것이다. 그 대신 영은 '이질적 공중'을 창출하자고 제안하는데, 그것은 억압되거나 혜택받지 못하는 구성적 집단들의 독특한 목소리들과 관점들을 효과적으로 대변하고 인식할 수 있는 메커니즘을 제공한다. 영은 그 기획을 가능하게 하기 위해 공평하고 보편적이기를 자처하지 않으며, 이성을 정서 및 욕망과 대립시키지 않는 규범적 이성관을 모색한다. 영은 하버마스의 의사소통적 윤리가 그 한계에도 불구하고 이 규범적 이성의 정식화에 많은 공헌을 할 수 있다고 생각한다.

나는 여성이라는 이유로 겪는 억압과는 다른 억압의 형식도 고려하려는 영의 시도에 공감하지만, '집단으로 변별화된 시민권'이라는 그녀의 해법에서 많은 문제점을 발견한다. 우선, 영이 포괄적 정체성들 및 삶의 방식과 동일시하는 집단이라는 통념은 '아메리카 원주민'과 같은 집단들에게는 의미가 있을지 모르지만, [정작] 영이 고려하고자 하는 요구들을 간직한 많은 다른 집단들, 가령 여성·노인·장애인 등에 대한 기술로는 전혀 적절하지 않다. 영은

Critique of the Ideal of Universal Citizenship", *Ethics*, 99, January, 1989.

'집단'에 대한 본질주의적 통념을 간직하고 있다. 이는 그녀의 부인에도 불구하고 그 견해가 그 자신이 비판하는 이익집단 다원주의와 별반 차이가 없는 이유를 설명해 준다. 결국, 자신의 이익들과 정체성이 미리 주어진 집단들이 존재한다는 것, 정치는 새로운 정체성의 구성에 대한 것이 아니라 갖가지 부분들의 요구들을 만인에게 수용될 만한 방식으로 만족시킬 수 있는 방식들을 찾으려는 것이다. 사실 그녀의 주장은 하버마스 판본의 이익집단 다원주의라 해도 과언이 아니다. 이 주장에 따르면 집단들은 이기적인 사적 이익들을 위해서가 아니라 정의를 위해 싸운다고 간주되며, 이 견해는 논쟁과 공공성의 필요성을 강조한다. 따라서 그녀의 작업에서 정치는 여전히 미리 구성된 이익들과 정체성들을 처리하는 과정으로 이해된다. 반면에 내가 주장하고 있는 접근 방식에서 급진 민주주의 시민권의 목표는 공동의 정치적 정체성을 구축하여, 새로운 평등주의적인 사회관계들·실천들·제도들을 통해 접합되는 어떤 새로운 헤게모니의 설립 조건들을 창출하는 것이다. 이는 기존의 주체 위치들을 변형하지 않고서는 성취될 수 없다. 이 때문에 영이 선호한 무지개 동맹 모델은 급진 민주주의 정치로의 이행을 향한 단지 첫 단계로만 간주될 수 있다. 그 동맹은 서로 다른 피억압 집단 사이의 대화에 많은 기회를 제공할 수 있을 것이다. 하지만 그 요구들을 민주적 등가의 원칙을 중심으로 접합하기 위해서는 새로운 정체성들을 창출할 필요가 있다. 현재 상황에서 이 요구들의 상당수는 서로 안티테제를 이루고 있으며, 그 요구들은 자유롭고 왜곡되지 않은 의사소통을 통해서가 아니라 헤게모니적 접합이라는 정치적 과정을 통해서만 수렴될 수 있다.

여성주의 정치학과 급진 민주주의

처음부터 지적했듯이, 여성주의자들은 여성으로서의 여성의 존재를 일단 문제로 설정한 다음 여성주의 정치[학]를 확립할 가능성에 많은 관심을 보여 왔다. 특정 정체성과 규정 가능한 이익을 간직한 여성 주체라는 관념을 포기한다면 정치[학]로서의 여성주의는 좌절하게 될 것이라는 주장도 있다. 케이트 소퍼Kate Soper는 이렇게 말한다. "여성주의는 여느 다른 정치[학]와 마찬가지로 항상 서로 간의 단결, 즉 아마도 여성으로서의 **동일성**sameness 및 '공통 원인'에 의해서만 연관된 여성의 연대와 자매애에 근거한 운동을 함축해 왔다. 여성성이 '현전'하지 않고 '여성'이라는 용어가 직접 표현해 주는 것이 없고 특정 상황에 처한 특정 여성을 제외하면 구체적으로 예시되는 것이 없다는 것을 근거로 이 여성의 동일성 자체가 도전받는다면, 여성들을 둘러싸고 구축되는 정치 공동체의 관념, 즉 초기 여성주의 운동의 포부는 붕괴한다."15

내 입장에서 보면, 소퍼는 여기서 두 극단적 대안 사이에 부당한 대립을 구축하고 있다. 즉 미리 주어진 '여성성'의 통일이 어떤 선험적 귀속의 기초 위에 존재하거나, 이것이 부인되면 통일의 형식들과 여성주의 정치[학]가 존재할 수 없다는 식이다. 그러나 여성의 본질적 정체성과 미리 주어진 통일성이 존재하지 않는다고 해서 다양한 통일 형식과 공동 행위의 구성이 배제되는 것은 아니다. 결절점들의 구축 결과 부분적 고정화들이 발생하며 여성주의 정체성과 여성주의 투쟁에 기초를 제공하는 '여성'의 범주를 둘러싸고 불안정한 형식의 정체성이 형성될 수 있다. 본질적 정체성을 비판하면 반드시 모든 정체성을 거부할 수밖에 없다고 믿는, 여성주의 저서들에서 빈번히 나

---

15 Kate Soper, "Feminism and Postmodernism", *Radical Philosophy*, 55, p. 13.

타나는, 반본질주의적 입장에 대한 오해를 소퍼도 범하고 있다.16

주디스 버틀러Judith Butler는 『젠더 트러블』Gender Trouble에서 이렇게 질문한다. "공동의 근거로서의 정체성이 여성주의 정치 담론을 더는 제약하지 않을 때 어떤 새로운 형태의 정치학이 출현하는가?"17 내 대답은 이렇다. 여성주의적 정치학을 이렇게 구상하면 억압에 대한 서로 다른 각종 투쟁들을 접합하고자 하는 민주주의 정치[학]에 훨씬 더 큰 기회를 제공한다. 급진적이고 다원적인 민주주의 기획의 가능성이 출현하는 것이다.

그런 기획이 적절하게 정식화되려면 여성주의 정치[학]를 특정하고 엄밀하게 정초하려고 시도해야겠지만, 우선 여성으로서의 여성의 정체성이라는 본질주의적 관념들을 버려야 한다. 여성주의 정치[학]는 여성으로서의 여성의 이익을 추구하는 식으로 설계되는 분리된 형식의 정치학이 아닌, 요구들의 좀 더 폭넓은 접합의 맥락에서 여성주의 목표들과 과제들을 추구하는 것으로 이해되어야 한다. 이런 여성주의의 목표들과 과제들은 종속을 함축하는 방식으로 '여성' 범주를 구축한 모든 담론·관행·사회적 관계를 변형하는 것으로 이루어져야 한다. 나에게 여성주의는 여성의 평등을 위한 투쟁이다. 하지만 이는 공동의, 다시 말해 여성적 본질과 정체성을 지녔다고 규정될 수 있는 경험적 집단의 평등을 실현하려는 투쟁으로서가 아니라, '여성'의 범주

---

16 우리는 유사한 혼동을 다이아나 퍼스(Diana Fuss)에서도 발견한다. *Feminist Review*, no. 38, April, 1991에 실린 『본질적으로 말하기』(*Essentially Speaking*)의 서평에서 안나 마리 스미스(Anna Marie Smith)가 지적했듯이, 퍼스는 본질주의적인 토대가 없어도 한 기호의 반복이 일어날 수 있음을 깨닫지 못한다. 서로 다른 맥락들을 넘어서서 동일한 기표들의 반복을 함축하는 한에서 구성주의가 본질주의적이라고 퍼스가 인정할 수 있는 것도 이 때문이다.

17 Judith Butler, *Gender Trouble: Feminism and the Subversion of Identity*, New York, 1990, p. xi.

를 종속적인 것으로 구축하는 다양한 형식에 대항하는 투쟁으로 이해되어야 한다. 그렇지만, 우리는 이 여성주의의 목표들이 담론들의 다양성에 따라 서로 다른 여러 방식들—마르크스주의적·자유주의적·보수주의적·급진 분리주의적·급진 민주주의적 등—로 구축될 수 있음을 의식해야 한다. 따라서 필연적으로 여러 여성주의가 존재하며, 여성주의 정치[학]의 '참된' 형식을 찾으려는 어떤 시도도 포기되어야 한다. 여성주의자들은 여성의 효과적인 평등을 창출하기 위한 조건들을 성찰함으로써 정치학에 이바지할 수 있다는 것이 내 믿음이다. 이런 성찰은 기존의 정치적이고 이론적인 담론들의 영향을 받을 수밖에 없다. 하나의 주어진 여성주의 담론 형식이 여성성의 '실제' 본질에 상응하는 형식임을 증명하려고 애쓰는 대신, 그것이 여성들의 다양한 종속 형식들을 이해할 수 있는 가능성을 어떤 식으로 확장하는지를 보여주려 해야 한다.

여기서 내 주요 논증은 이런 것이었다. 우리 여성주의자들은 젠더와 연관되는 사회관계만이 아니라 수많은 사회관계에 존재하는 다양한 종속의 형식들에 대항해 투쟁하려는 정치적 기획에 참여하고 있기 때문에, 우리의 정체성을 계급이나 인종이나 젠더와 같은 하나의 단일한 위치로 환원하기보다는, 주체가 서로 다른 담론들과 주체 위치들을 통해 구성되는 방식을 우리가 이해할 수 있게 하는 접근이 분명히 더 적합하다는 것이다. 또 이런 유형의 민주주의 기획은 권력관계가 구성되는 다양한 방식을 우리가 포착할 수 있게 하는 관점으로부터 더 많은 도움을 받을 수 있으며, 보편주의에 대한 모든 자임과 합리성의 참된 본질을 발견했다는 주장에 등장하는 배제의 형식들을 드러내 준다. 이 때문에 본질주의와 그것의 다양한 형식들인 휴머니즘·합리주의·보편주의에 대한 비판은 여성주의적인 민주주의 기획을 정식화하는 데 장애가 되기는커녕 그 가능성의 조건이다.

제6장

자유사회주의를 향하여

사회주의의 이상들은 '현실 사회주의' 붕괴 이후에도 살아남을 수 있을까? 또 그 붕괴로 말미암아 생겨난 불평등에 대항해 투쟁하는 모든 시도에 대한 불신을 사회주의의 이상들은 극복할 수 있을까? 사회정의라는 관념은 반집단주의 물결에 희생되고 경제 민주주의 기획은 계급투쟁의 수사가 지배하던 지난 시대의 잔재로 점점 취급되고 있다.

다원주의적 민주주의의 덕목들을 인정한 것은 중요한 성취로 볼 수 있지만, '현실에 존재하는 자본주의적인 자유민주주의'를 '역사의 최종' 단계로 수용해야 한다면 민주주의를 위한 투쟁에 심각한 방해가 될 것이다. 민주화의 과정이 필요한 수많은 사회관계가 여전히 존재하기에, 이 민주화 과정이 어떻게 자유민주주의 체제의 존재와 양립할 수 있는 방식으로 수행될 수 있는가를 고찰하는 것이 오늘날 좌파의 과제다.

우리는 『헤게모니와 사회주의 전략』[1]에서 사회주의 기획을 '급진적이고 다원적인 민주주의'로 다시 정의하자고 제안했으며, 그 기획을 민주주의를 폭넓은 범위의 사회관계에서 확장하는 것으로 구상했다. 우리 의도는 사회주의적 목표들을 다원주의적 민주주의의 틀 안으로 다시 기입하고 정치적 자유주의의 제도들과 접합해야 할 필연성을 역설하는 것이었다. 완전히 다른 사회 체계—이것은 자유민주주의 체제의 정치적 원칙들을 포기해야 실현될 수 있다—로 그려졌던 사회주의의 관념을 포기해야 한다고 해서, 민주주의의 심화를 위한 투쟁의 한 차원으로 이해할 수 있는 사회주의의 과제들을 포기해야 하는 것은 아니다. 사회주의를 경제 민주화의 한 과정으로 이해하면, 사회주의는 급진적이고 다원적인 민주주의 기획의 필수적인 구성 요소다. 결론적으로 나는 '자유사회주의'를 주창할 긴급한 필요성이 있다고 믿으며, 여기서 그런 전망을 정교화하는 과제에 도움이 되는 여러 저작을 검토하려 한다.

노르베르토 보비오와 이탈리아의 자유사회주의

노르베르토 보비오Norberto Bobbio는 자유주의 제도들의 가치를 인정할 필요와, 어떤 '참된 민주주의'의 옹호자들에 맞서 자유주의 제도들을 옹호해야 할 필요성을 오랫동안 가장 감동적으로 주장한 사람이다. 보비오는 한결같이 사회주의 목표들은 자유민주주의의 틀 속에서 실현될 수 있을 것이며 사실상 그 틀 속에서만 제대로 실현될 수 있을 것이라고 주장했다. 보비오에게 자유주의와 민주주의는 용어상 모순적이기는커녕 필연적으로 같이 가기 때문에 민주사회주의는 자유사회주의와 연관되어 있다. 보비오의 글을 살펴보

---

1 Ernesto Laclau & Chantal Mouffe, *Hegemony and Socialist Strategy: Towards a Radical Democratic Politics*, London, 1985.

자. "자유주의 국가는 민주주의 국가의 역사적 전제만이 아니라 법적 전제이기도 하다. 자유주의 국가와 민주주의 국가는 이중으로 상호의존적이다. 자유주의가 민주주의적 권력의 고유한 행사에 필수적인 자유들을 제공한다면 민주주의는 기본적 자유들의 존재와 존속을 보장한다."[2]

보비오는 19세기 이래 존 스튜어트 밀John Stuart Mill의 영향 아래에서 사회주의 관념들을 수용한 이탈리아 자유주의 사상의 중요한 전통에 속하는 사람이다. 20세기에 이탈리아의 자유주의 사상은 피에로 고베티Piero Gobetti가 창간한 저널 『자유주의 혁명』La Rivolusione Liberale과 카를로 로셀리Carlo Rosselli가 토대를 닦은 '정의와 자유'Giustizia e Libertà 운동을 중심으로 구체화된다. 로셀리는 『자유사회주의』Socialismo Liberale에서, 사회주의는 자유민주주의의 제도적 틀 내에서 자유주의적 방법을 통해 자기 목적을 성취해야 한다고 썼다. 자유사회주의 운동의 목표는 사회주의적 과제들을 자유민주주의의 원칙들, 즉 입헌주의·의회주의·경쟁적인 복수 정당 체계와 결합하는 것이었다.[3]

보비오는 이런 접근을 따르면서 오늘날 이 기획에는 사회적 정의를 시민권리와 접합하는 새로운 사회계약이 요구된다고 주장한다. 보비오에 따르면 계약주의를 둘러싼 최근 논쟁은 민주적 좌파들이 영향력 있게 개입할 수 있는 지형을 제공한다. 보비오의 고찰을 살펴보자. "이 논쟁의 핵심은 명백한 개인주의적 사회관에서 동일하게 출발하고 제도상의 구조들을 동일하게 사용하여, 신자유주의자들이 작동시키려는 사회계약 이론에 반대하는 대안, 즉 분배적 정의 원칙을 조건 속에 포함하고 그에 따라 사회주의의 이론적이

---

2 Norberto Bobbio, *The Future of Democracy*, Cambridge, 1987, p. 25.
3 이 운동의 역사적 배경에 대해서는 Perry Anderson, "The Affinities of Norberto Bobbio", *A Zone of Engagement*, London, 1992.

고 실천적인 전통과 양립 가능한 그런 대안을 우리가 만들어 낼 수 있는지를 살펴보는 것이다."[4] 그렇다면, 보비오가 롤즈의 저명한 저서 『정의론』이 개진한 제안들에 공감을 표명하고 노직의 『아나키, 국가, 유토피아』가 옹호하는 최소 정부에 반대 입장을 취한다고 해서 놀랄 일은 아니다. 보비오는 이렇게 고찰한다. 민주주의가 살아 있고 개인들이 새로운 사회계약의 항목들을 결정할 권리를 보유하는 한, 개인들은 자신의 기본권과 재산의 보호에만 관심을 두는 것이 아니라 분배적 정의에 관한 조항도 요구할 것이다.

그러나 보비오가 믿듯이 이 새로운 사회계약은 현대 산업사회의 점증하는 통치 불가능성에 대한 해법을 제공할 것인가? 사회계약이 사회정의의 요구를 개인의 시민적이고 정치적인 권리들과 접합해 낸다고 해서, 오늘날의 복잡한 사회들이 직면한 문제들을 해결할 수 있는가? 새로운 사회계약은 보비오가 부르는 '민주주의의 역설'을 벗어날 수 있는 방법인가? 개인주의가 문제의 원인이므로 해결 경로가 될 수 없다고 역설하는 자유주의에 대한 공동체주의적 비판가들은 이렇게 생각하지 않는다. 이 물음들에 답하고 보비오의 제안이 적절한지 평가하려면, 민주주의에 대한 그의 진단과 복잡한 사회에서 민주주의가 직면한 어려움을 검토해야 한다.

보비오의 민주주의 관점

보비오가 거듭 강조하는 것은, "누가 집단적인 결정들을 채택할 권위를 부여받게 되는지와 어떤 절차들이 적용되어야 할지를 설정하는(일차적이거나

---

4 Norberto Bobbio, 같은 책, p. 117.

기본적인) 일련의 규칙들에 의해 성격이 규정되는" 통치의 한 형식으로 "민주주의에 대한 최소적 정의"[5]을 우리가 채택해야 한다는 것이다. 이 '게임의 규칙들'은 사회 전체에 영향을 주는 결정들에 대한 다수 시민의 가장 광범위한 참여를 촉진하고 보장하도록 설계되어 있다. 이 가운데 몇몇 규칙은 일반의지가 무엇인지를 설정하는 기능을 한다. 즉 누가 투표할 권리가 있는지를 정하고, 모든 시민의 투표가 동등한 비중이 있음을 보증하며, 어떤 유형의 집단적 결정이 효력을 행사해야 할지를 명시하는 것이다. 그러나 이 세 규칙 말고도, 선택의 자유가 실제로 작동하기 위해 충족되어야 할 조건들을 가리키는 다른 규칙들이 있다. 첫째, 다원성의 원칙이다. 민주주의 체계는 이 원칙에 따라 서로 경쟁하는 조직된 정치 집단들의 다원적 존재를 보증해야 한다. 둘째, 유권자들은 대안 가운데 선택할 수 있어야 한다. 마지막으로, 소수는 주기적인 선거의 조직화를 통해 다음번에는 다수가 될 수 있는 권리를 보장받아야 한다.

그렇다면, 보비오는 민주주의에 대한 절차적 정의나 법제도적 정의에 좀 더 특권을 부여하는 것이다. 민주주의의 이상을, 민주주의 정부가 힘써야 할 과제로 제시하는 실체적이고 윤리적인 정의보다는 말이다. 보비오는 '누가 통치하는가?'가 아니라 '어떻게 통치하는가?'라는 물음이 민주주의의 가장 중요한 물음이며, 민주주의란 권력이 위로부터 강제되는 대신 아래로부터 오는 통치 형식이라 믿는다. 보비오는 이를 근거로 대의 민주주의를 우리가 사는 복잡한 현대사회에 유일하게 적합한 민주주의로 옹호하며 몇몇 급진 민주주의자들이 제기한 직접민주주의의 요청을 기각한다.

보비오의 주요 관심사는 민주주의를 자유주의와 양립 가능하게 하는 것

---

5 같은 책, p. 24.

인데, 이는 보비오의 입장을 상당 부분 설명해 준다. 실례로 보비오는 다음과 같이 선언한다. "만약 우리가 민주주의를 이상적이고 평등주의적인 측면에서 이해하지 않고, 앞서 살펴보았던 것처럼 민주주의의 특징을 인민 주권의 동의어로 받아들이는 하나의 정치적 정식화로 받아들인다면, 민주주의는 자유주의의 자연적 발전으로 간주될 수 있다."[6] 보비오에 따르면, 그 핵심적 연결 고리는 민주주의 게임을 구성하는 일련의 두 규칙 사이의 접합 속에 위치한다. 앞서 보여 주었듯이 보비오는 어떤 정치 체계를 민주주의적이라고 부르기 위해 반드시 필요한 여섯 가지 절차적 규칙을 제시했다. 그중 몇 가지 규칙들은 실제의 대안에 대한 투표권 행사가 자유롭기 위해 요구되는 조건들을 나타낸다. 보비오는 오직 자유주의 정부만이 그런 필수 조건들이 함축하는 기본권, 즉 의견의 자유·표현의 자유·연설의 자유·집회의 자유·결사의 자유 등을 보증할 수 있다고 선언한다. 보비오는 이런 관점에서 이 기본권들이 독일어로 레히트스타트*Rechtsstaat* 혹은 법치국가juridical state의 교리를 발생시킨다는 관점에서, 이 기본권들을 자유주의 정부를 그 시초부터 정초하는 권리들이라고 말한다. 다시 말해 이런 법치국가는 법에 의거해 권력을 행사할 뿐만 아니라, 개인의 이른바 '불가침' 권리들에 대한 헌법상의 인정에서 나오는 한계들 속에서 권력을 행사한다. 이 권리들은 그 철학적 기초가 무엇이든 간에, 주로 민주적 체계를 특징짓는 절차적 메커니즘들을 제대로 작동시키는 데 꼭 필요한 선결 조건이다. 이 권리들을 부여하는 입헌적 규범들은 게임의 규칙 자체가 아니라, 그 게임이 일어날 수 있게 해 주는 예비 규칙이다.[7]

---

6 Norberto Bobbio, *Liberalism & Democracy*, London, 1990, p. 37.
7 Bobbio, *The Future of Democracy*, p. 25.

보비오는 민주주의의 현재 조건들 및 그 미래와 관련하여 두 주요 측면, 즉 이루어 낼 수 있었던 진전들과 민주주의 사회들이 오늘날 직면한 난관을 구별하자고 제안한다. 보비오에 따르면 그 난관들은 다음과 같다. "나는 여기서 민주주의가 집단적인 결정을 만들어 내기 위한 최적의 방법을 의미하는 것으로 채택하고 있는데, 간단히 말해 민주주의의 네 가지 적들이 있다고 생각한다. 그것은 거대한 규모의 현대 생활, 국가 장치에서 증대하는 관료화, 반드시 만들어 내야 할 결정들에서 전문성의 증대, 시민사회의 대중사회화다."[8]

성취되지 못한 약속이라는 관점으로 보면, 오늘날 민주주의의 결점들은 보이지 않는 권력, 과두 체제의 존속, 정치적 삶의 주역으로서 개인의 소멸, 활기를 띠면서 다시 등장한 개별적 이익들, 민주주의의 제한된 참여 범위, 교양있는 시민의 창출에 실패한 것을 들 수 있다. 그러나 민주주의의 기본 전제를 거스르는 흐름이라고 보비오가 생각하는 보이지 않는 권력의 경우를 제외하면, 다른 문제들은 현실에 추상적인 원칙들을 적용한 데서 나오는 필연적인 결론으로 보아야 한다고 그는 생각한다. 그는 직접민주주의를 하나의 가능한 해법으로 보기는커녕, 직접민주주의가 불가능할 뿐만 아니라 사태를 더 나쁘게 만들 뿐이라고 믿는다.

그렇다면, 보비오가 제안한 치료책은 무엇인가? 발전한 현대사회에서 민주화 과정을 촉진할 수 있는 것은 어떤 것인가? 보비오는 궁극적으로는 적당히 낙관적으로 보이지만, 우리가 현실주의적이어야 하며 또 하나의 '참된 민주주의', 하나의 완벽하게 화해된 사회, 하나의 완벽한 합의에 대한 모든 희망을 포기해야 한다는 입장을 견지한다. 현대사회가 다원주의와 타협해야 한다는 보비오의 주장은, 어떤 형태의 이견이든 불가피하다는 생각을 함축

---

8 Norberto Bobbio, *Which Socialism?*, Cambridge, 1987, p. 99.

하는 것이다. 합의는 필수적이지만, 게임의 규칙과 관련된 한에서만 그렇다. 그 규칙들은, 제대로 이행되는 경우, 독재 정치와 타율성에 대항하는 최상의 보증이 된다. 독재와 타율성은 보비오가 민주주의의 추진력이라 간주하는 자율성을 위한 투쟁을 끊임없이 위협한다.

보비오의 말에 따르면, 직접민주주의라는 환상을 버리고 나면 우리는 더 나은 민주주의를 위한 투쟁이 어떻게 일어날 수 있는지를 고찰할 수 있다. 그것은 점점 더 넓은 사회적 삶의 분야로 대의 민주주의를 확장하는 것을 의미한다. 관건은 새로운 민주주의의 출현이 아니라 "대의 민주주의처럼 매우 전통적인 형식의 민주주의가 새로운 공간들, 즉 지금까지는 위계적이거나 관료적인 조직들이 점령했던 그런 공간들에 침투하는"9 과정이다. 다시 말해 우리는 국가의 민주화에서 사회의 민주화로 나아가야 한다. 이 과제는 비민주주의적 권력 핵심이 여전히 장악한 각종 공간에 침투하기 위해 일체의 독재 권력에 맞서 투쟁하는 것이다. 보비오에게, 사회의 민주화는 가족에서 학교까지, 거대 기업에서 공공 행정까지, 민주적으로 진행되지 않는 모든 제도와 맞서 싸우기를 요구한다. 보비오는 이렇게 선언한다. "오늘날 민주적 진보에 어떤 지표가 필요하다면, 그 지표는 유권자들의 수가 아니라 투표권이 행사되는 정치의 바깥에 있는 맥락들의 수다. 간명하지만 효율적인 방식을 말해 보자면, 주어진 한 나라에서 성취된 민주화의 상태를 판단하는 기준은 '누가' 투표하는가가 더는 아니며 그 사람들이 '어디에' 투표할 수 있는가이어야 한다."10

9 Bobbio, *The Future of Democracy*, p. 55.
10 같은 책, p. 56.

다원주의와 개인주의

지금까지 살펴본 것처럼, 보비오에 따르면 자유사회주의는 사회정의의 원칙을 핵심으로 하는 새로운 사회계약을 제공함으로써 오늘날 민주주의의 단점을 극복할 수 있는 하나의 해법을 제안할 수 있다. 그 과제는 하나의 강한 개인주의적 토대—궁극적인 권력의 원천을 개인에 두는 원칙에 호소함으로써—위에서 사회적이고 정치적인 시민적 권리들을 조합하는 것이다. 보비오는 개인주의 이슈를 결정적인 것으로 제시한다. 이 점에서 보비오는 "개인주의가 없다면 자유주의도 있을 수 없다"[11]라고 주장한다. 보비오에게 자유주의와 민주주의의 양립 가능성은 양자 모두 보편적 출발점이 개인이며, 따라서 양자 모두 개인주의적 사회관에 근거한다는 사실에 놓여 있다. 보비오의 견해에서 근대적 사회계약의 관념은 그것이 어떤 유기체적이고 전체주의적인 사회관의 종말과 개인주의의 탄생을 나타내기에 개인과 사회 간의 관계에 대한 코페르니쿠스적 혁명을 재현한다. 개인주의적 관점은 고유한 이익과 요구와 권리를 지닌 개별적인 개인을 사회의 기원에 놓음으로써, 자유주의 국가만이 아니라 현대적 민주주의 관념도 가능하게 해 준다. 모든 개인을 동등하게 헤아리면서 독립적인 개인을 권력의 원천으로 삼는 것이 그 기본 원칙이다. 따라서 자유주의 관념들과 민주적 절차들은 한데 짜 넣어질 수 있을 것이며 그 둘의 조합은 다음과 같은 자유민주주의에 이를 수 있을 것이다. "자유주의는 정신적 영역과 경제적 영역 양자에서 개인적 자유를 국가에 대비되는 것으로 옹호하고 선언한다. 민주주의는 어떤 공통된 동의의 산물로 사회를 만들어 내면서 개인과 사회를 화해시킨다."[12]

---

11 Bobbio, *Liberalism & Democracy*, p. 9.

나는 근대적 사회관의 탄생에서 개인주의를 중시한 보비오에 동의하지만, 내 생각에 진정한 물음은 그런 개인주의적 관점이 오늘날 민주주의 이상을 확장하는 데 하나의 걸림돌이 된 것은 아닌지에 관한 것으로 보인다. 보비오가 찾아낸 현대 민주주의의 문제들 가운데 많은 것은 개인주의에서 나온 효과일 것이다. 실례로 많은 공동체주의자들은 존 롤즈의 저서를 비판하면서, 우리가 당면한 문제들의 기원에는 정확히, 사회에 삽입된 개인에 선행하고 그것과 독립적인 권리를 가진 주체라는 개인주의 주체관이 있다고 주장했다. 공동체주의자들은 새로운 사회계약에서 그 해법을 찾기는커녕, 사회계약이라는 바로 그 관념이 그 원자론적인 함축 전체와 함께 포기되어야 한다고 생각한다. 이 때문에 공동체주의자들은 시민 공화주의 전통이 부활해야 한다고 주장한다. 그래서 그들은 더 풍부한 시민관을 지니고 있고 공유된 공동선의 관념을 중심으로 조직되는 정치 공동체의 참여자들로 우리 자신을 인정하는 장이 바로 정치라고 보는 견해를 지닌 그런 시민 공화주의적 전통의 부활을 주장하는 것이다.

여기서 이 논쟁13에 합류할 생각은 없다. 나는 오늘날 민주주의의 확장에서 직면하고 있는 몇 가지 특정한 문제들을 성찰해 보려는 것이고 개인주의의 틀 속에서는 그 문제들을 해결할 수 없다는 지적을 하려는 것이다. 나와 보비오가 수렴하는 지점들을 지적하면서 시작해 보겠다. 대의 민주주의의 중요성을 강조한다는 것, 직접민주주의에 대한 가상을 포기할 필요성을 강조한다는 것, 완전히 투명한 사회에서나 존재할 만한 완전한 합의에 대한 가

---

12 같은 책, p. 43.
13 나는 이 책에 실린 여러 글에서 이 쟁점을 논하고 있다. 특히 이 책의 2장 "미국 자유주의와 그에 대한 공동체주의의 비판", 3장 "롤즈 : 정치 없는 정치철학", 4장 "민주주의적 시민권과 정치 공동체"을 각각 참조

상을 포기할 필요성을 강조한다는 것과 관련해, 나는 보비오가 전적으로 옳다고 생각한다. 하지만 현대 민주주의는 다원주의와 타협할 수밖에 없으며, 현대 국가에서 민주주의는 다원주의적으로 되는 것 외에 다른 대안이 없다고 보비오가 선언할 때, 더는 동의할 수 없다. 우리에게 이 다원주의를 적절한 방식으로 이론화할 여지를 주지 않는 개인주의는 정확히 여기서 걸림돌이 된다는 것이 내 생각이다. 대의 민주주의는 옹호되어야 하지만 그 결함도 인정해야 하며 그 해결을 위해 새로운 논증도 정식화해야 할 것이다. 칼 슈미트가 의회 민주주의에 대한 비판14에서 설득력 있게 보여 주었듯이, 고전적인 의회제 이론은 개입주의 국가가 발전하면서 완전히 낡은 것이 되었다. 실제로 보비오도 그런 판단에 동의하는 것으로 보인다. 그가 고전적인 대의제 이론을 비판하며, 구속적 위임에 대한 거부만큼 입헌적 규범을 위반한 것은 없었다고 인정할 때 말이다. 심지어 보비오는 대의제가 그렇게 될 수밖에 없었다고 인정하면서 이렇게 선언한다. "공평한 정치적 대의제보다도 [사적] 이익들의 대의제가 승리했다는 확증이—나는 이 승리가 결정적이라고까지 감히 말할 것이다—나온다. 이는 유럽 대부분의 민주 국가에서 규범이 되기 시작했는데, (기업가와 노동자를 각각 대표하는) 대립하는 이익집단들과 의회 사이의 관계 유형이다. 이 관계는 옳든 그르든 '네오 코포라티즘'neo-corporatism이라 불리는 새로운 유형의 사회 체계를 발생시켜 왔다."15

불행히도 보비오는 그 지점에서 문제를 미결 상태로 남겨 두며, 대의 민주주의를 위한 새로운 근거—이익 집단들이 수행하는 역할을 고려한—를

---

14 Carl Schmitt, *The Crisis of Parliamentary Democracy*, trans. E. Kennedy, Cambridge, Mass. and London, 1985.

15 Bobbio, *The Future of Democracy*, p. 30.

우리에게 제시하지 못한다. 직접민주주의는 더 나은 것이 아니라 더 못하다는 것이 보비오의 유일한 논증이다. 그러나 이는 전혀 만족스럽지 못하며 슈미트의 다음과 같은 단언에 아무 대답도 제시하지 않는다. "만일 개방성과 토론이 의회 업무의 현실적 환경 속에서 하나의 공허하고 진부한 형식이 된다면, 19세기에 발전한 의회는 이전의 토대와 의미 또한 상실한 셈이다."16

확실히 보비오는 민주주의 이론의 일정한 발전을 언급하는데, 그것은 민주주의 이론의 중심을 고전 민주주의 이론에서 강조했던 '참여'와 '주권' 대신, '통제'에 두었다. 실제로 절차적 민주주의 관점에 대한 보비오의 강조야말로 그가 고전 이론가들보다는 현실주의 이론가들의 진영에 있다는 증거라는 주장을 제기할 수도 있다. 문제는 보비오가 [직접민주주의와 대의 민주주의의] 두 전통이 갈등할 수도 있다는 것을 깨닫지 못하고 두 전통에서 나온 요소들을 조합할 때가 많다는 것이다. 보비오가 믿는 것처럼 슘페터와 밀을 아무 문제도 없이 결합할 수 있을까? 게다가, 두 전통 사이의 이미 독특한 혼합에 사회주의를 접합하면, 상황은 훨씬 더 복잡해진다. 또한 보비오는 어떤 분배적 정의 원칙의 필연성과 사회적 권리들을 인정할 필요를 강조하면서도 실제로 그 접합 조건들에 대해서는 별로 말하지 않는다.

나는 오늘날 자유민주주의가 직면한 문제들을 해결하고 사회주의적 과제들과 자유민주주의의 원칙들을 효율적으로 접합하려면, 개인주의의 틀이 포기되어야 한다는 견해를 제출한다. 나는 유기체적이고 전체주의적인 사회관의 복귀를 전제하는 것은 아니다. 그런 사회는 명백히 전근대적이며, 따라서 현대 민주주의에는 적절하지 않다. 다만, 나는 자유주의 이론에서 지배적인 개인주의적 관점이 그 견해의 유일한 대안이라고는 받아들이지 않는다.

---

16 Schmitt, p. 50.

사회에 선행하며 그와 독립적으로 존재하는 하나의 모나드, 다시 말해 '무연고적' 자아로서의 개인이 아니라, 오히려 사회관계의 다양성 속에 새겨진 '주체 위치들'의 한 집합으로 구성되는 하나의 자리로서의 개인, 다시 말해 수많은 공동체의 구성원이면서 다원적인 집단적 정체성 형성의 형식에 참여하는 존재로서의 개인이라는 이론의 정립이 필수적이다. 바로 이 때문에 '[사적] 이익들의 대의제'의 쟁점과 '권리들'의 쟁점은 모두 완전히 다른 방식으로 제기되어야 한다. 예를 들어 사회적 권리들의 관념은 특정 공동체에서 기인하는 '집단적 권리들'을 통해 이해할 필요가 있다. 바로 특정한 사회적 관계에 기입을 함으로써, 사회 외부에 있는 개인으로서가 아니라, 사회적 행위자는 권리를 부여받는다. 물론 이 권리들 가운데 몇 가지는 보편주의적인 성격을 지닐 수 있으며 정치 공동체의 모든 구성원에게 적용할 수 있지만, 다른 권리들은 오직 특정한 사회적 기입들에만 적용될 것이다.

여기서 문제는 특수주의를 편들어 보편주의를 기각하는 것이 아니라, 보편적인 것과 특수한 것 간에 새로운 유형의 접합이 필요하다는 것이다. 인권에 대한 추상적 보편주의가 특정 정체성들을 부정하는 데 사용될 수 있고, 특정 공동체들에 적용되는 집단 정체성들의 몇몇 형식을 억누르는 데 사용될 수도 있다. 보편적인 인간적 차원의 개인을 거부하고 순수한 특수주의만을 허용하는 견해—그것은 본질주의의 또 다른 형식에 불과하다—로 후퇴하지 말고, 서로 끊임없이 전복하는 다양한 정체성 형성과 집단적 정체성들의 교차를 통해 개인성이 구성되는 것으로 이해할 수 있어야 한다.

결사체 사회주의와 자유사회주의

일단 우리가 개인주의의 구속에서 벗어나면, 우리는 좀 더 유망한 방식으로 자유주의와 사회주의 사이의 접합을 구상할 수 있다. 그런 노력 속에서, 중요한 영감의 원천을 결사체 사회주의의 조류에서 발견할 수 있다. 그것은 19세기 동안 프랑스와 영국에서 번성했으며 1920년 초까지 지속되었는데, 말하자면 사회주의 역사의 제3의 전통이다. 폴 허스트Paul Hirst가 최근 시사한 바에 따르면 냉전 종식과 서구의 일정한 경제적 변화들로 말미암아 그 관념들을 적용할 수 있을 만한 조건이 창출되었다.17 허스트는 마이클 피오르 Michael Piore와 찰스 세이블Charles Sabel의 작업을 이용하여, 최근 여러 나라의 유연 전문화를 향한 움직임이 지역적 경제 규제 및 소규모에서 중간 규모의 회사들의 중요성을 증대시켜 왔다고 논증한다. 허스트의 말을 들어 보자. "탈중심화와 경제적 자치의 장려는 다음과 같은 형식의 산업 구조에 대한 최선의 전망을 제공하게 된다. 이런 산업 구조에서는 자본 공급자, 전문 경영, 노동 등 핵심적인 기여 이익들이 그 회사의 지속적인 제조업상의 성공 속에서 적극적 이익을 실현할 수 있는 것이다."18 허스트에 따르면 민주화와 탈중심화의 요구 때문에 결사체 사회주의는 타당하게 된다. 경제적 단위들이 자치적인 결사체들에 의해 협동적으로 소유되어야 한다는 것이 결사체 사회주의의 핵심 관념이기 때문이다.

허스트는 보비오와 마찬가지로 자유민주주의 가치들을 심화하는 것이 사회주의의 과제여야 한다고 생각하며, 또 이 목표의 실현에 입헌적 통치 및 법치와의 절연이 요구되는 것은 아니라고 생각한다. 또 허스트는 민주주의를 근본적으로 모든 형식의 독재 권력에 저항하는 하나의 투쟁으로 이해하

---

17 Paul Hirst, "From Statism to Pluralism", in B. Pimlott, A. Wright and T. Flower eds., *The Alternative*, London, 1990.
18 같은 글, p. 21.

며, 사회주의를 이런 투쟁의 한 특정 차원으로 이해한다. 허스트는 이렇게 선언한다. "만일 사회주의가 오늘날 어떤 타당성을 지닌다면, 그것은 사적 법인들에 대한 민주적 통치와 국가 행정의 민주화라는 두 연관된 문제를 제기하는 데 있다."[19] 그러나 허스트는 보비오와는 달리 어떤 형식이 그런 민주화를 채택할 수 있을지에 대한 구상을 도와줄 구체적 제안들을 제출하고자 한다.

허스트는 결사체 사회주의가 자유민주주의 원칙들을 존중하는 법인 자본주의에 대한 유일한 도전을 대변한다고 본다. 나는 그의 관념들이 매우 유용하다고 생각한다. 물론 본인도 인정하듯이, 그의 몇 가지 관념들이 지금은 분명히 진부하다는 것을 인정하는 한에서 결사체 사회주의 전통의 전유는 매우 선택적인 방식으로 이루어져야 할 것이다. 결사체 사회주의가 의사 결정의 대행자인 기획체들 및 단체들의 다원성과 자율성을 강조한다는 점에서 서구 다원주의 및 자유주의의 전통을 향상시키는 하나의 수단임에는 분명하다.

다원주의는 바로 현대 민주주의의 핵심에 위치한다. [그렇기에] 우리가 더 민주적인 사회를 원한다면 이 다원주의를 증대시킬 필요가 있으며 결사체들과 공동체들이 민주적으로 운영될 수 있는 다양한 여지를 주어야 한다. 결사체 사회주의는 작은 단위의 사회적 삶을 조직하도록 장려하며 위계와 행정 집중화에 도전한다. 그래서 허스트는 결사체 사회주의가 어떤 식으로 우리에게 법인과 공공 기관의 민주화에 중요한 모델을 제공할 수 있는지를 보여 준다. "교육·건강·복리·지역 봉사는 협동적이거나 사회적으로 소유되고 민주적으로 운영되는 단체들이 제공할 수 있다. 결사체 사회주의는 이 단체들이 자신의 고유한 과제를 설정할 수 있게 해 준다. 따라서 결사체 사회주의는 별개의 가

---

19 Paul Hirst, "Associational Socialism in a Pluralist State", *Journal of Law and Society*, vol. 15, no. 1, Spring, 1988, p. 141.

치들이나 조직된 이익들이 존재하는 다원주의 사회와 양립할 수 있다. 실제로 결사체 사회주의는 그 구성원들에게 건강과 복지 서비스를 제공하는, 이를테면 가톨릭 교회와 게이 공동체를 관용할 수 있으며 환대해야 할 것이다."[20]

분명히 다원주의는 법적인 질서와 공공 권력을 요구하기 때문에 결코 전체주의적일 수 없다. G. D. 콜G. D. Cole과 초기 헤럴드 라스키Harold Laski 등, 칼 슈미트가 비판하는 특정 다원주의자들의 견해들과는 반대로, 국가는 결코 단순히 다른 결사체들 가운데 한 결사체가 될 수는 없다. 국가는 제일성primacy을 지녀야 하는 것이다.[21] 하나의 결사체 사회에는 하나의 국가가 필요하다. [따라서] 논쟁되어야 할 중요한 질문은 이 다원주의 국가가 채택해야 하는 형식과 관련된다. 허스트는 이렇게 쓰고 있다. "다원주의 국가는 결사체들에 대한 지원과 감독을 자신의 존재 이유로 정의한다. 다원주의 국가의 법적 과업은 결사체들 사이의 공평성을 보장하고 결사체들의 행동에 대해 치안을 유지하는 것이다. 다원주의 국가는 개인과 결사체 모두를 실제 인격체로 다루며, 개인들이 다른 개인들과 결사체를 형성함으로써만 개인성을 찾을 수 있고 자기 자신을 발휘할 수 있다는 것을 인정하며, 개인과 결사체 양자의 권리를 보호해야 한다는 것을 인정한다."[22]

이 마지막 지점은 특히 중요하며, 따라서 좀 더 정교해져야 한다. 이 지점은 민주주의 이론에 대한 성찰의 핵심 지점을 가리킨다는 것이 내 생각이다. 결사체 사회주의는 독재 권력의 두 주요 형식, 즉 거대화된 법인과 중앙 집중화된 거대 정부가 만들어 내는 민주주의의 장애물을 극복하는 방식을 통

---

20 같은 글, p. 142.
21 슈미트의 비판에 대해서는 *The Concept of the Political*, New Brunswick, 1976을 참조.
22 Hirst, "Associational Socialism in a Pluralist State", p. 145.

찰할 수 있게 해 주며, 현대사회의 다원주의를 어떤 식으로 진전시킬 것인가를 보여 줄 수 있다. 또 결사체 사회주의는 자유주의 전통을 지배해 왔던 보편적이고 개인주의적인 사유 양식들과 절연할 필요성을 지적한다. 오늘날 오로지 개체적 단위*uti singuli*로서의 개인들에 의해 권력이 통제되는 민주주의를 생각하는 것은 전적으로 비현실적이다. 허스트가 지적하듯이 "일국적 수준에서 민주주의의 미래가 개인 유권자들의 선택보다는 주요 사회적 이익들을 대변하는 조직들의 효율적 대의제에 더 근거한다면,"23 민주화의 핵심 쟁점은 다음과 같게 된다. 적대적인 이익들이 어떤 식으로 통제되어야, 어떤 이익의 집중도 경제적이거나 정치적인 권력에 대한 독점을 행사하지 못하게 하고 의사 결정 과정을 지배하지 못하게 할 수 있는가? 서구 사회들이 민주적인 이유는 그들이 확보할 수 있었던 이익들의 다원주의와 그것들 간에 존재하는 경쟁 때문이다. 만약 선거가 정부—일단 선출되고 나면 시민들의 요구에 반응하지 않는—를 정당화하는 메커니즘일 뿐이라면, 선거가 그 자체로 민주주의를 보장하는 것은 아니다. 기술 지배와 관료 지배의 성장으로 대변되는 독재의 경향에 효율적으로 저항하려면 실제적 의사 결정 능력을 갖춘 결사체들의 다양성과 권력 중심들의 다원성이 요구되는 것이다.

이 후자의 지점에서 결사체 사회주의 전통은 자유민주주의를 구성하는 다원주의의 심화에 이바지할 수 있다. 하지만 이를 위해서는 개인의 권리와 이익이 개인의 공동체 내의 기입에 선행하며 그와 독립적으로 존재할 수 있을 것이라는 원자론적이고 자유주의적인 개인관을 거부해야 한다. 이 전망은 자유주의의 본래적인 부분이라고 간주될 때가 많지만, 사실은 개인주의

---

23 Paul Hirst, "Representative Democracy and its Limits", *The Political Quarterly*, vol 59, no.2, April-June, 1988, p. 202.

와 정치적 자유주의 간에 역사적으로 설립된 접합의 특정 유형일 뿐이다. 현대 민주주의의 출현에서 이 접합은 분명히 중요한 역할을 해 왔지만, 민주주의의 심화에는 장애가 되었다. 오늘날, 개인주의적인 틀로는 민주주의 혁명을 사회관계들 전체로 확장할 수 없다. 사회관계의 특정성은 한 개인을 구성해 주는 정체성들과 주체 위치들의 다양성을 인정해야만 파악할 수 있다.

결국, 사회주의 사상의 전통이 여전히 어떤 중요한 역할을 할 수 있다면, 그것이 개인주의를 문제 삼으며 개인성에 대한 새로운 접근을 다음과 같이 정식화하기 때문이다. 그 접근은 개인을 하나의 유기적 전체의 단순한 구성요소로 환원하지 않고서 개인의 사회적 본성을 복원해 낸다. 만일 내 믿음대로 우리의 가장 절박한 과제 가운데 하나가 개인에 대한 비개인주의적 관점을 정교화하는 것이며, 그렇게 해서 보편적인 것과 특수한 것 간에 새로운 관계 유형이 가능해지려면, 정치적 자유주의가 보편주의와 개인주의라는 장애물에서 벗어나야 한다. 사회주의 전통은 이 과제에 유용한 통찰들을 제공할 수 있다. 이 때문에 나는 사회주의와 정치적 자유주의 간의 접합이 자유민주주의가 이루어 낸 다원주의적 진전들을 풍부하게 하고 심화할 수 있다고 생각하며 급진적이고 다원적인 민주주의 발전에 요구되는 틀을 제도화하는 데 도움을 줄 수 있다고 생각한다. 민주주의적 투쟁들의 다양성에 민감한 자유사회주의가 힘써야 하는 것이 바로 이것이다.

제7장

자유주의와 민주주의의 접합에 대하여

C. B. 맥퍼슨은 1964년 "탈자유주의적 민주주의란?"Post-Liberal-Democracy?에서, 인간의 자기실현이라는 자유주의의 윤리적 원칙과 자본주의 시장경제 간에 설립되었던 연결을 절단할 민주주의 이론을 정교하게 할 필요가 있다고 주장했다. 맥퍼슨은 다음과 같이 썼다. "50년 전 세계는 대부분 서구식 자유민주주의적 자본주의 사회를 유지했다. 이 경제는 승리를 구가했고, 그 이론도 마찬가지였다. [그러내 그때부터, 세계의 3분의 2는 자유민주주의적 시장 사회를 실천과 이론의 측면 모두에서 거부해 왔다."1 애석하게도 25년 후, 바람은 반대 방향으로 부는 것처럼 보인다. 라틴 아메리카에서 동부 유럽까지, 시장은 점점 더 성공적인 민주화의 필수 조건으로 제시되고 있으며 '탈공산주의적 민주주의'를 창출하려는 투쟁들의 핵심 상징이 되어 왔다.

이는 물론, 맥퍼슨이 '자유민주주의적 사회주의'라고 불렀던 것을 발전시

---

1 C. B. Macpherson, *Democratic Theory: Essays in Retrieval*, Oxford, 1973, p. 183.

키자고 주장한 것이 잘못이라는 뜻은 아니다. 나는 오늘날 그런 이론이 더 많이 요구된다고 생각한다. 좌파 자유주의자와 포스트마르크스주의자 사이에 이루어지고 있는 건설적인 대화와 더불어 새로운 정치적 지형이 시작되고 있음을 목격하고 있는 이 순간에, 맥퍼슨은 분명히 하나의 중요한 준거점이다. 오늘날 민주주의 혁명의 확장과 심화를 목표로 하는 많은 좌파 세력들이 자유민주주의의 윤리적 가치들이 급진적 자유민주주의를 위한 투쟁에 상징적 자원을 제공한다는 맥퍼슨의 테제를 수용하고 있다. 실제로 자유민주주의 이상의 근본적 잠재력에 대한 맥퍼슨의 믿음은 사회주의를 급진적이고 다원적인 민주주의를 통해 다시 정의하려는 우리가 공유하는 바다.

하지만 맥퍼슨의 접근에는 문제가 있다. 나는 그의 입장을 동료 자유민주주의적 사회주의자인 노르베르토 보비오의 입장과 대조하면서, 몇 가지 문제를 제기할 것이다. 보비오와 맥퍼슨은 자유민주주의 전통을 더 급진적 방향으로 확장하려 한다는 점에서는 방향을 공유한다. 그들은 민주적 통제의 범위를 확대하면서도 자유주의 원칙을 옹호하려 하며, 자유민주주의와 양립 가능한 사회주의를 어떻게 성취할 것인가가 좌파의 핵심 문제라고 생각한다. 그러나 그런 그들이 자유민주주의적 사회주의를 가시화하는 방식에는 중요한 차이가 있다. 보비오는 더 높은 정도의 참여가 요구된다는 것에는 동의하지만, 그의 모델이 참여 민주주의에 속하는 것은 아니며, 직접민주주의를 맥퍼슨 정도로 강조하지는 않는다. 나아가 보비오는 결핍이 언젠가 극복될 수 있을 것으로 믿거나 우리가 자유주의의 개인주의적 전제들을 넘어설 수 있을 것이라고 믿지 않는다. 사회적 권리들이 현대 민주주의 정체에 필요한 평등의 기초를 제공하는 롤즈의 '사회계약'과 마찬가지로, 보비오의 해결책은 자유주의의 개인주의적 전제들을 분배적 정의의 통념과 결합하는 데 있다.[2] 맥퍼슨은 자유민주주의의 이상과 그 윤리적 원칙은 옹호하지만, 그 제도에 대해서는 매우 비판적이다. 보비오는 자유주의적 제도들을 옹호하는 입장이며 더 많은 평등과 더 큰 민주적 책임성을 위해 그 제도들을 개정할 것을 겨냥한다. 언뜻 보아 두 입장의 차이는 민주사회주의와 사회민주주의라는 유럽 공산주의 형식 사이의 고전적 차이로 나타난다. 그러나 개혁과 혁명의 이분법이 일단 포기되면 우리는 그런 구별이 그리 유용하지 않다는 것을 점차 인식하게 된다. 만일 자유민주주의 틀에서의 참여를 진지하게 채택하고 나면, 민주화에 대한 서로 다른 전략들만이 있을 수 있고 이 전략들은 민주화의 과제에 따라 판단되어야 할 것이다. 이런 관점에서 보면 보비오는 맥퍼슨보다 급진적으로 보인다. 맥퍼슨은 '신사회운동'의 요구들을 폄하하며 경제적 계급 관계들만을 지나치게 강조한다. 그렇기에 맥퍼슨은 자기 개발의 평등한 권리들이라는 자유주의 원칙을 실현하려면 지배 관계들에 어느 정도의 도전이 요구되는지를 확정해 줄 범위를 제대로 파악하지 못한다. 그와 반대로 보비오는 민주화 과정이 정치적 관계의 영역으로부터, 성·가족·직장·이웃·학교 등 모든 사회적 관계들을 포괄하도록 확장되어야 한다는 것을 인정한다. 따라서 보비오에게 문제는 국가의 민주화를 사회의 민주화와 조합하는 것이다. 보비오의 진술을 살펴보자. "오늘날 민주적 진보에 어떤 지표가 필요하다면, 그 지표는 유권자들의 수가 아니라 투표권이 행사되는 정치의 바깥에 있는 맥락들의 수다. 간명하지만 효율적인 방식을 말해 보자면, 주어진 한 나라에서 성취된 민주화의 상태를 판단하는 기준은 '누가' 투표하는가가 더는 아니며 그 사람들이 '어디에' 투표할 수 있는가이어야 한다."[3]

나는 민주화 과정이 대의 민주주의로부터 직접민주주의로의 이행에서만 이뤄진다고 배타적으로 이해하면 안 된다는 보비오의 입장은 옳다고 믿지

2 Noberto Bobbio, *The Future of Democracy*, Oxford, 1987, pp. 131-137.
3 같은 책, p. 56.

만, 대의 민주주의를 특권화된 유형의 민주주의 제도로 제시하는 보비오의 입장은 잘못된 길로 빠진 것이라고 생각한다. 실례로 보비오는 이렇게 확언한다. "우리가 말할 수 있는 것은 요컨대 다음과 같다. 현대 민주주의가 발전하고 있는 방식을 새로운 유형의 민주주의 출현으로 이해해서는 안 되고, 대의 민주주의와 같은 매우 전통적인 형식의 민주주의가 새로운 공간들—그 공간들은 지금까지 위계적이거나 관료적인 조직에 의해 장악된 공간들이다—에 침투하고 있는 하나의 과정으로 이해해야 한다."[4] 나에게 이 생각은 분명히 불만족스럽다. 대의 민주주의 형식이 전적으로 부적절할 사회적 관계들이 많이 있기 때문에 민주주의 형식은 다원적이어야 하며 자유와 평등이라는 민주주의 원칙을 충족할 만한 유형의 사회관계로 개정되어야 한다. 대의 민주주의가 더 잘 들어맞는 경우가 있으며, 직접민주주의가 더 잘 들어맞는 경우가 있다. 그리고 우리는 민주주의의 새로운 형식을 상상해야 한다.

하지만 우리가 완전히 새로운 유형의 민주주의가 출현하리라는 기대를 해서는 안 되며 자유주의적 제도가 여기에 머물러 있어야 한다는 사실에 주의할 것을 우리에게 촉구한다는 점에서 보비오는 기본적으로 올바르다. 이런 관점에서 그 문제에 관한 맥퍼슨의 견해는 다소 애매한데, 보비오는 그에 대한 유용한 교정을 제시한다. 물론 맥퍼슨은 자유주의 정치제도들을 제거하자고 제안하는 것이 아니라, 그 제도들을 편법*pis aller*으로, 다시 말해 서구 사회에서 전통의 중요성과 현실적 환경들로 말미암아 관용해야 할 차선책으로 수용하는 것처럼 보일 때가 많다. 이 때문에 맥퍼슨은 『자유민주주의의 생애와 시대』*The Life and Times of Liberal Democracy*에서 자신의 참여 민주주의 '4B 모델'을 가장 현실적인 것으로 제시하는데, 그것은 피라미드적인 직접/간접 민

---

4 같은 책, p. 55.

주적 기구를 연속적인 정당 체계와 조합하는 모델이다.5 하지만 맥퍼슨은 피라미드적인 평의회 체계인 '4A 모델'을 부적격한 것으로 간주하지 않는다. 맥퍼슨에 따르면 모델 4A는 최선의 자유민주주의 전통일 것이다. 비록 [이 모델에서는] 자유주의적 정치제도의 틀이 사라질 것이 사실이라도 말이다. 내 생각에 이 견해는 참여 민주주의에 대한 매우 위험한 통념이다. 그것은 자유주의적 정치제도들이 현대 민주주의에 핵심적으로 중요하다는 사실을 고려하지 않는다.

자유주의의 윤리 원칙을 진지하게 채택한다는 것은 개인들이 자신의 삶을 원하는 대로 조직하고 자기 목표들을 선택하고 그 목표들을 스스로 최선이라고 생각하는 대로 실현할 가능성이 있어야만 한다고 주장하는 것이다. 달리 말해 다원주의가 현대 민주주의의 구성 요소라는 것에 대한 인정이다. 따라서 완전한 합의, 조화로운 집단 의지의 관념은 포기되어야 하며 갈등과 적대의 영속성이 수용되어야 한다. 동질성을 성취할 가능성을 일단 기각하면, 자유주의 제도들의 필요성은 명백해진다. 자유주의 제도들은 많은 참여 민주주의자의 믿음처럼 자본주의 사회의 계급 분열에 대한 단순한 은폐이기는커녕, 다수의 독재 혹은 전체주의적 정당/국가의 지배로부터 보호되어야 할 개인적 자유를 보장해 준다. 현대 민주주의에는 모든 합리적 인격체들이 합의할 수 있을 만한 실체적인 좋은 삶의 관념이 더는 존재하지 않는다. [오히려 기본적인 자유주의 제도들—교회Church와 국가State의 분리, 권력 분립, 국가권력의 제한—이 그 보장을 도와주는 다원주의가 존재하는 것이다. 클로드 르포르가 "확실성 표지의 해소"6라고 부르는 특징을 지니는 현대 민주주의

---

5 C. B. Macpherson, *The Life and Times of Liberal Democracy*, Oxford, 1977, p. 112.
6 Claude Lefort, *Democracy and Political Theory*, Oxford, 1988, p. 19.

의 조건들에서, 민주주의 혁명을 사회적 삶의 새로운 영역으로 확장하기 위한 필요조건은 자유주의 제도와 민주주의 절차의 상호 연결이다. 이 때문에 정치적 자유주의는 급진적이고 다원적인 민주주의 기획의 핵심 요소다. 사실 보비오가 옳바르다면, 그것은 현대 민주주의가 다원주의적 민주주의임이 분명하다고 단언한다는 점과,7 오로지 자유민주주의적인 틀 내에서만 사회주의의 목표가 제대로 성취될 수 있다는 인정을 우리에게 촉구한다는 점에서다.

우리는 단일한 일반의지로 통일된 동질적인 존재자로서의 '인민'을 더는 말할 수 없는 근대적 조건들 속에서 살고 있다. 그래서 나는 통치자와 피통치자가 동일하다는 민주주의 논리만으로는 인권에 대한 존중을 보장할 수 없으며, 민주주의가 다원주의와 반드시 타협해야 한다고 믿는다. 민주주의와 정치적 자유주의의 접합을 통해서만 인민 주권의 논리가 독재로 전락하는 것을 피할 수 있다. 우리는 자유민주주의에 대한 우파로부터의 비판을 검토함으로써 이 위험을 더 잘 이해할 수 있다. 이제부터 나는 의회 민주주의에 대한 칼 슈미트의 도전을 검토함으로써 다원주의에 대한 거부가 어디로 갈 수 있는지를 보여 주고자 한다.

의회 민주주의에 대한 칼 슈미트의 견해

슈미트는 적지만 매우 도발적인 테제들을 제시한 사람으로 잘 알려진 사람이다. 그중 하나는 자유주의는 민주주의를 부정하고 민주주의는 자유주의

---

7 Bobbio, *The Future of Democracy*, p. 59. 나는 여기서 만인에게 수용되어야 할 어떤 실체적 공동선 관점의 종말을 가리키려고 '다원주의'라는 용어를 사용하고 있는 것이지, '다원주의적 엘리트주의' 모델과 같이 미국 정치학에서 사용되는 방식으로 그 용어를 사용하고 있는 것은 아니다.

를 부정한다는 테제다. 슈미트는『의회 민주주의의 위기』*The Crisis of Parliamentary Democracy*(1926)의 두 번째 판본 서문에서, 자유주의와 민주주의가 서로 구별되어야 하며 일단 그 각각의 특징이 상술되고 나면, 현대 대중민주주의의 모순적인 본성은 분명해진다고 주장한다. 슈미트의 선언에 따르면 민주주의는 평등한 사람들을 평등하게 대우해야 한다는 원칙이다. 이는 불평등한 사람들은 평등하게 대우받지 못할 것임을 필연적으로 함축한다. 슈미트에 따르면 민주주의는 동질성을 필요로 하며, 이질성이 제거된 기반에서만 존재한다. 따라서 민주주의는 자신의 동질성을 위협했던 것을 항상 배제해 왔다. 슈미트는 모든 인격체가 인격체인 한에서 평등하다는 자유주의 관념은 민주주의에는 낯선 것이라고 생각한다. 다시 말해 그것은 개인주의적이고 인간주의적인 윤리지 정치적 조직화를 가능하게 하는 형식은 아니다. 슈미트에 따르면 절대적 인간 평등, 즉 불평등이라는 필수적 상관물이 없는 평등은 그 가치와 실체를 강탈당한 것이어서 아무 의미 없는 평등이기에, 인류의 민주주의라는 관념은 생각할 수 없는 것이다.[8] 오직 동질성이 존재하는 경우에만 평등한 권리들이 의미 있기 때문에, 우리는 주어진 평등한 사람들의 테두리 내에서만 보편적이고 평등한 투표권을 이해할 수 있다. 이 때문에 보편적인 인간 평등이 확립된 서로 다른 현대 민주주의 국가에서, 평등한 권리들은 실제로는 항상 국가에 소속되지 않았던 사람들에 대한 배제를 의미했다.

슈미트는 현대 대중민주주의가 절대적 인간 평등이라는 자유주의 윤리와 통치자와 피통치자의 동일성이라는 민주주의의 정치적 형식 간의 혼동에 근거한다고 결론을 내린다. 따라서 슈미트에 따르면 현대 대중민주주의의 위기는 다음과 같은 사실에서 유래한다. "[위기의 기원은 도덕적 파토스를 짊

---

8 Carl Schmitt, *The crisis of Parliamentary Democracy*, Cambridge, Mass., 1985, pp. 11-12.

어진 자유주의적 개인주의와 본질적으로 정치적 이상이 지배하는 민주주의적 정서 사이의 모순이다. 왕권 전제주의에 반대하는 100년 동안의 역사적 동맹과 공동 투쟁으로 말미암아 이 모순을 잘 깨닫지 못했다. 그러나 그 위기는 오늘날 훨씬 더 두드러지게 나타나고 있으며, 어떤 사해동포적 수사도 그 위기를 막거나 제거하지 못한다. 그것은 본질적으로 자유주의적 개인주의와 민주주의적 동질성 간의 피할 수 없는 모순이다."[9]

슈미트가 의회 민주주의에서 본 문제는 이것만이 아니다. 슈미트는 또한 대의 민주주의가 두 가지 완전히 이질적인 정치적 원칙들—그중 하나는 민주적 통치 형식에 고유한 동일성 원칙이고 다른 하나는 군주제에 고유한 대의제 원칙이다—간의 연합에 불과하다고 비판한다. 이 혼합 체계는 자유주의 부르주아가 정반대인 두 가지 통치 원칙을 조합하는 방식으로 절대 군주제와 프롤레타리아적 민주주의 사이에서 가까스로 설립한 타협의 결과다. 슈미트의 주장에 따르면, 대의제적 요소는 이런 민주주의의 비민주적 측면들을 구성하며, 의회가 정치적 통일의 대표성을 제공하는 한 민주주의와 대립된다는 것이다. "민주주의로서, 현대 대중민주주의는 통치자와 피통치자의 동일성을 실현하고자 하며, 따라서 터무니없이 시대에 뒤떨어진 제도인 의회제와 대면한다. 민주주의적 동일성을 진지하게 채택하면, 인민의 의지라는 유일한 기준을 거역할 수 있는 헌정 제도는 있을 수 없다."[10]

슈미트는 19세기에 설립된 자유주의의 의회제적 관념들과 민주주의 관념들 사이의 비자연적 동맹이 위기의 순간에 도달했다고 생각한다. 현대 대중민주주의의 환경에서는 의회제를 정당화했던 원칙들이 더는 설득력이 없

---

9 같은 책, p. 17.
10 같은 책, p. 15.

기에, 의회제는 자신의 근거를 상실했다. 슈미트에 따르면, 자유주의적 의회제의 본질은 논증과 반대 논증에 대한 공적인 심의이며 공적인 논쟁과 공적인 토론이다. 진리는 이런 토론 과정을 통해 도달할 수 있다는 것이다. 슈미트에 따르면, 이는 전형적인 합리주의적 관념으로, 일관되고 포괄적인 하나의 형이상학적 체계로 이해된 자유주의의 맥락 내에서만 파악될 수 있다. 슈미트의 주장을 살펴보자. "평소 사람들은 경제적 추론 노선에 따라서만 토론하기 때문에, 사회적 조화와 부의 최대화가 개인들 사이의 자유로운 경제적 경쟁, 계약의 자유, 무역의 자유, 자유로운 기업에서 나온다고 생각한다. 그러나 이 모든 것은 일반적인 자유주의 원칙을 적용한 것에 불과하다. 그것은 의견들 사이의 비강제적 충돌을 통해 진리가 발견될 수 있으며 경쟁이 조화를 낳을 것이라는 생각과 정확히 같다."[11]

슈미트에 따르면, 다음과 같은 일이 일어났다. 자유주의적 의회제 질서는 종교·도덕성·경제와 같은 일련의 중요한 분열적 쟁점들을 사적인 영역으로 제한하는 데 근거해 있었다. 이는 민주주의 작동의 필요조건인 동질성의 창출을 위해 요구되었던 것이다. 그런 방식으로 의회는 개인들이 서로 갈등하는 이익들과 분리된 상태에서 토론하고, 하나의 합리적 합의에도 도달할 수 있는 장으로 나타날 수 있을 것이다. 하지만 현대 대중민주주의 발전 과정에서 '전체 국가'total state가 등장하여, 권리의 확장을 위한 민주주의의 압력들의 결과 [국가개 사회의 점점 더 넓은 분야들에 개입하게 되었다. 그에 따라 이전 국면의 특징인 '탈정치화' 현상은 역전되었고 정치는 모든 영역에 침입하기 시작했다. 핵심 쟁점들에 관한 많은 결정이 서로 다른 절차들을 통해 이뤄지기 시작했다는 점에서 의회는 그 중요성을 점점 더 상실했을 뿐만 아니

---

11 같은 책, p. 35.

라, 적대적 이익들이 서로 대치하는 각축장이 되었다. 슈미트에게 이것은 자유주의 국가와 민주주의 모두의 종말을 표시했다. 슈미트는 이런 조건들로 말미암아, 개방성과 토론이 의회주의를 정당화하는 두 원칙이라는 견해는 신뢰성을 완전히 상실했으며, 의회주의의 지적 토대는 사라졌다고 주장한다. "오늘날 오래된 자유주의적 자유, 특히 언론과 출판의 자유를 포기하려는 사람은 확실히 많지 않다. 하지만 유럽 대륙에서, 이런 자유들이 여전히 존재하며 그것들이 권력을 실제로 보유하고 있는 사람을 현실적으로 위험에 빠트릴 수 있다고 생각하는 사람들은 더 적다. 그리고 정의로운 법과 올바른 정치가 신문 기사, 시위에서의 연설, 그리고 의회 논쟁을 통해 성취될 수 있다고 믿는 사람은 [더더욱 적에] 극소수이다. 그러나 그것도 단지 의회 내에서의 믿음일 뿐이다. 만일 개방성과 토론이 의회 업무의 현실적 환경 속에서 하나의 공허하고 진부한 형식이 된다면, 19세기에 발전한 의회는 이전의 토대와 의미 또한 상실한 셈이다."12

물론, 슈미트가 이런 문구들을 집필하고 있던 시기는 1923년이고, 그 분석은 특히 바이마르 공화국의 상황을 가리키는 것이지만, 오늘날도 여전히 관련된다. 최근 자유민주주의가 붕괴 위기에 처한 것은 분명히 아니다. 하지만 최근 몇 십 년 동안 정당성의 위기에 관한 막대한 문헌과 정치에 대한 상당한 불만이 등장하는 것을 보면, 슈미트가 제기한 문제들은 아직 어떤 해결책을 찾지 못했다고 할 수 있다.

분명히 자유주의 정치 이론에 많은 변화가 있었다. 의회 민주주의를 윤리적이고 철학적으로 정당화하려는 일체의 시도는 맥퍼슨이 민주주의의 '균형' 모델이라 불렀던 것에 대한 선호와 함께 포기되었다. 맥퍼슨은 그 모델이 어

---

12 같은 책, p. 50.

떤 윤리적 구성 요소라도 지니는 양 자처하지 않는다는 것, 그리고 시민을 단순히 정치적 소비자들로 다룬다는 것을 보여 준다. 그 주요한 교의는 다음 과 같다. "첫째, 민주주의는 단지 정부를 선택하고 권위를 부여하는 메커니 즘이지 일종의 사회나 일련의 도덕적 목표가 아니다. 둘째, 그 메커니즘은 정 당들의 옷을 입은 둘 또는 그 이상의 일련의 정치인들(엘리트들) 사이에서 다 음 선거 때까지 통치할 자격을 부여하는 득표를 위한 경쟁으로 구성된다."13 오늘날 많은 사람은 민주적 과정 내에 관심과 참여가 결여되어 있음을 이 '다 원주의적 엘리트주의'의 민주주의 관점이 잘 보여 준다고 생각하며, 밀이나 맥키버R. MacIver나 듀이와 같은 자유주의자들의 정치 이론에 나타났던 윤리 적 호소력을 우리가 회복할 필요가 있다고 생각한다. 이것은 매우 중요하며, 나는 나중에 이 지점으로 되돌아갈 것이다. 그때를 위해 지금은, 그것을 회 복하려면 우리가 의회 민주주의에 대한 슈미트의 비판을 수용해야 한다는 사실만 지적하고 싶다. 자유민주주의에서 연이은 변형이 일어남에도 불구하 고, 이 비판은 무관해지기는커녕 이전과 마찬가지로 여전히 타당하며, 슈미 트가 기술하고 있던 현상들은 많은 경우 그 강도가 더 증가해 왔다. 실례로 '보이지 않는 권력'의 위험에 대한 최근 보비오의 여러 선취는 슈미트의 예언 들을 확증한다. 보비오는 비밀 권력arcana imperi의 재출현과 비밀리에 작동하 는 역할이 증가하는 현상을 규탄했는데, 그는 이것을 "시민들 편에서 가시적 권력의 선호라는 민주주의의 이상을 고취했던 조류와는 완전히 결별하고, 반대로 권력자들 편에 서서 신민들에 대한 최대한의 통제를 지향하는 조류" 로 본다.14 이 현상들에 대한 보비오와 슈미트의 평가는 서로 다르지만, 그런

---

13 Macpherson, *Life and Times of Liberal Democracy*, p. 78.
14 Bobbio, *Future of Democracy*, p. 97.

172 정치적인 것의 귀환

식으로 창출된 그 문제가 의회 체계의 정당성을 침식할 수 있다는 것은 둘 다 인정한다.

자유주의와 정치적인 것

나는 자유민주주의에 대한 슈미트의 거부를 따르지 않아도 의회 민주주의에 대한 그의 비판에서 많은 것을 배울 수 있다고 생각한다. 우리의 바람이 적절한 자유민주주의 정치철학을 발전시키는 것이라면, 슈미트는 치료해야 할 자유주의의 단점들을 깨달을 수 있게 해 준다. 또한, 슈미트를 비판적인 방식으로 읽으면, 자유주의와 민주주의를 접합하는 것의 핵심적 중요성과 자유주의적 다원주의를 포기하려는 시도 속에 함축된 위험을 우리가 이해하는 데 도움을 줄 수 있다.

실제로 슈미트의 주요 과녁은 민주주의가 아니라 자유주의이며, 자유주의적 다원주의와 첨예하게 대립한다. 슈미트에게 자유주의의 지적 핵심은 "자유주의와 진리 사이의 특정한 관계"인데, "[여기서] 진리는 의견들 간의 영원한 경쟁의 단순 함수다." [15] 슈미트로서는 절대 용인할 수 없는 생각이다. 마찬가지로 그는 의견들이 개방적이라는 자유주의적 믿음과, 법이란 진리 *veritas*이지 권위*autoritas*가 아니라는 자유주의적 전망을 절대로 용인하지 못한다. 슈미트는 민주주의 그 자체를 반대하지 않는다. 슈미트는 민주주의가 권위주의 체제와 완전히 양립할 수 있다고 생각한다. 예를 들어 슈미트는 "볼셰비즘과 파시즘은 모든 독재처럼 확실히 반자유주의적이지만 반드시 반민

---

15 Schmitt, *Crisis of Parliamentary Democracy*, p. 97.

주적인 것은 아니다"16라고 진술한다. 또 그는 의회 민주주의를 국민투표제적 민주주의로 대체하자고 주장한다. 슈미트에 따르면 국민투표제적 민주주의는 민주적 정체성의 이상적 모델에 더 가까운 유형의 체제이며, 대중민주주의 내에 좀 더 권위 있는 공적 영역의 재확립은 거수 형식의 민주적 국민투표 절차에 의해 가능하리라고 확언한다.17

핵심 쟁점은 현대 민주주의 자체의 본성과 관계된다. 슈미트는 신학정치적인 모델이 붕괴하면서 새로운 형식의 사회가 출현했다는 생각을 받아들이려 하지 않는다. 그는 실체적 공동선의 실종과 단일한 동질적 집단 의지의 불가능성을 조건으로 하는 근대적 상황에서, 통치자와 피통치자가 동일시되었던 고대의 모델로는 민주주의를 이해할 수 없다는 사실을 인정하려 하지 않는다. 민주주의는 대의제적인 유형에만 속하는 것이 아니라 개인적 권리의 보호를 보장할 수 있는 제도들도 필요로 한다. 슈미트는 자유주의적 정치제도들 내에 있는 가치를 전혀 보지 못한다. 그것은 [한편으로] 슈미트가 민주주의 혁명의 효과들에 대한 깊은 적대심을 가지고 있다는 사실에 기인하며, [다른 한편으로] 클로드 르포르가 보여 주었듯이 오늘날의 권력이 "텅 빈 장소의 이미지와 연결되어 있어 장악이 불가능하며 공적인 권위를 행사하는 사람들이 그 권력을 전유하고 있다고 주장할 수 없다"18라는 사실에서 기인한다. 자유주의적 다원주의에 대한 이런 식의 거부와 자유주의적 다원주의에 수반되는 정치제도들에 대한 거부는 매우 위험한 결론에 이를 수 있으며 전체주의로 가는 문을 열어 줄 수 있다. 슈미트의 경우, 이는 증명할 필요도 없

---

16 같은 책, p. 35.
17 같은 책, p. 16.
18 Claude Lefort, *The Political Forms of Modern Society*, Oxford, 1986, p, 279.

다. 나는 여기서 1933년 나치와의 결합 이전에 그의 작업이 이미 자신의 이데올로기에 의해 이미 오염되었다고 논증하는 것이 아니다. 슈미트가 그렇지 않았다는 것은 분명한 사실이며 히틀러가 합법적으로 권력을 잡아 나가는 것을 막으려고 온 힘을 다했다는 것도 명백하다. 하지만 슈미트는 민주주의에 대한 자신의 반자유주의적 관점으로 말미암아 나중에 나치의 통치를 수용할 수밖에 없었다. 나는 자유주의적 다원주의에 대한 거부가 어떤 결과를 낳는지 좌파 진영의 사람들—그들은 민주적 동질성을 철저히 성취할 것을 목표로 삼으며 자유주의는 이런 이상을 실현하는 데 단지 장애물일 뿐이라고 본다—이 이해해야 한다고 생각한다.

자유주의와 민주주의 간에 피할 수 없는 모순이 존재한다는 슈미트의 테제를 우리가 꼭 받아들여야 하는 것은 아니다. 슈미트는 자유와 평등이라는 현대 민주주의를 구성하는 주요 두 원칙 사이에서 현대 민주주의의 특정성을 파악하기에는 무능력했기에 그것을 모순으로 인식할 수밖에 없었을 뿐이다. 자유주의와 민주주의가 결코 완전하게 화해할 수는 없지만, 나는 이런 측면이 정확히 자유민주주의의 주요 가치라고 생각한다. 이 체제를 근대 민주주의 정치와 잘 어울리게 하는 것이 바로 이 비성취성·불완전성·개방성의 측면이다. 불행히도 이 측면에 대한 제대로 된 이론 작업은 없었으며, 자유민주주의는 이 측면을 적절히 정당화할 원칙들을 제시할 수 있는 정치철학을 결여하고 있다. 하지만 그런 원칙들이 매우 불만족스러우며 재정식화가 필요하다고 주장하는 점에서 슈미트는 분명히 올바르다.

슈미트 자신은 자유주의와 민주주의 사이의 기본적 모순으로 말미암아 그런 재정식화는 실패할 운명이라고 믿지만, 슈미트가 재정식화의 과제에 아주 유용할 수 있다는 사실은 매우 얄궂은 일이다. 슈미트는 자유주의적 합리주의와 보편주의에 대해, 아울러 그 사상들이 정치적인 것에 대한 이해를 전적으로 결여한다는 사실에 대해 비타협적으로 비판하는데, 이 비판이 시사하는 바는 매우 크며 우리가 자유민주주의에 필요한 철학을 제공하고자 한다면 그 비판을 고려해야만 한다.

슈미트는 『정치적인 것의 개념』 The Concept of the Political에서 순수하고 엄격한 자유주의의 원칙에서는 특정하게 정치적인 관점이 나올 수 없다고 주장한다. 모든 일관된 개인주의라면 개인이 시작점이자 끝점으로 남아 있기를 요구하기 때문에 정치적인 것을 부정해야 한다. 결론적으로 "자유주의 정책은 개인적 자유를 제한하는 국가나 교회나 여타의 제도들에 반대하는 하나의 논박적 안티테제의 형식으로 존재한다. 무역과 교회와 교육에 대한 자유주의 정책은 존재하지만, 자유주의 정치란 절대 존재하지 않으며 단지 정치에 대한 자유주의적 비판만이 존재한다. 체계적인 자유주의 이론은 대체로 국가권력에 반대하는 내적인 투쟁에만 관계된다."[19] 자유주의적 개인주의는 집단 정체성들의 형성을 이해할 수 없으며 구성적인 것으로서 사회적 삶의 집단적인 측면을 파악할 수 없다. 슈미트에 따르면 자유주의 개념들이 윤리학과 경제학 사이에서 움직이고 윤리학과 경제학이 모두 개인주의 용어들로 이해될 수 있는 것도 그 때문이다. 하지만 자유주의 사상은 국가와 정치를 회피하며, "권력과 억압을 자신의 영역으로 하는 정치적인 것을 무력화하고 자"[20] 한다. 슈미트에게 정치적인 것은 친구 및 적의 관계와 관련되며, '그들'과 대립하는 '우리'의 창출과 관련된다. 정치적인 것은 자유로운 토론 지대가 아니라 '결정' 지대다. 여기서 주요 문제는 갈등과 적대며, 이것들은 합리적 합의의 한계들, 즉 각각의 모든 합의가 필연적으로 배제 행위에 근거한다는 사실을 정확히 보여 준다.

---

19 Carl Schmitt, *The Concept of the Political*, New Brunswick, 1976, p. 70.
20 같은 책, p. 71.

일반 이익이 사적 이익들의 자유로운 행사에서 나오며 어떤 보편적인 합리적 합의가 자유 토론에서 나올 수 있을 것이라는 자유주의의 관념으로 말미암아, 자유주의는 정치적인 것의 현상에 무지하다. 슈미트에 따르면 정치적인 것은 "항상 존재하는 친구와 적의 배치 가능성의 맥락에서만 이해될 수 있다. 그것은 이 가능성이 도덕과 미학과 경제학에 대해 함축하는 측면들과는 무관하다."[21] 분열적인 쟁점들을 사적 영역으로 제한하면 절차적 규칙들에 대한 동의만으로도 사회에서 이익들의 다원성을 충분히 규제할 수 있다고 자유주의는 믿고 있다. 그러나 정치적인 것을 폐기하려는 이런 자유주의적 시도는 실패하기 마련이다. 정치적인 것은 결코 순화되거나 근절될 수 없다. 슈미트의 지적처럼, 정치적인 것은 자기 에너지를 가장 변화무쌍한 인간적 노력에서 끌어낼 수 있기에 말이다. "각각의 모든 도덕적이거나 경제적이거나 윤리적이거나 여타의 다른 안티테제는, 친구와 적에 따라 사람들을 효율적으로 배치할 수 있을 정도로 충분히 강력하다면 정치적인 것으로 변형된다."[22]

나는 정치적인 것과 관련해 자유주의적 개인주의의 결함들을 지적한 점에서 슈미트가 옳다고 믿는다. 자유민주주의가 오늘날 직면하고 있는 많은 문제는 정치가 하나의 도구적 활동으로, 사적인 이익들을 이기적으로 추구하는 것으로 제한되었다는 사실에서 연유한다. 민주주의를 단순히 일련의 중립적 절차들로 제한하는 것, 시민들을 정치적인 소비자들로 변형하는 것, 자유주의가 국가의 '중립성'이라는 전제를 고집하는 것, 이것들은 정치의 모든 실체성을 비워 버린다. 정치는 경제로 환원되었고 모든 윤리적 구성 요소

---

21 같은 책, p. 35.
22 같은 책, p. 37.

들을 박탈당했다. 물론 이것은 부분적으로는 교회와 국가의 분리, 공과 사의 구별이라는 어떤 긍정적인 현상의 결과였다. 하지만 도덕이라는 사적 영역과 정치라는 공적 영역의 분리가 자유주의를 위한 하나의 위대한 승리였다면, 그것은 모든 규범적인 측면을 개인적 도덕성의 영역으로 추방하는 결과도 낳았다. 그에 따라 개인적 자유가 실제로 증가했고, 또한 이로 말미암아 도구주의적 정치관은 이후에 정치철학의 자격을 점진적으로 박탈했으며, 정치 과학의 성장과 더불어 지배적이 되었다. 정치 이론가들 사이에서 정치철학을 부활시키고 윤리와 정치 사이의 연관을 설립할 필요성이 있다는 각성이 늘어나고 있다. 불행하게도 그들이 채택한 각종 접근은 불만족스러우며, 나는 그 접근들이 현대 민주주의에 적합한 정치철학을 제공할 수 있다고 생각하지 않는다.

급진 자유민주주의적 정치철학을 향하여

현재 정치철학의 부활은 칸트적 자유주의자들과 그에 대한 공동체주의적 비판가들 사이의 논쟁이 지배하고 있다. 어떤 의미에서는 둘 다 도구주의적 모델의 지배로 말미암아 기각되었던 정치의 규범적 측면을 회복할 것을 목표로 한다. 롤즈와 드워킨과 같은 의무론적 자유주의자들은 정치에 도덕성을 주입하고자 한다. 그들은 칸트가 『영원한 평화를 위하여』*On Perpetual Peace*에서 설정한 모델을 따라, 규범에 묶여 있고 도덕적으로 정의된 목표가 안내하는 정치학의 견해를 옹호한다. 반면에 공동체주의자들은 자유주의를 그 개인주의 때문에 공격한다. 공동체주의자들은 사회에 선행하여 존재하는 자연권을 타고났다는 개인관에 함축된 무역사적이고 무사회적이고 실체 없는 주체관을 비난하며, 롤즈가 설정한 새로운 자유주의 패러다임의 핵심인 좋음에 대한 옳음의 우선성 테제를 거부한다. 공동체주의자들이 되살리려는 정치관은, 우리 자신을 한 공동체의 참여자로 인정하는 분야가 바로 정치라는 관점이다. '권리에 기반을 둔' 자유주의자들의 칸트적 영감에 반대하여, 공동체주의자들은 아리스토텔레스와 헤겔을 불러낸다. 공동체주의자들은 자유주의에 맞서 시민 공화주의 전통에 호소하는 것이다. 문제는 샌들과 매킨타이어와 같은 일부 사람들에게서 자유주의적 개인주의에 대한 비판이 다원주의에 대한 필연적 거부를 함축한다고 믿는 경향이 나타난다는 것이다. 그래서 그들의 입장은 공유된 도덕적 가치에 근거한 공동선의 정치학으로 복귀하자는 제안으로 귀결된다.[23] 이 입장은 정치 공동체를 실체적 공동선의 관념을 중심으로 조직된 것으로 바라보는 전근대적인 견해에 이르게 된다는 점에서, 현대 민주주의와는 분명히 양립할 수 없다. 나는 자유주의가 폐기한 시민적 덕, 공공 정신, 공동선, 정치 공동체의 통념들을 회복하는 것이 중요하다는 생각에 동의하지만, 그런 통념들은 개인적 자유의 옹호와 양립 가능한 방식으로 재정식화되어야 한다.

하지만 칸트적 자유주의자들이 제안한 해법 역시 만족스럽지는 않다. 하나의 새로운 정치철학을 정치적 자유주의에 제공하려는 그들의 시도가 자유주의적 개인주의나 고유한 합리주의를 문제로 삼지 않는다는 사실은 제쳐놓더라도, 그들이 정치철학으로 제시하는 것은 사회의 기본 구조를 규제하려는 공적 도덕성 이외에 아무것도 아니다. 달리 말해 그들은 도덕철학과 정치철학 사이에 그 어떤 실체적인 차이도 없다고 본다. 그들에게 도덕철학과

---

23 Michael Sandel, *Liberalism and the Limits of Justice*, Cambridge, 1982, 그리고 "Morality and the Liberal Ideal", *New Republic*, 7, May, 1984. 샌들에 대한 더 상세한 비판은 이 책의 2장 "미국 자유주의와 그에 대한 공동체주의의 비판"을 보라.

정치철학의 차이는 단지 그것을 적용할 장의 문제에 불과한 것이다. 실례로 롤즈의 주장에 따르면, "정치적 정의 개념과 여타의 도덕 개념 간의 구별은 범위의 문제다. [이 범위의 문제란 한 개념이 적용되는 주제의 한도]와 관련되며, 더 넓은 한도에 필요한 더 넓은 내용]과 관련된다."[24]

롤즈의 문제는 그가 도덕적 담론과 정치적 담론을 적절히 구별하지 못했고 도덕적 담론에 고유한 추론 방식을 사용하는 바람에 정치적인 것의 본성을 인식할 수 없다는 것이다. 갈등들·적대들·권력관계들은 실종되며, 정치의 장은 도덕의 제약 아래에서 사적인 이익들 간의 협상이라는 합리적 과정으로 환원된다. 당연히 이는 정치적 의사 결정과 같은 상위의 어떤 차원을 필요로 하지 않고서도 규제될 수 있는 이익들의 다원성이라는 하나의 전형적인 자유주의적 판본이다. 주권의 문제가 회피되는 것이다. 그래서 롤즈는 "모든 시민이 자신의 정치적이고 사회적인 제도들이 정당한지 아닌지를 서로 검토할 수 있는" 이의 없이 "공적으로 인정된 관점"을 설정하여 정의의 문제에 대한 합리적인 해법을 찾을 수 있다고 믿는다.[25]

정치적인 것에 대한 그런 합리주의적 거부에 반대하려면 칼 슈미트의 다음 통찰을 기억하면 유용할 것이다. 정치의 명확한 특징이 투쟁이라는 것, "정의나 인간성이나 질서나 평화의 이름으로 다른 구체적인 집단들과 투쟁하는 구체적인 인간 집단들이 항상 존재한다"[26]라는 것. 따라서 정의의 본성

---

24 John Rawls, "The Priority of Right and Ideas of the Good", *Philosophy and Public Affairs*, vol.17, no.4, Fall, 1988, p. 252.

25 John Rawls, "Justice as Fairness: Political not Metaphysical", *Philosophy and Public Affairs*, vol.14, no.3, Summer 1985, p. 229. 롤즈에 대한 이 비판은 이 책 3장 "롤즈: 정치 없는 정치철학"에서 개진되어 있다.

26 Schmitt, *Crisis of Parliamentary Democracy*, p. 67.

을 둘러싼 논쟁은 항상 존재할 것이며 최종 일치에 도달하는 일은 결코 있을 수 없다. 현대 민주주의에서 정치는 분열과 갈등을 불가피한 것으로 수용해야 하며 경쟁적인 주장들과 갈등하는 이익들의 화해는 부분적이며 잠정적일 수밖에 없다. 롤즈 및 칸트적 자유주의자들처럼 사회적 통일의 기반이 어떤 공유된 합리적 정의관에 있다고 보는 관점은 그 기반을 자기 이익과 집단 이익의 수렴에 의해 보장된 어떤 잠정 협정으로 보는 것보다는 분명히 더 바람직하다. 그러나 사적 이기주의의 추구에 대한 도덕적 한계들을 설립하려는 그런 시도로는 자유민주주의에 적절한 정치철학을 제공하지는 못할 것이다.

걸려 있는 문제는 정치적인 것의 윤리를 우리가 사고할 수 있는지의 여부다. 나는 정치적인 것의 윤리를 정치의 규범적 측면들과 관련된 질문의 유형으로 이해하며, 정치의 규범적 측면들에 대해서는 집단적 행위 및 정치적 결사체에 공동으로 소속됨으로써 실현할 수 있는 가치들로 이해한다. 그것은 개인적 행위와 관련되는 도덕과는 구별되어야 하는 주제다. 사적인 것과 공적인 것이 분리되었기 때문에 개인과 시민이 일치하지 않는 현대의 조건에서는, 정치적인 것의 자율적 가치에 대한 어떤 성찰이 요구된다. 이것은 정확히 정치철학의 과제로, 도덕철학과 구별되어야 한다.

나는 정치적인 것의 윤리에 대한 이런 반성에는 고전적인 정치철학에서 핵심이었던 통념의 재발견이 필요하다고 생각한다. 그것은 그리스어 폴리테이아의 의미인 '정체'의 통념으로, 모든 형식의 정치적 결사체에는 윤리적 귀결이 있음을 가리킨다. 따라서 자유민주주의 정치철학을 정교화하려면, 자유민주주의 체제의 특정 가치들이나 정당성의 원칙들, 혹은 몽테스키외의 용어를 사용한다면 '정치적 원칙들'을 다루어야 한다. 그것은 바로 만인을 위한 평등과 자유의 원칙들이다. 이 원칙들은 이런 체제의 독특한 정치적 공동선을 구성한다. 그렇지만 자유와 평등의 원칙들과 이 원칙들이 적용되어야 할 사회적 관계들의 유형과 이 원칙들을 제도화하는 방식을 둘러싼 경쟁적인 해석들은 항상 존재할 것이다. 공동선은 결코 현실화될 수 없다. 공동선은 우리가 끊임없이 참조해야 하지만 실제로 존재하지는 않는 잠재적 초점 foyer virtuel으로 남아 있어야 한다. 사회적 질서의 이 최종적인 고정을 방해하고 하나의 명확한 봉합을 설정해 주는 담론의 가능성이 배제되었다는 것이 바로 현대 민주주의의 특징인 것이다. 서로 다른 담론들은 실제로 담론성의 영역을 지배하고 '결절점들'을 창출하려 하겠지만, 평등과 자유의 의미를 일시적으로 고정하는 데만 성공할 수 있을 뿐이다. 이를 다른 방식으로 설정해 보자. 자유민주주의에서 정치는 '우리'의 창출, 다시 말해 하나의 정치 공동체의 구축을 목표하지만, 어떤 완전히 포괄적인 정치 공동체는 결코 성취될 수 없다. 슈미트가 우리에게 말하는바, 어떤 '우리'를 구축하려면 그 '우리'는 '그들'과 구별되어야 하는데, 이는 어떤 경계를 설정하는 것, 즉 하나의 '적'을 규정하는 것을 의미하기 때문이다. 따라서 영원한 '구성적 외부', 즉 데리다가 우리에게 보여 준 것처럼 공동체를 실존하게 해 주는 공동체의 바깥이 존재할 것이다. 이 점에서 슈미트의 관념은, 각각의 모든 정체성의 관계적인 특징, 불가피한 [개념]쌍인 동일성과 차이, 그 어떤 부정성의 흔적도 없이 주어지는 실정성의 불가능성을 인정하는 우리 시대의 여러 주요 조류들로 수렴한다.27

현대 정치철학을 유용하게 정교화하려면, 분열과 투쟁의 이상, 다시 말해 친구와 적의 관계에 대한 여지가 있는 정체 개념이어야 한다. 헌법Verfassung, constitution 개념에 대한 슈미트의 분석은, 특히 '절대적' 헌법 개념을 그가 가리

---

27 이런 이론적 고찰들의 발전과 정치적인 것의 이해에 관한 그 결론에 대해서는, Ernesto Laclau & Chantal Mouffe, *Hegemony and Socialist Strategy: Toward a Radical Democratic Politics*, London, 1985. 그리고 Ernesto Laclau, *New Reflections on the Revolution of Our Time*, London, 1990을 참조.

킬 경우 여기서 특별히 도움이 된다. 슈미트의 헌법 개념은 사회적 복잡성의 정치적 제도화로 이해된 국가의 통일성을 가리키는 것이다. 이 개념에 따르면 사회적인 것은 정치적인 것의 외부에 있는 관계들의 총합으로, 다시 말해 중립적이고 정치적인 절차적 규칙들이 부과되는 어떤 것으로가 아니라, 정치적인 것이 제공하는 어떤 특정 방식의 제도를 통해서만 존재할 수 있는 어떤 것으로 제시된다. 모든 헌법은 항상 바깥과 안 모두와 관련된 힘들의 특정 지형을 규정한다. 바깥과 관련해서는 정치적 사회의 한 형식을 또 다른 정치적 사회 형식과 구별함으로써, 안과 관련해서는 서로 다른 사회적 힘들 가운데 친구와 적 사이를 구별하는 기준을 제공함으로써 말이다.28

하버마스와 같이, 슈미트를 정치에 대해 편향되고 극히 단순한 견해를 가진 사람으로 지적하는 것은 슈미트의 작업에 대한 완전한 오독이다.29 슈미트는 정치를 이해하는 데에서 가치들의 역할에 관심이 아주 많았으며, 이 차원을 무시한다고 자유주의를 비판한다. 슈미트는 공통의 정치적 가치들이 민주주의에 필요하다는 것을 강조한다는 점에서 올바르다. 물론 슈미트의 해법은 수용할 만한 것이 아니다. 왜냐하면 그는 규범적이고 실체적인 사회적 동질성이 필요하다고 믿기 때문이다. 하지만 슈미트의 도움으로 우리는 우리 앞에 놓인 과제의 복잡성을 파악할 수 있다. 왜곡되지 않는 합리적 의사소통과 합리적 합의에 기반을 둔 사회적 통일성에 대한 합리주의의 열망은, 정치 내에 있는 정념과 정서의 결정적 장소를 무시한다는 점에서 완전히 반정치적이다. 정치는 합리성으로 환원될 수 없는데, 정확히 그 이유는 정치

---

28 Carl Schmitt, *Verfassungslehre*, Berlin, 1980, pp. 204-234.

29 Jürgen Habermas, "Sovereignty and the Führerdemokratie", *Times Literary Supplement*, 26, September, 1986.

가 합리성의 한계들을 보여 주기 때문이다.

　일단 이 사실을 인정하고 나면, 우리는 민주적 정치와 정치철학에 대해 다른 방식으로 생각할 수 있다. 현대 민주주의에서 우리가 목표로 삼아야 할 것은 그것의 정치적 원칙들에 대한 특정한 해석, 곧 시민권을 이해하는 특정한 방식에 대한 공통의 **동일시**를 통해 하나의 통일성을 정치적으로 창출하는 것이다. 여기서 정치철학의 중요한 역할은 정치나 평등이나 자유와 같은 통념들에 대한 **참된** 의미를 결정하는 것이 아니라, 이 통념들에 대한 서로 다른 해석들을 제안하는 것이다. 그런 방식으로 정치철학은 상이하며 항상 경쟁하는 언어들을 제공할 것이다. 이 언어들 속에서 정치적 정체성들의 범위, 즉 시민으로서의 우리 역할을 이해하는 서로 다른 방식들을 구축하고, 우리가 구성하고 싶은 정치 공동체의 유형이 무엇인지를 가시화해야 할 것이다. '탈형이상학적인' 정치철학의 관점에서 생각해 봤을 때 맥퍼슨의 영향은 결정적이다. 오늘날과는 달리 정치적 자유주의가 거의 유행하지 않았던 시기에, 맥퍼슨은 정치적 자유주의의 중요성을 인식할 수 있는 언어를 우리 좌파의 많은 이들에게 제공했다. 이 때문에 맥퍼슨의 작업에 대한 비판이 제출될 수 있음에도 불구하고, 나는 우리가 그에 대한 부채를 분명히 지고 있다고 생각하며 급진 자유민주주의 기획을 그의 유산으로 생각한다.

제8장

다원주의와 현대 민주주의 : 칼 슈미트를 중심으로

현실 공산주의의 붕괴는 프랜시스 후쿠야마Francis Fukuyama의 선언처럼 역사의 종말을 의미하는가, 아니면 "현실에 존재하는 사회주의"가 준 이미지의 부담에서 마침내 자유로워진 민주주의 기획의 어떤 신기원의 시작을 의미하는가? 사실 우리는 자유민주주의의 승리가 자체적인 성공보다는 적의 붕괴에 더 많이 기인한다는 것을 인정해야 한다. 서구 민주주의 국가들에서는 활력은커녕 정치적 삶에 대한 불만이 증가하고 있으며, 민주적 가치들에 대한 위험한 침식 신호들이 나타나고 있다. 극우파의 등장과 근본주의의 부활, 인구의 광범위한 수준에서 나타나는 주변화 등을 통해 우리는 우리가 살고 있는 나라들에서도 상황이 전혀 만족스럽지 않다는 것을 상기하게 된다.

보비오의 지적대로, 현실 공산주의 위기는 이제 실제적인 도전에 처한 풍유로운 민주주의 국가들의 상황을 잘 보여 준다. 공산주의 체제에서는 해결할 수 없었던 그 문제들을 민주주의 국가들은 해결할 수 있을까? 보비오의 견해에 따르면, 현실 공산주의의 패배 이후 빈곤이 종식되고 정의에 대한 열망을 가질 수 있게 되었다고 상상하는 것은 매우 위험하다. 보비오의 글을 보자. "민주주의는 주지하듯이 역사적 공산주의와의 전투에서 승리했다. 그러나 민주주의는 공산주의의 도전을 낳았던 문제들과 대결하기 위해 어떤 자원들과 이상들을 소유하고 있는가?"[1] 나는 이 물음에 답하는 것이 중요하다고 믿으며, 자유민주주의 사회의 본성에 대해 냉철하게 생각할 때가 되었다고 생각한다. 전체주의라는 유령이 사라졌으니 이 탐구는 다른 각도에서 접근되어야 할 것이다. 요점은 민주주의를 위한 변명을 제공하는 것이 아니다. 오히려, 민주주의 원리를 분석하고 그 작동을 검토하고 그 한계를 발견하고 그 잠재성들을 끄집어내야 한다. 이를 위해 우리는 자유민주주의의 특정성을 하나의 정치적인 사회 형식으로, 하나의 새로운 정체(폴리테이아)로 파악해야 한다. 자유민주주의 체제의 본성은 몇몇 사람이 주장하는 것처럼 민주주의와 자본주의의 접합에 있는 것이 아니라 정치적인 것의 차원에서만 오로지 탐구되어야 한다.

나는 자유민주주의에 대한 가장 날카롭고 비타협적인 도전자 가운데 한 사람인 슈미트의 작업을 출발점으로 삼아, 자유민주주의 체제에 대한, 또 그것의 본성과 그것이 제시하는 가능성을 철저히 연구하는 데 필요한 매개변수들을 설정하고자 한다. 비록 20세기 초에 개진되긴 했지만 슈미트의 비판은 실제로 여전히 타당하며, 슈미트가 나중에 국가사회주의당National Socialist Party의 당원[2]이 되었다고 해서 우리가 그의 비판들을 피상적으로 간단히 기

---

1 Norberto Bobbio, *La Stampa*, 9, June, 1989.
2 [옮긴이] 슈미트는 1933년 국가사회주의당(나치당)에 가입했고 같은 해 11월에는 국가사회주의 법학자연맹 회장이 된다. 나치 학계에서의 지위는 확고했지만, 나치 체제를 더 확실히 지지하는 사람들에게서는 비판을 받았고 히틀러 전성기에는 큰 빛을 내지 못했다. 제2차 세계대전 끝나고 1945~47년에 투옥되었다가 다시 학계로 복귀했다. 철학자 하이데거처럼 슈미트도 나치와의 사상적 연계성, 나치 전력과 그 정도에 대한 많은 논란을 낳았다. 하지만 이 책의 저자 무페처

각할 수는 없다. 반대로 그런 엄격하고 통찰력 있는 도전자가 제기한 도전에 맞섬으로써, 현대 민주주의의 지배적 관점이 가진 약점들을 우리가 성공적으로 파악해 이를 치료할 수 있을 것이라고 나는 믿는다.

슈미트가 채택한 견해는 19세기에 발생했던 자유주의와 민주주의의 접합이 두 개의 절대적으로 이질적인 정치적 원칙들의 조합이라는 특징을 지닌 하나의 혼합 체제를 탄생시켰다는 것이다. 슈미트가 본대로, 의회 민주주의 형식에 고유한 동일성의 원칙과 군주제에 특정하게 존재했던 대의제 원칙이 공존하고 있다. 슈미트가 『의회 민주주의의 위기』에서 했던 선언에 따르면, 관례적으로 수용된 견해와는 반대로, 행정부에 대한 입법부의 우월성이라는 의회제 원칙은 민주주의의 사유 영역이 아니라 자유주의의 사유 영역에 속한다는 것이다. 크기의 문제 때문에 직접민주주의가 불가능하게 되었을 것이라고 주장하는 많은 정치 이론가들과는 달리, 슈미트는 규모의 문제 때문에 대의 민주주의가 설립된 것은 아니라고 본다. 슈미트가 올바르게 지적하듯이, 인민들을 대신하여 대의제가 의사 결정을 위임받은 것이 실천적인 편의 때문이었다면, 정확히 반의회주의적인 케사르주의Caesarism 역시 쉽게 정당화될 수 있었을 것이다.3 따라서, 슈미트의 견해를 따르면, 의회제의 근거는 민주주의의 동일성 원칙이 아니라, 자유주의에서 찾아야만 한다. 그러므로 하나의 종합적인 형이상학적 체계로서 자유주의의 일관성을 파악하는 것이 중요하다. 슈미트는 의견들 간의 자유로운 투쟁을 통해 진리에 도

럼 그의 극우적 사상 및 행적과는 별도로 그의 유의미한 통찰을 제대로 평가해야 한다는 움직임이 활발하다. 과거 루카치, 벤야민, 만하임, 스트라우스에서부터 현재, 데리다, 발리바르, 네그리, 아감벤, 지젝 등이 바로 그들이다.

3 Carl Schmitt, *The Crisis of Parliamentary Democracy*, trans. E. Kennedy, Cambridge, Mass. and London, 1985, p. 34.

달할 수 있다는 원칙이야말로 나머지 모든 원칙이 그 주변을 선회하는 자유주의의 기본 원칙임을 주장한다. 최종 진리란 자유주의에서는 결코 존재하지 않으며, 자유주의 이론에서 진리는 "의견들 간의 영원한 경쟁의 단순 함수"가 된다.4 슈미트에 따르면 이는 의회제의 본성, 그 존재 이유에 새로운 빛을 던져 준다. 의회제의 존재 이유는 의회제가 의견들 간의 대치 과정을 구성하는 가운데 추구될 수밖에 없으며, 정치적 의지는 이로부터 출현한다고 전제된다. 결론적으로 의회제에 본질적인 것은 "논증과 반대 논증에 대한 공적 심의, 공적 논쟁과 공적 토론, 협상 그리고 민주주의가 고려하지 않는 이 모든 것들"5이다. 슈미트의 견해는 대의제적 요소가 민주주의 논리에 고유한 통치자와 피통치자 간의 동일성을 불가능하게 하는 한, 대의제적 요소는 대의 민주주의의 비민주적 측면을 구성한다는 것이다. 따라서 슈미트가 본대로, 자유주의 통치 형식의 핵심에는 모순이 존재한다. 그 의미는 자유주의는 민주주의를 거부하고 민주주의는 자유주의를 거부한다는 것이다. 이것은 우리가 현대 대중민주주의에서 우리가 발견하는 의회제의 위기와 더불어 분명히 가시화된다. 의견들 간의 변증법적인 상호 작용이 전제된 이런 체계에서, 공적 토론은 당파적 협상과 이익들의 계산으로 대체된다. [다시 말해] 정당들은 "그들 간의 상호 이익들과 권력의 기회들을 계산하는" 압력 집단들이 되며, "정당들은 이런 지반 위에서 현실적으로 타협하고 제휴한다."6

　슈미트의 견해에서, 이는 다음과 같은 방식으로 일어났다. 자유주의적 의회제 질서는 도덕과 종교와 경제에 관한 일련의 파괴적인 문제 전체를 사적

---

4 같은 책, p. 35.
5 같은 책, pp. 34-35.
6 같은 책, p. 6.

영역으로 제한할 필요가 있었다. 개인들이 자신들을 갈라놓았던 갈등하는 이익들과 거리를 둔 채 토론할 수 있고 그리하여 합리적 합의에 도달할 수 있을 만한 장소로 의회가 제시될 수 있기 위해서는 이것이 하나의 필수적인 선결 조건이었다. 이런 방식으로, 슈미트의 견해에서, 민주주의가 작동하기 위해 요구되는 동질성이 창출된 것이다. 그러나 현대 대중민주주의 발전은 '전체 국가'의 등장을 낳았으며, 권리의 확장을 위한 민주적 압력의 결과 [국가가] 개입하는 영역이 점점 더 넓어지게 되었다. 그렇게 해서 이전 국면을 특징지었던 '중립화' 현상은 각종 사회관계의 '정치화'라는 반대의 운동에 굴복해야 했다. '전체 국가'의 발전이 의회에 미친 영향은 헤아릴 수 없을 정도로 많았다. 몇 가지 가장 중요한 결정들을 포함해 많은 결정이 다른 방식으로 이루어지기 시작했다는 점에서 의회의 영향력이 감소했을 뿐만 아니라, 의회는 또한 적대적 이익들이 대치하는 각축장이 되었다. 슈미트의 결론은 의회제가 모든 신용을 잃어버렸다는 것이다. 의회가 근거하고 있는 원칙들을 아무도 신뢰하지 않게 되었기 때문이다. 그 결과 의회 민주주의는 자신의 지적인 토대들이 상실되었음을 발견하게 되었다. 또 1926년 슈미트는 자신의 의회주의 비판의 두 번째 판본 서문에서, 우리를 주저하게 할 만한 다음과 같은 말을 썼다. "심지어 볼셰비즘이 진압되고 파시즘이 궁지에 몰리더라도, 오늘날 의회제의 위기는 조금도 극복되지 않을 것이다. 왜냐하면 의회제의 위기는 저 두 도전자가 출현한 결과로 등장한 것이 아니기 때문이다. 의회제의 위기는 그 이전에도 있었고 그 이후에도 존속할 것이다. 오히려 그 위기는 현대 대중민주주의의 귀결로 나온 것이며, 결국에는 어떤 도덕적 파토스를 짊어진 자유주의적 개인주의와 본질적으로 정치적 이상이 지배하는 민주주의적 정서 사이의 모순에서 나온다. …… 그것은 본질적으로 자유주의적 개인주의와 민주주의적 동질성 간의 피할 수 없는 모순이다."7

현대 민주주의의 본성

우리는 슈미트가 끌어낸 결론들을 수용하지 않더라도, 슈미트가 지적하는 자유주의적 의회 민주주의의 결함들은 진지하게 받아들일 수 있다. 그 제도들이 단지 도구적 기술들로 인지되는 한, 그것은 효율적인 참여를 충분히 보장하지 못할 것이다. 몽테스키외가 민주주의에 필수불가결하다고 생각했고 '법과 조국에 대한 사랑'과 동일하게 본 '정치적 덕'은 이런 맥락에서는 발전할 수 없다. 20세기가 시작된 이래로 대의 민주주의의 '정치적 원칙들'에 대한 정교화는 만족할 만한 수준으로 이뤄지지 않았다. 거꾸로, 그것을 정교화하기 위한 윤리적이고 철학적인 논증들이 모두 폐기되었다. 민주주의는 C. B. 맥퍼슨이 기술한 '균형 모델'로 발전하면서, 순전히 정부의 선택과 권력을 부여하기 위한 메커니즘이 되었으며 엘리트들 간의 경쟁으로 축소되어 버렸다. 여기서 시민들은 정치 시장의 소비자들로 간주된다. 따라서 오늘날 많은 서구 사회의 민주주의 과정에서 발견되는 낮은 수준의 참여는 놀라운 일이 아니다. 그렇다면 어떻게 자유민주주의에 '지성적인 토대들'을 부여할 수 있는가? 그것이 없이는 [자유민주주의에 대한] 견고한 지지를 명령하는 것은 불가능하다. 슈미트의 작업이 우리 시대의 정치철학에 제기하는 도전은 바로 이것이다.

이런 도전에 응하려면 현대 민주주의의 특정성과 다원주의가 수행하는 핵심적 역할을 파악하는 것이 무엇보다 중요하다. 내가 의미하는 것은 개인적 자유의 인정이다. 이 자유는 존 스튜어트 밀이 『자유에 대하여』 *On Liberty*에서 그 이름에 걸맞은 유일한 자유로 옹호했으며, 모든 개인이 자신에게 적합하

---

7 같은 책, p. 17.

다고 생각하는 행복을 추구하고 자기 방식대로 자기 목표와 시도를 설정하고 달성할 수 있는 가능성이라고 정의한 자유다. 따라서 다원주의는 실체적이고 독특한 공동선이라는 전망을 포기하는 것, 그리고 에우다이모니아를 근대의 구성 요소로 보는 것을 포기하는 것과 이어져 있다. 다원주의의 중심에는 '자유주의적'이라 부를 만한 세계관이 놓여 있으며, 이 때문에 사회의 정치적 형식으로서 현대 민주주의를 특징짓는 것은 자유주의와 민주주의의 접합이다. 슈미트는 많은 자유주의자들과는 다르게, 그 체제가 절대적 진리라는 관념을 문제 삼음을 전제한다는 것을 명확히 알고 있었다. 실제로, 몇몇 자유주의자들은 합리주의를 근거로, 자신의 고유한 이익을 고려하지 않고 이성의 관점에서만 판단할 수 있는 한, 모든 사람이 발견할 수 있는 어떤 진리라는 이상을 보유할 수 있다고 상상한다. 이제 진리와 관련해, 슈미트에게 자유주의는 '확정적 결과의 포기'를 함축한다.[8] 슈미트가 자유민주주의를 탄생시킨 이 접합을 비난하는 이유는 바로 이 때문이다. 슈미트가 주로 반대하는 것이 민주주의가 아니라는 점은 의회 민주주의에 대한 그의 비판에서도 확실하게 나타난다. 슈미트의 견해에서 민주주의는 통치자와 피통치자, 법과 인민의 의지 사이의 동일성 논리로 정의되기에, 권위주의적 통치 형식과 전적으로 양립할 수 있다. 슈미트의 선언을 보자. "볼셰비즘과 파시즘은 모든 독재처럼 확실히 반자유주의적이지만 반드시 반민주적인 것은 아니다."[9] 이 주장은 분명히 많은 사람에게는 모욕적이겠지만 민주주의의 '참된' 의미라는 명목으로 이 주장을 기각하는 것은 잘못된 일이다. 우리에게 제시되어야만 하는 것은 우리 대부분이 이해하는 민주주의의가 어느 정도까지

---

8 같은 책, p. 35.
9 같은 책, p. 16.

근대적이고 자유주의적인 형식에 의해 결정되는지다.

현대 민주주의의 본성을 이해하는 데 슈미트가 도움을 줄 수 있다면, 그것은 역설적으로 슈미트가 현대 민주주의의 본성에 무지하기 때문이다. 이유는 아주 단순하다. 슈미트에게 근대성은 결코 존재한 적이 없었던 것이다. 슈미트는 『정치 신학』*Political Theology*에서 이렇게 선언한다. "근대 국가 이론의 모든 의미 있는 개념들은 신학적인 개념이 세속화된 것이다."10 근대 정치학은 단순한 신학의 세속화, 즉 비종교적 목적들을 위해 신학적 개념과 태도를 변형한 것에 불과하다. 따라서 그 어떤 중단도, 어떤 새로운 것도, 그 이전에는 알려지지 않았던 정당성의 형식도 출현할 리 없다.

민주주의 혁명 이후 우리는 또 다른 방식으로 사회적인 것을 설립한다는 점에서 완전히 다른 기반 위에 서 있다. 그에 따라 우리는 민주주의를 근대적 방식으로, 즉 다원주의가 들어설 여지를 인정하는 식으로 이해할 것을 요구받고 있다. 하지만 슈미트에게 이런 생각은 엄밀히 말해서 사유 불가능한 것이다. 나는 슈미트에게 이것이 '사유 불가능성'으로 나타난다는 사실이 매우 교훈적이라 믿으며, 근대 시기의 민주주의를 자유주의 없이 생각하면서 나타나는 전체주의 현상에 대한 열쇠를 우리에게 제공한다고 믿는다. 일부의 지적처럼 1933년 그가 전향해 히틀러 운동을 지지하기 이전부터 슈미트의 생각은 이미 나치즘에 고취되어 있었다고 주장하는 것은 옳지 않다고 생각한다. 하지만 그가 자유주의에 대한 자신의 깊은 적개심 때문에 나치에 결합할 수 있었거나 결합을 막지 못했다는 것은 확실하다.

따라서 슈미트의 경우를 반성해 봄으로써 우리는 자유민주주의에 대한

---

10 Carl Schmitt, *Political Theology*, trans. George Schwab, Cambridge, Mass. and London, 1985, p. 36.

특정 형식의 거부에서 나타나는 위험을 이해할 수 있다. 이 거부가 1960년대 신좌파에 의해 고무된 '참여 민주주의' 기획들처럼 뿌리 깊이 반전체주의적인 것이라 할지라도 마찬가지다. 이런 기획들은 자유주의를 자본주의 사회의 계급 분열이 은폐되는 외관으로 바라보는 경우가 많다. 슈미트와 마찬가지로, 그들에게 정당과 의회 체계는 어떤 진정한 민주적 동질성의 성취를 가로막는 장애물일 뿐이다. 소위 '공동체주의' 저자들이 자유주의에 가하는 비판에서도 비슷한 공명을 발견할 수 있다. 그들 역시 다원주의를 거부하며 유기체적 공동체를 꿈꾼다.[11] 이 모든 노력은 선의일 경우가 많으며 슈미트의 보수적이고 권위주의적 입장과는 거리가 매우 먼 것이라고 말해야 하겠지만, 그들 역시 현대 민주주의를 제대로 이해하지 못하고 있음을 우리는 발견한다. 민주주의 혁명이 일어났고 그로 말미암아 클로드 르포르가 "확실성 표지의 해소"[12]라고 가리키는 것에 노출된 사회에서는 다원주의와 개인적 자유를 위한 공간이 열려 있는 방식으로 민주적 정치를 재고할 필요가 있다. 통치자와 피통치자의 동일성이라는 민주주의 논리만으로는 인권에 대한 존중을 보증할 수 없다. 인민이 마치 하나의 단일한 일반의지를 지닌 통일적이고 동질적인 실체인 양 더는 그렇게 말할 수 없는 조건을 생각한다면, 민주주의와 정치적 자유주의의 접합을 통해서만 인민 주권의 논리가 독재로 추락하는 것을 피할 수 있다.

---

11 이 점에 대해서는, 이 책의 2장 "미국 자유주의와 그에 대한 공동체주의의 비판"을 참조.
12 Claude Lefort, *Democracy and Political Theory*, trans. D. Macey, Cambridge, 1988, p. 19.

자유주의와 정치

우리가 슈미트의 견해에 대항하여 자유민주주의 통치 형식의 정당성을 되찾으려 한다면, 그 정치적 원칙에 대한 탐구에서 시작해야 할 것이다. 우리는 이 지점에 도달하기까지, 슈미트의 의도는 아니었지만 그의 도움을 얻어 민주주의의 동일성 논리와 자유주의의 다원주의 논리의 접합의 중요성을 파악했다. 자유민주주의 체제에 윤리적이고 철학적인 내용을 제공하는 것이 목표라면 우리는 자유주의의 문제틀을 검토하여, 자유주의의 서로 다른 요소 중 어느 요소를 옹호하고 거부해야 할지를 결정해야 할 것이다. 우리는 여기서 다시 한번 슈미트의 비판을 통해, 우리가 나아가야 할 바를 살펴볼 필요가 있다. 내 생각으로는 자유주의적 개인주의에 대한 슈미트의 도전에서 중요한 것은 자유주의적 개인주의가 정치 현상의 본성을 파악할 수 없다고 주장한 것이다. 슈미트는 『정치적인 것의 개념』에서 이렇게 말한다. "자유주의 사고는 국가와 정치를 회피하거나 무시하며, 그 대신 두 이질적인 영역—윤리와 경제, 지성과 교역, 교육과 재산—의 어떤 전형적이며 언제나 순환하는 양극성 사이에서 움직인다. 국가와 정치에 대한 비판적 불신은 개인이 시작점이자 끝점으로 남아 있어야 하는 체계 원칙들에 의해 쉽게 설명된다."[13] 자유주의적 사고는 그 개인주의로 말미암아 집단적 정체성의 형성에 대한 이해가 불가능하기 때문에, 정치적인 것의 문제에 차단되어 있다.

이제 슈미트에게 정치적인 것의 기준, 즉 정치적인 것의 특정한 차이는 친구와 적의 관계다. 이 관계는 '그들'과 대립적으로 위치한 '우리'의 창출을

---

13 Carl Schmitt, *The Concept of the Political*, trans. D. George Schwab, New Brunswick, 1976, pp. 70-71.

수반하며, 애초부터 집단적 정체성 형성의 영역에 위치한다. 정치적인 것은 어떤 합리적 합의에 대해서도 그 한계를 지적해 주며 어떤 합의도 배제 행위에 근거한다는 것을 드러내기에, 항상 갈등 및 적대와 관계할 수밖에 없으며 자유주의적 합리주의를 넘지 않을 수가 없다. 사적 이익들이 자유롭게 작동한 결과에서 일반적 이익이 나오며 자유로운 토론의 기초 위에서 하나의 합리적이고 보편적인 합의에 도달할 수 있다는 자유주의적 믿음은 자유주의를 정치적 현상에 무지하게 만든다. 슈미트의 견해에 따르면, 이 현상은 "항상 존재하는 친구와 적의 배치 가능성의 맥락에서만" 이해될 수 있는데, "이 가능성이 도덕과 미학과 경제학에 대해 함축하는 측면들과는 무관하다."[14] 자유주의는 파괴적 문제들을 사적 영역으로 추방하면, 절차적 규칙들에 대한 동의를 통해 사회에 존재하는 이익들의 다원성을 충분히 관리할 수 있다고 상상한다. 하지만 슈미트의 견해에서 정치적인 것은 길들여질 수 없기에 그것을 폐기하려는 이 시도는 실패할 운명에 있다. 정치적인 것은 가장 상이한 원천들에서 자기 에너지를 획득하며, "각각의 모든 도덕적이거나 경제적이거나 윤리적이거나 여타의 다른 안티테제는, 친구와 적에 따라 사람들을 효율적으로 배치할 수 있을 정도로 충분히 강력하다면 정치적인 것으로 변형된다."[15]

개인주의와 합리주의에 대한 슈미트의 비판을 받아들이는 동시에 자유주의를 옹호하려면, 우리는 민주주의적 근대성에 대한 자유주의적 사고의 기본적 기여, 즉 다원주의 및 정치적 자유주의의 특징적인 제도의 전체 범위를, 자유주의적 교리의 필수 부분을 형성한다고 자주 제시되는 다른 담론들과 구별해야 한다. 여기에는 블루멘베르크가 발전시킨 관점이 특히 유용할 것이다.

---

14 같은 책, p. 35.
15 같은 책, p. 37.

블루멘베르크는『근대의 정당성』에서 여러 사람 가운데서도 슈미트와 칼 뢰비트Karl Löwith가 정식화한 세속화 테제를 다룬다.16 블루멘베르크는 이 저자들과는 달리, 근대는 '자기주장'이라는 관념의 형성을 통해 진정으로 새로운 질을 획득한다는 생각을 지지한다. 이는 스콜라 신학이 '신학적 절대주의'로 쇠퇴하면서 창출된 상황에 대한 하나의 대응으로 출현한다. 블루멘베르크에게 '신학적 절대주의'란 전능하고 절대적으로 자유로운 신의 믿음에 결합된 일련의 관념을 의미한다. 블루멘베르크의 견해에 따르면, 세계를 완전히 우연적인 것으로 보이게 하는 '신학적 절대주의'에 맞서는 유일한 해법은 세계 내의 질서의 척도와 가치의 원천으로 인간 이성(과학, 기예, 철학 등)을 긍정하는 것이었다. 그렇다면 하나의 진정한 중단이 있겠지만, 그것은 일정한 연속성과 공존하는 중단이다. 하지만 이 연속성은 해법들의 연속성이 아니라 문제들의 연속성이며, 대답들의 연속성이 아니라 물음들의 연속성이다. 블루멘베르크는 이 문제를 중심으로 그의 가장 흥미로운 개념 가운데 하나인 '재점유'reoccupation 개념을 도입한다. "세속화로 해석되는 이 과정에서 주요하게 일어난 일들은……그 기원에서 진정으로 신학적인 내용들이 세속화된 소외로의 전치로 기술되어서는 안 된다. 오히려 그것은 답변 위치들이 재점유된 것으로 기술되어야 하는데, 이 답변 위치들은 텅 비어 있게 되었고 그에 대응하는 물음들을 제거할 수 없는 그런 종류의 것이다."17 그렇다면 우리는 이 토대에서, 블루멘베르크가 하듯이, 자기주장의 관념과 같이 정말 근대적인 것과, 필연적이고 불가피한 진보의 관념과 같이 단순히 중세적 입장의 재점유 사이를 구별할 수 있을 것이다. [여기서] 중세적 입장의 재점유란 자기 한계를

---

16 Hans Blumenberg, *The Legitimacy of the Modern Age*, Cambridge, Mass., 1983.
17 같은 책, p. 65.

의식하는 합리성이라면 포기했을 전근대적 질문을 포기하는 대신, 이 전근 대적 물음에 근대적 대답을 제공하려는 시도라고 말할 수 있다. 따라서, 스 스로 자기 정초를 제공한다는 이 가상—그것은 계몽이 수행한 신학으로부 터의 해방이라는 노고를 수반했다—은 이렇게 인정될 수 있을 것이다. 근대 성의 구성 요소인 다른 측면, 이른바 자기-주장을 문제 삼지 않고서도 말이 다. 합리주의가 계몽이 수행한 것, 즉 신학으로부터 해방이라는 노고를 수반 했다는 것은 충분히 인정할 수 있으며, 그에 따라 근대성의 구성 요소인 그것의 다른 측면, 즉 자기주장은 문제 삼을 필요가 없다. 근대적 이성이 자기 한계 들을 인식할 때, 또 다원주의와 완전히 화해하고 전체적인 통제와 궁극적 조 화의 불가능성을 수용할 때, 자신의 전근대적인 유산과 우주관에서 스스로 자유롭게 된다. 이 때문에, 이사야 벌린과 같은 자유주의자들이 이해했던 것 처럼, 일관된 자유주의는 합리주의를 포기할 수밖에 없다.

따라서 우리는 이성의 보편적 명령으로 제시되는 것들에 기대지 않고 근 대의 '자기주장'의 이상을 재정식화하려면 윤리적 다원주의 및 정치적 자유 주의를 합리주의의 담론에서 분리해야 한다. 이런 방식으로 개인의 통념처 럼 핵심적인 통념이 개인주의의 문제틀과 분리될 수 있을 것이며 그 통념을 완전히 다른 지형에서 새롭게 사유할 수 있을 것이다.

국가 중립성 문제

자유민주주의 통치 형식의 윤리-정치적 차원을 분명히 밝히고 이 통치 형식에 정당성의 원칙들을 제공하려면, 국가의 중립성이라는 자유주의 교리 는 교정되어야 한다. 이 중립성의 교리는 자유주의의 기본 관념인 '제한 정 부'의 관념과 이어지며, 또 공과 사의 구별 및 다원주의의 긍정과도 연결되어 있다. 하지만 중립성 명제를 옹호하는 다양한 방식이 존재하며, 이 중 몇 가지는 부정적인 결론을 지닌다.

어떤 자유주의자들은 다원주의를 충분히 존중하고 자신의 고유한 목표들을 선택할 수 있는 개인들의 자유에 간섭하지 않으려면, 국가가 좋은 삶이라는 특수한 관점을 장려하거나 촉진할 가능성이 있는 한에서 국가의 어떤 권위도 부인해야 한다는 견해를 채택한다. 국가는 이 영역에 있어서는 완전히 중립적이어야 할 의무가 있다는 것이다. 심지어 최근 찰스 라모어는 이렇게 선언했다. "자유주의자들이 자유주의의 정신을 전적으로 따르려면, 그들은 또한 정치적 중립성에 대한 중립적 정당화를 고안해야 한다."[18] 이 말의 의미는 자유주의를 옹호하려는 자유주의자들이라면 존 스튜어트 밀이나 칸트가 제출한 부류의 논증을 삼가야 한다는 것이다. 이 논증들은 다원성이나 자율성과 같은 특정 가치들에 대한 주장을 함축하기에 말이다.

'중립성'의 지지자들은 윤리적 가치에 근거하면 불일치만이 나올 뿐이기에, 우월한 삶의 형식들을 확인하고 정치적 삶을 통해 이를 실현하려는 철학적 접근, 다시 말해 '완전주의'의 덫을 피하는 것이 중요하다고 본다. 그들은 이런 철학적 접근에는 뿌리 깊이 반자유주의적인 이론, 그래서 다원주의와 양립할 수 없는 이론이 있다고 본다. 반면에 드워킨은 완전주의와 대립하면서도 절대적 중립성의 관념과 거리를 두려고 한다. 그의 견해에 따르면, 자유주의의 중심에는 일정한 평등관이 존재한다. 자유주의 국가는 모든 구성원을 평등하게 대우해야 하기 때문에 중립적이어야 한다. 그래서 드워킨은 이렇게 썼다. "한 사회의 시민들이 [좋은 삶에 대해-인용재 갖고 있는 관점은 서로 다르다. 그래서 정부가 한 관점을 다른 관점보다 더 선호한다면 시민들

---

18 Charles E. Larmore, *Patterns of Moral Complexity*, Cambridge, 1987, p. 53.

을 평등하게 대우하는 것이 아니다. 그 관점이 본래 우월하다는 관료들의 믿음 때문이든, 그 관점이 더 많거나 더 강력한 집단들에 의해 유지되기 때문이든 마찬가지다."[19] 드워킨이 채택하는 견해는 국가의 중립성에 대한 정당화가 중립적이기를 추구해서는 안 된다는 것, 또한 자유주의는 구성적 도덕성에 기초한다는 것을 인정해야 한다는 것이다. 그래서 드워킨은 이렇게 바라본다. "자유주의는 회의주의에 기초할 수 없다. 자유주의의 구성적 도덕성이 제공하는 바에 따르면, 정부가 모든 인간을 평등하게 대우해야 하는 것은, 정치적 도덕성에 옳거나 틀린 것이 있어서가 아니라 그 자체가 옳은 것이기 때문이다."[20] 드워킨은 이 테제를 증명하려고 자연법과 권리들의 실재 존재를 찾으려 한다. "[자연법과 권리들은] 그 어떤 법률 제정이나 관습, 가설적인 계약의 산물이 아니라는 의미에서 자연적인 것들이다."[21] 나아가 드워킨은 롤즈의 정의론을 이런 의미로 해석한다. 실제로, 그는 롤즈의 정의론이 초기에 정식화된 이래로 롤즈의 충실한 옹호자였다. 드워킨의 견해에서, "공정으로서의 정의는 만인이 배려와 존중의 평등이라는 자연권을 지닌다는 가정에 근거한다. 다시 말해 이 권리는 만인이 출생이나, 장점 혹은 우월함이라는 특징 때문이 아니라, 단순히 계획을 세우고 정의를 부여하는 능력을 지닌 인간으로서 소유하고 있는 권리다."[22] 그렇기에 드워킨은 최근 롤즈가 자신의 이론에 대해 내리는 해석에는 동의하지 않는다. 실제로 최근 롤즈는 우리의 자유민주주의 전통에 특정한 가치들이 자신의 이론 내에 차지하는 위치를 강

---

19 Ronald Dworkin, "Liberalism", in Stuart Hampshire ed., *Public and Private Morality*, Cambridge, 1978, p. 127.

20 같은 글, p. 142.

21 Ronald Dworkin, *Taking Rights Seriously*, Cambridge, Mass., 1977, p. 176.

22 같은 책, p. 182.

조하는, 좀 더 역사적인 판본을 제안하고 있다. 롤즈는 모든 사회에 타당할 정의론을 설립하려는 의도를 결코 가지고 있지 않다고 확언하기까지 한다.[23] 모든 사회에 타당할 정의론의 설립은 정확히 드워킨이 여전히 추천하는 바다. 드워킨의 믿음에 따르면 정의론은 "일반…… 원칙들"을 요구해야 하며, 정의론의 목표는 "사회정의를 측정하기 위해 어느 사회에서나 사용할 수 있는 몇 가지 포괄적인 정식을 찾는" 것이어야만 한다.[24]

　　드워킨식 관점의 문제는 합리주의와 단절하지 못했으며, 정치적인 것의 윤리적 측면에 대한 사고가 그 장[정치적인 것]에 대한 보편주의적 도덕 원칙의 적용에 의해서만 가능한 자유주의의 형식이라는 것이다. 실제로, 드워킨은 정치철학의 엄호 아래, 우리에게 어떤 '공적인 도덕성', 즉 도덕철학의 질서에 속하는 어떤 것을 제시하지만, 그것은 자유민주주의 통치 형식의 정치적 원칙들을 정교화하는 데에 거의 도움이 안 된다.

　　국가 중립성 문제에 대한 훨씬 더 흥미로운 접근은 조셉 라즈Joseph Raz의 책 『자유의 도덕성』The Morality of Freedom이다. 라즈는 대부분의 자유주의자와는 달리, 국가가 갖가지 가능한 삶의 형식들을 고려하는 입장을 취해야 한다고 믿기 때문에 완전주의적 관점을 채택한다. 다시 말해, 국가는 어떤 형식들은 육성해야 하고 다른 형식들은 금지해야 한다. 그래서 라즈의 견해에 따르면 국가는 중립적일 수 없으며 '윤리적 국가'의 특징을 가져야 한다. 하지만 라즈가 옹호하는 완전주의는 자유주의와 양립 불가능하지는 않았다. 왜냐하면, 그것[완전주의]이 다원주의를 포함하기 때문이다. 하지만 라즈의 견해

---

23 나는 롤즈의 저작에서 보이는 이런 발전을 이 책 3장 "롤즈 : 정치 없는 정치철학"에서 검토했다.

24 Ronald Dworkin, *New York Review of Books*, 17 April 1983.

에 따르면, 이 다원주의는 자유주의적이고 민주주의적인 국가에서 지배적인 가치이어야만 하는 기본 가치들, 즉 인격적 자율성이나 '자기 창조'에 의해 그 한계를 부여받게 된다. 라즈의 저서에서 핵심 테제는, 가치 다원주의를 함축하고 인격적 자율성 속에서 그것의 표현 형식을 지니는 것으로 인격적 자유가 이해되는 경우, 이 인격적 자유는 정치적 행위에 의해 장려되어야 한다는 것이다. 라즈가 존 스튜어트 밀의 '위해 원리harm principle를 재해석된 형식으로 제출할 때, 그는 존 스튜어트 밀에 매우 근접해 있다. 라즈에게, 이 원칙들은 국가가 자신의 이상을 추진할 때 일정한 한계들을 존중할 의무가 있다는 것을 가리킨다. 실제로 라즈는 다음과 같이 말한다. "인민이 자율적인 삶을 살아야 한다면, 국가는 그 삶을 도덕적으로 강제할 수 없다. 국가가 할 수 있는 전부는 자율성의 조건들을 제공하는 것뿐이다. 강제의 행사는 자율성의 침해이며 따라서 자율성을 촉진하려는 목적을 좌절시키는 것이다. 단, 위해를 막아 자율성을 촉진하려고 행한 경우는 제외한다."[25] 그러므로 자율성은 자유민주주의 국가가 어떤 제도와 사회적 관행을 육성해야 하는지를 결정하는 기준으로 기능한다.

중립성 대 완전주의라는 이분법을 거부하는 대신 완전주의(가 나올 수밖에 없는)의 원인을 승인하는 것이 적절한지에 대해서는—완전주의에 대한 비판의 '혹독함'이 다원주의에 의해 완화된다 할지라도—유보적이지만, 나는 라즈의 접근이 현대 자유주의 사상에서 잠재적으로 가장 결실 있는 사상 가운데 하나라고 생각한다. 우리는 라즈의 접근 덕에 정치적인 것의 중심부 배후에 윤리적 차원을 설정할 수 있으며, 국가의 중립성을 전제하지 않고서도 국가 개입의 한계들을 설정할 수 있다. 게다가, 라즈가 옹호하는 자유주의가

---

25 Joseph Raz, *The Morality of Freedom*, Oxford, 1986, p. 420.

개인주의를 거부하며 찰스 테일러와 같은 몇몇 공동체주의 저자들과 유사한 주체관을 옹호하는 자유주의라는 것도 주목할 만한 또 다른 측면이다. 따라서 라즈는 자율성이 역사 속에 기입된 개인들과는 다른 독립된 개인들의 속성이 아니라 진화의 산물이며 특정 제도와 관행을 필요로 한다는 것을 인정한다. 이 가치가 우리에게 핵심이라면, 이는 그것이 우리의 자유민주주의 전통을 이루고 있기 때문이다. 라즈는 객관적 진리를 추구하고 영원한 진리들을 설립하자고 주장하는 정치철학의 관념을 결코 승인하지 않는다.

라즈의 관점은 자유주의의 기본적 기여—다원주의와 개인적 자유의 옹호—를 개인주의의 위험에서 벗어난 주체관과 결합하기 때문에, 자유민주주의 정치의 본성에 대한 사유의 진척에 도움을 줄 수 있다. 그러나 나는 라즈의 자유주의 이해 방식이 궁극적으로는 불충분하게 보인다. 모든 자유주의 사유가 그렇지만, 우리가 여기서 찾아낸 것은 적대 없는 자유주의다. 분명히 라즈는 경쟁의 여지를 인정하며 삶의 모든 방식이 동시에 실현 가능한 것은 아님을 인정한다. 하지만 그는 슈미트에게 정치적인 것의 범주를 구성하는 것, 즉 친구와 적의 관계의 범주를 구성하는 것에 관해서는 이바지하는 바가 없다. 라즈는 이 점에서는 롤즈나 다른 모든 자유주의자들과 다를 바가 없다. 물론, 이 지점에서 어떤 사람들은 다원주의가 그런 대립을 넘어서는 데 이바지한 것이 아니냐며 이의를 제기할 것이다. 그러나 나는 이런 생각이 정치 현상을 파악할 수 없게 하는 위험한 자유주의적 가상이라고 믿는다. 다원주의의 한계는 단지 경험적 한계들만이 아니다. 그 한계는 정의상 다른 것들과 양립 불가능한 몇몇 생활 방식과 몇몇 가치가 있다는 사실과 관련되며, 그것들을 구성하는 것이 바로 이 배제라는 사실과 관련된다. 우리는 '신들의 전쟁'이라는 니체의 관념을 진지하게 받아들여야 한다. 그리고 만약 '그들'의 한계가 정해지지 않고서는 '우리'의 창출이 존재하지 않는다면, 이 관계는 언제라도 적대의 자리가 될 수 있으며 타자는 적으로 인지될 수 있다는 점을 승인해야 한다. 하나의 정식을 발견할 수 있고, 그 정식을 통해 사람들의 서로 다른 목표들이 조화를 이룰 수 있을 것이라는 합리주의적 관념을 포기하고 나면, 우리는 적대가 제거된 사회란 근본적으로 불가능하다는 사실을 감수해야 한다. 바로 이 때문에 우리는 "항상 존재하는 친구와 적의 배치 가능성의 맥락에서만 정치적인 것의 현상을 이해할 수 있다……"[26]라는 슈미트의 말을 받아들여야 한다.

실체로서의 민주주의인가 절차로서의 민주주의인가?

자유민주주의에 대한 우리 시대의 사유에는 국가 중립성의 주제와 연결된 또 다른 주제가 있는데, 이것도 생각해 보아야 한다. 그것은 민주주의가 단순히 일련의 절차들로 이루어져 있다는 생각이다. 오늘날 아주 많이 유행하고 있는 이 관점은 전혀 새로운 것이 아니다. 20세기 초 슈미트의 가장 중요한 지적 대립자 가운데 한 명이었던 법철학자 한스 켈젠Hans Kelsen은 의회 체제를 정당화하려고 이 관점에 주목했다. 켈젠에 따르면, 의회 민주주의의 기원은 토론을 통해 진리에 도달할 수 있다는 가능성이 아니라 오히려 어떤 가능한 진리도 존재하지 않는다는 사실에 대한 인지다. 만일 자유민주주의가 일반의지를 판단할 수단으로서 정당과 의회에 의지했다면, 그것은 실체적 동질성을 달성할 수 없다는 것을 자유민주주의가 인식했기 때문이다. 켈젠이 이로부터 내리는 결론은 두 가지다. 하나는 '이상적' 민주주의를 포기하고 '현실적' 민주주의에 찬성해야 한다는 것이며, 다른 하나는 정치에 대한 현실주의적 전

---

26 Schmitt, *The Concept of the Political*, p. 35.

망을 하려면 현대 민주주의가 특정 수의 절차들로 정의된다는 것을 인정해야 한다는 것이다. 이 절차들 속에서 의회와 정당이 핵심 역할을 한다.[27]

따라서 켈젠은 민주주의의 절차적 특징을 역설하며 그 작동에 강조점을 두는 민주주의 견해를 실체로서의 민주주의라는 슈미트의 전망과 대립시킨다. 슈미트는 참된 민주주의를 동질성에 기반을 둔 것으로 이해하는 반면, 켈젠은 국가 의지will of the state의 형성을 위한 필수적인 도구들로 정당과 의회를 제시한다. 하지만 슈미트에게 그런 관점은 모순이다. 민주주의에 그와 같은 의지는 시작할 때부터 미리 주어진 것이며 토론에서 산출된 것일 리가 없다고 슈미트는 믿기에 말이다. 인민은 자신의 정치적 통일성을 직접적으로 매개 없이 표현할 수 있어야 한다. 슈미트는 이를 근거로 '사회계약론'의 관념을 비판하는 것이다. 왜냐하면 슈미트의 말에 따르자면 만장일치는 미리 주어져 있거나 그렇지 않거나인데, 만장일치가 존재하지 않는 곳에서는 계약은 발생하지 않을 것이며 만장일치가 존재하는 곳에서는 계약이 의미없을 것이기 때문이다.[28] 그렇다면, 우리에게는 실체로서의 민주주의와 절차로서의 민주주의 간의 선택 이외에는 아무 대안도 없는 것인가? 실체로서의 민주주의를 선택하면 그것이 함축하는 모든 위험을 감수해야 하며, 절차로서의 민주주의를 선택하면 그것에 포함된 개념의 빈곤을 감수해야 한다. 나는 그렇게는 믿지 않는다. 나는 켈젠과 슈미트라는 두 사람 모두의 저작들 속에 있는 온당하고 유용한 요소들을 재해석할 필요가 있다고 생각한다.

켈젠은 단일하고 동질적인 일반의지가 가능하지 않은 조건들 속에서 일

---

27 켈젠의 작업은 매우 광범위하며 고도로 전문적이다. 여기서 우리와 관련된 주제에 관해서는, *What is justice? Justice, Law and Politics in the Mirror of Science*, Berkeley, 1957을 보라.
28 Schmitt, *The Crisis of Parliamentary Democracy*, p. 14.

치가 이루어지기 위해 요구되는 절차들을 견지한다는 점에서 올바르다. 하지만 켈젠이 민주주의를 단순히 절차의 문제로 축소하는 것은 잘못이다. 반면에 슈미트가 동질성이 없다면 어떤 민주주의도 존재할 수 없다고 확언할 때, 그는 어떤 면에서는 올바르다. 관건은 이 동질성을 이해하는 방식에 달렸다. 슈미트는 『헌법론』*Verfassungslehre*에서 동질성을 평등의 통념과 관련시키며 민주주의의 고유한 정치적 형식이 실체적 평등 개념과 연결되어야 한다고 선언한다. 이 평등은 정치적 평등으로 이해되어야 한다. 다시 말해 이 평등은 인격체들 간의 구별이 결여되었다는 사실에 근거할 수 없으며, 일정한 정치 공동체에 소속되었다는 사실 속에서 정초되어야 한다. 하지만 그 공동체는 서로 다른 기준들—인종, 종교, 육체적이거나 도덕적 특징, 운명이나 전통—로 정의될 수 있다. 슈미트의 말에 따르면, 19세기 이후 민주주의적 평등의 실체를 구성했던 것은 하나의 확정된 민족에 대한 소속 의식이었다.[29] 슈미트에게 기본 문제는 정치적 통일성에 속하는 문제다. 그런 통일성이 없다면 어떤 국가도 있을 수 없기에 말이다. 이 통일성은 시민들이 함께 나누어 가지게 될 하나의 공통 실체에 의해 제공되어야 하는데, 시민들은 하나의 민주주의 내에서 평등한 사람들로 대우받게 될 것이다. 슈미트는 이 동질성을 다원주의의 여지가 전혀 없는 본성상 실체적인 것으로 제시하는데, 이것은 슈미트의 관점을 의문스럽게 만들며 잠재적으로 전체주의적인 것으로 만들어 버린다. 그러나 나는 이 동질성의 요구를 수용하면서도, 그런 동질성이 일정한 수의 정치적 원칙들에 대한 동의로 구성되는 것으로 이해할 수 있으리라 생각한다. 민주주의적 시민권에 요구되는 공통적 실체를 제공하는 것이 바로 이런 원칙들과의 동일시다.

---

29 Schmitt, *Verfassungslehre*, Munich/Leipzig, 1928.

우리는 헤르만 헬러Hermann Heller에서 유사한 견해를 발견할 수 있다. 그는 슈미트의 저서 『정치적인 것의 개념』에 대한 비판에서, 민주적 통일성이 성취되려면 일정 정도의 사회적 동질성과 공유된 정치적 가치들이 필수적임을 인정하면서도, 이것이 사회적 적대의 제거를 함축하는 것은 아니라고 논증한다. 의회주의와 관련해, 슈미트에 대한 헬러의 대답은 다음과 같다. 즉 의회주의의 지적 토대들은 "공적인 토론 자체에 대한 믿음에서" 발견되어야 하는 것이 아니라, "토론의 공통 토대가 존재한다는 믿음과 대립자에 대한 공정성의 관념에서" 발견되어야 한다. "이 대립자와 더불어 우리는 야만적인 힘의 사용을 배제하는 조건들 속에서 하나의 일치에 도달하기를 희망하는 것이다."30

내가 제안하는 것은 다음과 같다. 자유민주주의 체제의 정치적 원칙들을 지지하는 것이야말로 민주적 평등에 요구되는 동질성의 토대로 간주되어야 한다. 여기서 문제의 원칙은 자유와 평등의 원칙이며 이 원칙은 확실히 다양한 해석들의 근원이며 아무도 '정확한' 해석을 소유한다고 자임할 수 없다. 따라서 이 원칙들을 해석하기 위한 논쟁의 틀 속에서 결정을 내리고 국가 의지를 규정하려면, 일정한 수의 메커니즘과 절차의 확립이 본질적으로 중요하다. 따라서 나는 슈미트와 켈젠 둘 다에 대해 부분적으로만 동의한다. 정치적 통일성이 어떤 민주주의에서 창출되려면 절차들로는 충분하다고 간주될 수 없고 더 실체적인 동질성이 요구된다고 보는 점에서 슈미트에 동의하며, 일정 수의 절차가 매개되지 않고서는 일반의지가 직접적으로 주어질 수

---

30 Hermann Heller, "Politische Demokratie und sozial Homogenität", *Gesammelte Schriften*, vol. 2, Leyden, 1971, p. 427. 이것은 그녀가 슈미트의 책에 쓴 서문 *The Crisis of Parliamentary Democracy*, p. xlix에서 언급된다.

는 없을 것이라고 보는 점에서 켈젠에 동의한다.

물론 나의 이 해법은 절대적인 진리의 존재를 믿는 슈미트로서는 수용 불가능할 것이다. 또 그것은 법에 대한 켈젠의 '순수 이론'과 상충하기 때문에 켈젠을 만족시킬 수도 없을 것이다. 그것은 사람들이 정치와 법의 장에서 항상 권력관계들의 영역 내에 있다는 것과, 어떤 합의도 순수한 추론 과정의 성과로 설정되지 못한다는 것을 함축한다. 권력이 존재하는 곳에서 힘과 폭력은 완전히 제거될 수 없다. 힘과 폭력이 '논증의 힘'이나 '상징적 폭력'의 형식으로만 채택되더라도 그렇다.

정치적 자유주의와 다원주의를 합리주의적이지 않은 관점으로 옹호하려면, 우리는 의회를 진리에 도달하는 장소로서가 아니라 논증과 설득을 통한 합당한 추론 위에서 일치에 도달할 수 있어야 하는 장소로 바라보아야 한다. 물론 그런 일치가 결코 결정적인 것이 아니며 항상 도전에 개방되어 있어야 한다는 것을 의식하고 있어야 한다. 따라서 카임 페렐만Chaim Perelman이 시사하듯, 정치[학] 내에서 수사학의 위대한 전통과의 결속을 재-창조하는 것이 중요하다.[31]

현대 민주주의에서 핵심 역할을 의회와 정당들에 부여—슈미트의 비판과는 배치되는 방식이며—한다고 해서 이 제도들을 현재 기능하는 방식대로 옹호하는 것은 결코 아니다. 확실히 이 제도들에는 아쉬운 점이 매우 많으며, 슈미트에 의해 드러난 결함들의 상당수는 그 이후 더 첨예해졌다. 건강한 민주주의 체계는 광범위한 조건들—정치적이고 경제적인—을 요구한다. 우리 사회에서 이런 조건들을 발견하기는 점차 힘들게 되었으며, 우리

---

31 카임 페렐만의 저서에 대해서는 특히 *Le Champ de l'Argumentation*, Brussels, 1970; *Justice et Raison*, Brussels, 1972; *L'Empire rhétorique*, Paris, 1977 참조.

사회는 거대 법인체들이 지배하고 있다. 그러나 슈미트의 생각과는 달리 도전받아야 하는 것은 다원주의적 민주주의 그 자체가 아니라 [다원주의에 대한] 제한들이다. 그리고 이 제한을 치료할 수 있어야 할 것이다.

다원주의의 한계들

이 논문의 핵심 주제는 현대 민주주의의 문제 전체가 다원주의를 중심으로 공전하고 있다는 것이다. 이 지점에 도달하기까지 슈미트는 우리에게 통일성에 기반을 둔 사유가 발휘하는 매력과 그 사유에 내재한 위험 모두를 보여 주는 '안내자'의 역할을 했다. 그러나 그는 또한 우리에게 특정 유형의 다원주의의 과도함을 경계할 수 있게 해 준다. 실제로, 슈미트는 앵글로 색슨 다원주의 이론들에 대한 자신의 논의에서, 엄청나게 중요한 일련의 논증들을 제공한다. 해럴드 라스키나 콜과 같은 다원주의자들에 따르면, 각 개인은 다양한 공동체와 결사체의 한 구성원이며, 그것들 중 아무것도 다른 것보다 우선성을 지닐 수 없다. 이 점에서 이들은 국가를 종교사회나 전문 집단들과 동일한 유형의 결사체로 이해하며, 개인에게는 국가에 대한 우선적인 의무가 없다고 본다. 슈미트에 따르면 이것은 갈등을 해결하는 데에서 핵심 역할을 개인에게 부여한다는 점에서 자유주의적 개인주의의 전형적인 관점이다. 슈미트는 자신의 입장에 따라 다음과 같은 견해를 채택한다. "정치적인 것의 본질을 이해하지 못하거나 고려하지 않는 한에서만, 정치적 결사체는 종교적·문화적·경제적, 혹은 여타의 결사체들과 동일한 차원에서 다원적으로 배치될 수 있으며, 정치적 결사체가 다른 결사체들과 경쟁하도록 허용된다."32

정치적 결사체의 특정성을 견지한다는 점에서 슈미트는 올바르다. 다원주의를 옹호하는 것이, 정치 공동체인 국가에 대한 참여가 다른 형태들의 사회통합과 같은 수준이라는 주장으로 이어져서는 안 된다는 것이 내 믿음이다. 정치적인 것에 대한 모든 사유는 다원주의의 한계에 대한 인정을 요구한다. 적대적인 정당성 원칙들은 동일한 정치적 결사체 속에서는 공존할 수 없다. 그 차원에서는 다원주의가 존재할 리 없다. 자동적으로 소멸하고 있는 국가가 정치적 현실인 상황이 아니라면 말이다. 그러나 이것은 자유민주주의 체제 내에 서로 다른 정당들의 다원성과 같은, 또 다른 차원의 문화적이고 종교적이고 도덕적인 다원주의가 존재한다는 것을 배제하는 것은 아니다. 그렇지만 이 다원주의에는 현대 민주주의라는 집합적 실존 양식에 고유한 제도들과 원칙들을 구현한다는 점에서 어떤 '윤리적 국가'로서의 국가에 대한 헌신이 요구된다. 여기서 우리는 "자율적인 윤리적 주체로서의 국가에 의해 규정된 윤리, 즉 국가로부터 나온 윤리"[33]라는 슈미트의 관념을 다시 한 번 채택할 수 있을 것이다. [여기에 필요한 조건은] 우리가 민주주의와 자유주의의 접합이라는 특징을 지닌 새로운 체제에 의해 그런 국가를 정식화한다는 것이다.

현대 민주주의의 다원주의를 절차에 대한 합의라는 제한만을 지닌 절대적 다원주의로 이해하는 사람들은, 그런 '규제적' 규칙들이 필연적으로 또 다른 질서가 되는 '구성적' 규칙들과 관련해서만 의미를 지닌다는 사실을 망각한다. 몇몇 저술가들이 그렇듯이 세계에 대한 '상대주의적' 전망에 묶여 있기는커녕, 현대 민주주의는 평등과 자유처럼 자신의 '정치적 원칙들'을 구성하는 일정한 수의 '가치들'에 대한 긍정을 요구한다. 현대 민주주의는 공적인

---

32 Schmitt, *The Concept of the Political*, p. 45.
33 Schmitt, "Ethique de l'Etat et l'état pluraliste", in *Parlementarisme et démocratie*, Paris 1988, p. 148.

것과 사적인 것의 구별, 교회와 국가의 분리, 시민법과 종교법의 분리를 요구하는 인간적 공존 형식을 설정한다. 그것들은 민주주의 혁명의 기본적 성취에 속하며, 그 덕분에 다원주의는 존재할 수 있다. 따라서 우리는 다원주의의 이름으로 이 구별에 대해 문제를 제기할 수는 없다. 따라서 문제는 이런 구별을 수용하지 않는 이슬람과 같은 종교와의 통합에 의해 제기된다. 살만 루시디Salman Rushdie를 둘러싼 최근의 사건들은 쉽게 해결되지 않을 문제가 여기에 존재함을 보여 준다. 이제 우리는 '어떻게 현대 민주주의의 본질로 구성되는 것을 포기하지 않으면서도 최대한 어느 정도로까지 다원주의를 옹호할 것인가?'라는 실제적 도전에 우리 자신이 직면하고 있음을 알 수 있다. 우리는 우리의 '공적 도덕성' 내에 있는 다음과 같은 가치들과 관습들 사이의 구별을 어떤 식으로 만들어 내야 할 것인가? [한편에는] 기독교에 고유한 것이어서, 객관적으로 다윤리적이며 다문화적인 사회가 된 오늘날의 사회에서는 만인에게 정당하게 부과할 수 없게 된 가치들과 관습들이 있다. [다른 한편에는] 다원주의적 민주주의를 계속 존재하게 해 주는 원칙들의 한 표현인 가치들과 관습들이 있다. 이 물음은 결코 쉽고 확실한 것이 아니기에 그에 대한 분명하고 단순한 대답은 존재하지 않지만, 우리 사유에서 반드시 고려되어야 하는 물음이다.

자유민주주의 체제의 특정성을 하나의 사회적 형식으로 이해한다는 것은 또한 자유민주주의 체제의 역사적 성격을 끌어안는다는 것이다. 민주주의 혁명은 돌이킬 수 없는 사건이 결코 아니다. 그것은 위협으로부터만 도래할 수 있으며 우리가 지켜야 하는 것이다. 미국에서 기독교적 기원을 지닌 각종 형식의 종교적 근본주의의 증가, 프랑스에서 가톨릭적인 교조주의 부활은 위험이 외부에서만이 아니라 우리의 고유한 전통 내부에서도 온다는 것을 잘 보여 준다. 기독교 세계에서 종교를 사적인 영역으로 추방—무슬림들 역시 그것을 수용하도록 해야 한다—하도록 하는 데에는 매우 큰 어려움이 따랐고 아직도 완전히 성취된 것은 아니다. 또 다른 각도로 보면 개인적 자유는 부와 권력이 민주적 과정의 통제 바깥에 있는 집단들의 수중에 점차 집중되면서 매우 위험한 상황에 처하게 되었다.

진정한 민주적 다원주의를 창출한다는 것은 회의주의와 냉담이 절망과 반역으로 변해 가는 우리 사회에 약간의 열정이라도 주입할 수 있는 하나의 기획이 아닐까? 하지만 이 기획을 성취하려면, 한편으로는 다원성에 대처하는 데 필요한 일련의 절차들로 이해된 민주주의와, 다른 한편으로는 특수한 공존 방식을 불어넣는 가치들의 고수로서의 민주주의 사이에서 어렵지만 균형을 맞춰야 한다. 어떤 한 측면에 우선권을 부여하려는 시도는 이런 새로운 통치 형태의 가장 귀중한 요소를 우리에게서 앗아 갈 위험이 있다.

현대 민주주의에는 역설적인 무언가가 존재하며, 슈미트는 그 실제적 의의를 이해하는 데는 실패했지만 그것을 볼 수 있도록 우리를 도와준다. 슈미트에게 다원적 민주주의는 화해할 수 없는 원칙들의 모순적 조합이다. 즉, 민주주의는 동일성과 등가성의 논리지만, 그것의 완전한 실현은 총체적인 동일성의 체계를 가로막는 장애물을 구성하는 다원주의의 논리에 의해 불가능하다. 다음과 같은 점을 부정할 수는 없다. 즉, 자유주의와 민주주의의 접합을 통해, 민주주의의 등가성의 논리는 자유주의의 차이의 논리와 연결되었는데, 이는 모든 정체성을 실정성으로 해석하려는 경향이 있으며, 따라서 전체화하려는 모든 시도를 전복하는 다원주의를 설립한다. 따라서 이 두 논리는 궁극적으로는 양립 불가능하다. 하지만 그렇다고 이것이 슈미트의 선언대로 자유민주주의가 실행 불가능한 통치 형식임을 의미하는 것은 절대 아니다. 반대로 나는 동일성의 논리와 차이의 논리 사이에 긴장이 존재한다는 사실이야말로 다원주의적 민주주의의 본질을 정의하고 다원주의적 민주주의를 근대 정치의 결정 불가능한 성격에 특히 잘 들어맞는 정부 형식으로 만들어 준다고 믿는다. 우리는 이 긴장에 슬퍼하기는커녕 감사해야 하며, 그것을 제거되어야 할 것이 아니라 방어되어야 할 어떤 것으로 바라보아야 한다. 사실상 이 긴장—이것은 개인으로서의 정체성과 시민으로서의 정체성 간의 긴장이거나 자유와 평등이라는 [뒤] 원칙 간의 긴장이다—이야말로, 현대 민주주의 기획이 다원주의와 더불어 풍부해지고 살아 있을 수 있는 최상의 보증물이다. 이 긴장을 해소하려고 욕망한다면 정치적인 것의 제거와 민주주의의 파괴만을 이끌어 낼 뿐이다.

| 제9장 |

자유주의 정치[학]와 그 한계

자유민주주의의 '승리'는 엄청나게 널리 구가되었지만, 이제 자유주의의 본성에 관한 불일치가 증가하는 시점에 이르렀다. 이 중 몇 가지 불일치는 자유주의의 핵심 교의인 국가의 중립성에 관한 것이다. 국가의 중립성을 어떻게 이해해야 하는가? 자유주의 사회는 국가가 중립성을 유지하며 서로 다른 생활 방식과 가치관들이 공존하는 그런 사회인가? 그렇다면 그런 사회에서는 평등이나 인격적 자율성과 같은 특정 이상을 국가가 장려하는가? 최근 여러 자유주의자가 공동체주의의 도전에 대응하는 과정에서 그렇게 주장했다. 자유주의는 선善에 관한 관념들을 무시하기는커녕 오히려 일련의 특정 가치들을 구체화했다는 것이 그들의 주장이다.[1]

---

[1] 이 조류를 보여 주는 논문을 몇 개 소개하면, Nancy L. Rosenblum ed., *Liberalism and the Moral life*, Cambridge, Mass., 1989; R. B. Douglass, G. Mara and H. Richardson eds., *Libaralism and the Good*, New York, 1990; Stephen Macedo, *Liberal Virtues. Citizenship, Virtue and Community in Liberal Constitutionalism*, Oxford, 1991; William A. Galston, *Liberal*

실례로 윌리엄 갈스톤William A. Galston의 주장을 살펴보자. 잘 알다시피 롤즈, 드워킨, 브루스 애커만Bruce Ackerman은 중립적 국가을 옹호하는 가장 중요한 세 명의 인물이다. 갈스톤의 주장에 따르면 이 세 사람은 실체적 선의 이론, 다시 말해 갈스톤 자신이 '합리주의적 휴머니즘'이라 부르는 이론과 관련이 있다. 갈스톤의 글을 보자. 이 세 사람은 인정하지 않았지만 "그들은 동일한 삼인조의 선 이론에 은밀하게 의존한다. 그들은 인간 실존의 가치, 인간의 합목적성 및 인간적 목적 완수의 가치, 사회의 원칙들 및 행위들에 대한 주요 제한의 역할을 할 합리성의 가치를 가정하는 것이다."2 갈스톤에 따르면, 자유주의자들은 '완전주의적' 태도를 채택해야 하며, 자유주의가 어떤 특정 가치관을 장려하며 자유주의적 정치체를 구성하는 목적 및 덕을 헌신적으로 추구한다는 것을 개방적으로 진술해야 한다.

자유주의자들 가운데서도 상당수가 완전주의 해법을 거부하면서, 통상적으로 정식화된 중립성 테제의 결점을 인정한다. 롤즈가 그런 경우다. 롤즈는 공동체주의 비판가들이 롤즈의 해석이라고 규정한 '좋음에 대한 옳음의 우선성' 유형의 해석과 경계를 긋는다. 현재 롤즈는 이렇게 역설할 정도다. "공정으로서의 정의는 절차적으로 중립적이지 않다. 여기서 정의 원칙들은 확실히 실체적이며 절차적 가치들보다 훨씬 더 많은 것을 표현한다. 또 [그 원칙들이 표방하는] 인격체와 사회에 대한 정치적 관점에서도 마찬가지다. 원초적 입장은 이를 잘 보여 준다."3

드워킨도 절대적 중립성의 관념을 결코 받아들이지 않았다. 자유주의의

Purposes. Goods, Virtues and Diversity in the Liberal State, Cambridge, 1991.

2 William A. Galston, *Liberal Purposes*, p. 92.

3 John Rawls, *Political Liberalism*, New York, 1993, p. 192.

핵심에 일정한 평등관이 놓여 있다는 것이 드워킨의 견해다. 자유주의 국가는 모든 구성원을 평등하게 대우해야 하기 때문에, 중립적이어야 한다. 따라서 드워킨은 이렇게 확언한다. "한 사회의 시민들이 [좋은 삶에 대해 – 인용자] 갖고 있는 관점은 서로 다르다. 그래서 정부가 한 관점을 다른 관점보다 더 선호한다면 시민들을 평등하게 대우하는 것이 아니다. 그 관점이 본래 우월하다는 관료들의 믿음 때문이든, 그 관점이 더 많거나 강력한 집단들에 의해 유지되기 때문이든 마찬가지다."[4] 드워킨에게, 자유주의는 구성적 도덕성에 기반을 둔 것이지 회의주의에 기반을 둔 것이 아니다. 드워킨에 따르면, 자유주의 정부라면 사람들을 평등하게 대우해야 하는데, 그 이유는 "정치적 도덕성에 옳고 그름이 존재하지 않아서가 아니라 그렇게 하는 것이 올바른 일이기 때문이다."[5]

갈스톤이 꼽은 세 명의 저자들 가운데 진정한 '중립주의자'는 애커만뿐이다. 왜냐하면, 그는 중립적 대화의 공약이 자유주의의 구성 요소라고 믿으며, 평등의 공약은 중립적 대화가 부과하는 조건을 통해 제약되어야만 한다고 믿기 때문이다. 더 나아가, 애커만의 중립적 대화관은 가치관들에 대한 철학적 탐구의 여지를 전혀 남겨 두지 않는다. 애커만은 자유주의가 회의주의에 근거해야 한다고 주장하기까지 한다. 애커만에 따르면 "우주라는 그릇에는 숨겨진 도덕적 의미란 없기"[6] 때문이다.

---

4 Ronald Dworkin, "Liberalism", Stuart Hampshire ed., *Public and Private Morality*, Cambridge, 1978, p. 127.
5 같은 글, p. 142.
6 Bruce Ackerman, *Social Justice and the Liberal State*, New Haven, 1989, p. 368.

정치적 자유주의

중립성을 둘러싼 논쟁에서 진정한 쟁점은 다원주의의 본성과 자유민주주의 내에서 다원주의가 차지하는 위치라는 것이 내 생각이다. 자유주의 국가를 고찰하는 방식은 민주주의 정치[학]에 광범위한 영향을 미치고 있다. 실제로 그것은 '다문화주의'와 같은 핵심 문제들과 씨름하는 방식을 규정한다. 여기서 내 의도는 최근 가장 영향력 있는 입장, 즉 중립성 관념을 재정식화해 중립성 관념을 유지하려는, 이른바 '정치적 자유주의'를 검토하려는 것이다.

존 롤즈와 찰스 라모어[7]와 같은 정치적 자유주의자들의 출발점은 그들이 다원주의의 '사실'이라고 부르는 것, 즉 현대 민주주의 사회에는 다양한 가치관들이 존재한다는 사실이다. 이 경우 사람들 사이에 존재하는 서로 다른 가치관들이 공존하도록 어떻게 조직화할 것인가라는 '자유주의의 문제'가 제기된다. 주목할 것은 이들이 다원주의를 옹호하는 이유다. 그들은 상이성이 특별히 가치가 있다고 믿어서가 아니라 국가의 강압을 행사하지 않고서는 제거될 수 없다고 판단하기 때문에 다원주의를 옹호한다. 이런 다원주의는 로크적 사유 유형인데, 다원주의 가치의 인정에 근거한 것이라기보다는 다원주의가 간섭받아서는 안 되는 이유에 더 근거한다. 롤즈를 예로 들어 보겠다. 그는 현대가 처한 곤경이 "① 다원주의의 사실, ② 다원주의의 영속성의 사실, ③ 이 다원주의는 (아무 집단도 획득하지 못한 국가의 통제를 전제하는) 국가권력의 억압적 사용에 의해서만 극복될 수 있다는 사실"[8]로 이루어진다고 정의

---

7 롤즈와 라모어 사이에는 중대한 차이가 있지만, 두 사람 모두 '정치적 자유주의'의 한 판본을 옹호한다. 그들 사이에는 같은 항목으로 다루어져도 정당할 만큼 충분한 공통점이 있다.

8 John Rawls, "The Idea of an Overlapping Consensus", *Oxford Journal of Legal Studies* vol. 7, no. 1, p. 22.

한다. 그렇다면 중립성에 대한 정의는 실체적 견해들에 대한 비간섭이 되며, 다원주의는 서로 다른 생활 방식을 그 내재적 가치를 상관하지 않고 묵인하는 것과 같다.

이와 반대로 중립성에 대한 비판자들은 다원주의가 가치론적인 원칙으로 고찰되어야 한다고 역설하는데, 그것은 매우 다르고 양립 불가능하지만 그럼에도 가치 있는 [여러] 생활 방식들이 있다는 것을 인정하는 원칙이다. 조셉 라즈가 옹호하는 '가치 다원주의'의 의미가 이런 것인데, 그는 다원주의와 인격적 자율성이라는 이상 간에 어떤 연결을 설정한다. 라즈에 따르면 자율성은 도덕적 다원주의를 전제하는데, 그 이유는 한 인격체가 자율적 삶을 살수 있으며 도덕적으로 수용 가능한 선택지들이 그에게는 다양하다는 점에서 비롯된다. 라즈의 진술은 다음과 같다. "도덕적 다원주의를 더 정확히 설정해 보자. 만일 자율성이 하나의 이상이라면 우리는 그런 도덕 원리에 전념해야 한다. 즉 자율성을 존중한다면 도덕적 다원주의를 승인해야 한다."[9] 라즈는 자신이 옹호하는 완전주의 유형과 다원주의의 실존 간에 필연적인 연결이 있다고 본다. 다원주의는 완전주의를 거부해야 성립할 수 있다고 보는 롤즈와는 정확히 반대다. 그렇기에 다원주의는 마지못해 수용되어야 할 단순한 하나의 '사실'이 아니라 인격적 자율성의 조건이라는 점에서 축하받고 존중받아야 할 그 무엇이라고 라즈는 이해한다. 로크보다는 존 스튜어트 밀과 더 가까운 관점이다. 우리는 다원주의의 육성이 중립성을 통해서는 이론화될 수 없는 이유를 이를 통해 잘 알 수 있다.

'정치적 자유주의'는 현대 민주주의 사회에 존재하는 이익의 다원성과 선에 대한 전망의 다양성을 받아들이는 데에서 완전주의보다는 더 나은 틀을 제

---

9 Joseph Raz, *The Morality of Freedom*, Oxford, 1986, p. 399.

공한다고 주장한다. 정치적 자유주의를 옹호하는 사람들에 따르면, 좋은 삶을 언급하는 자유주의 관점들은 그 과제를 수행하는 데 부적절하다. 왜냐하면 "그 런 자유주의 관점들은 단지 그 문제의 또 다른 부분에 불과하기 때문이다."10 그렇다면 정치적 자유주의를 옹호하는 사람들은 얼마나 설득력이 있는가? 그들은 정말로 자유민주주의적인 합의의 본성을 고찰하는 데에서 최선의 전 망을 제공하는가? 이미 지적한 대로, 이들의 주요 관심은 좋은 삶에 대한 관 점들이 서로 갈등하며 다양하게 존재하는 근대적 조건에서 어떤 식으로 사 회적 통합을 가능하게 할 것인가다. 롤즈는 이 물음을 이렇게 정식화한다. "합당하지만 양립 불가능한, 종교적이고 철학적이고 도덕적 교리들로 뿌리 깊이 나뉜 자유롭고 평등한 시민들의 안정적이고 정당한 사회가 어떻게 시 대를 넘어 존재할 수 있는가?"11 롤즈와 라모어 두 사람 모두, 이 문제에 대한 해법으로 엄밀하게 '정치적인' 자유주의를 옹호한다. 그것은 어떤 포괄적인 도덕적 이상에도 의거하지 않는다는 의미, 말하자면 칸트나 밀과 같은 자유 주의적 철학자들이 제출한 유형의 철학에 의거하지 않는다는 의미에서다. 롤즈와 라모어의 논증은 다음과 같다. 만일 좋은 삶의 본성에 대한 견해가 서로 일치하지 않는 사람들이 자유주의 제도들을 수용해야 한다면, 이런 제 도들은 칸트적인 자율주의 혹은 밀적인 개인성의 이상처럼 논쟁적일 수밖에 없는 근거들로는 정당화될 수 없다.

정치적 자유주의자들은 자유주의 국가가 어떤 공동선의 관념을 반드시 참조해야 하고 도덕성과 관련해서는 중립적일 수 없다는 점에서는 완전주의

---

10 Charles Larmore, "Political Liberalism", *Political Theory*, vol. 18, no. 3, August, 1990, p. 345.

11 Rawls, *Political liberalism*, p. xviii.

자들을 인정한다. 하지만 그들은 어떤 선 이론이 없이는 지낼 수 없다는 것을 인정하면서도, 자신들의 이론이 하나의 최소 이론이라고 주장한다. 그것은 포괄적 견해와 구별되어야 하는데, 서로 다르며 갈등하는 좋은 삶의 이상들을 지닌 사람들이 받아들일 수 있는 것은 원칙들로 한정된 어떤 공통의 도덕성이기 때문이다. 라모어는 '중립성'이라는 통념의 본래적 의미를 이렇게 생각한다. "중립적 원칙들은 우리가 우연히 지니게 된 좋은 삶에 대한 논쟁적 견해들에 호소하지 않더라도 정당화할 수 있는 그런 원칙들이다."12 또 롤즈는 자신의 정의론이 '정치적인' 것이지 '형이상학적'인 것이 아니며, 그 목표는 "헌법 체제의 기본 구조를 위한 공적 정당화의 기초를 분명히 표명하려는 것이다. [이때] 이 공적 정당화의 기초는 공적인 정치 문화에 함축된 기본적인 직관적 관념들로부터 작동하며 포괄적인 종교적·철학적·도덕적 교리들로부터 추상하여 이루어진다. 그것은 다원주의의 사실로부터 부여된 공통의 근거—혹은 중립적 근거라는 말을 선택할 수도 있겠다—를 추구한다."13

물론 자유주의는 사회적 통일성의 문제에 관해 다른 해법을 제공할 수도 있다. 몇몇 자유주의자들은 홉스적인 잠정 협정이 다원주의 사회에 필요한 합의 유형을 충분히 제공한다고 확신한다. 한편 다른 자유주의자들은 제정된 법적 절차들에 대한 헌법적 합의가 정의에 대한 합의만큼이나 효율적으로 그런 역할을 한다고 믿는다. 하지만 '정치적 자유주의'는 그런 해법들로는 부족하다고 여기며, 가치와 이상이 권위 있는 역할을 맡게 되는 어떤 도덕적 합의 유형이 필요하다고 선언한다.

라모어는 정치적 자유주의자들의 과제를 설명하면서, 그들은 좋은 삶을

---

12 Larmore, "Political Liberalism", p. 341.
13 Rawls, *Political liberalism*, p. 192.

둘러싼 논쟁적 견해들에 호소하지 않으려 할 뿐만 아니라, 그것이 합당한 불일치의 사실 자체임에도 회의주의에 호소하지도 않으려 한다고 선언한다. 게다가 그들은 단순히 전략적 고찰들에만 기초한 정당화의 한 유형, 즉 순전히 신중한 동기들에만 기초한 홉스적 유형에 만족하지 않는다. 라모어의 견해에서 "자유주의는 이 두 극단 사이에서 하나의 중간을 찾아냄으로써만 어떤 최소 도덕관으로 작동할 수 있다"라는 것이다.14

사실 '정치적 자유주의'에는 도덕적이면서도 중립적인 합의의 기초를 창출하면서도 공격할 수 없는, 권리, 원칙, 제도적 배치들의 한정된 목록들을 정식화하려는 야망이 있다. 그런 취지에서 이 자유주의 사상가들은 '논쟁적인' 종교적·철학적·형이상학적 쟁점들을 제외하자고 제안하며, 또 자유주의에 대한 엄격하게 '정치적인' 이해로 스스로를 제한한다. 그들은 공동선을 실현할 수 있는 가능성이 없을 때에도 여전히 획득 가능한 공동의 지반을 정치적 자유주의가 구성할 수 있을 것이라고 믿는다. 자유주의 사회라면 사람들이 합당하게 거절할 수 있는 상당한 이유가 있는 제도들이나 장치들을 수용하지 않을 수 있어야 한다는 것이 그들의 주요 신조다. 따라서 논쟁 과정에서 호소력을 발휘할 수 있는 확신들의 유형을 결정하는 규칙들을 통해 정치적 토론은 강제되어야 한다. 그들의 기획은 그 틀을 정의하고, 정치적 토론을 통해 반박의 여지가 없는 결과들을 내놓는 데 필요한 조건들을 창출하는 데 있다.

라모어의 경우, 해법은 합리적 대화와 평등한 존중이라는 두 가지 규범에 의거한 정당화 형식이다. 라모어에게 정당한 정치적 원칙이란 합리적 대화를 통해 도달되는 것이며, 이 합리적 대화 속에서 당파들은 평등한 존중의

---

14 Larmore, "Political Liberalism", p. 346.

규범에 따라 움직인다. 이런 입장은 우리에게 좋은 삶을 둘러싼 논쟁적 견해에서 벗어나 있을 것을 요구하며, 정치적 질서에 대한 원칙들을 고안할 때 정치적 중립을 존중하기를 요구한다. 그 함축은 다음과 같다. "불일치가 발생할 때 대화를 지속하길 원하는 사람들은 중립적 지반으로 물러나야 한다. [이는] 논쟁을 해결하기 위해서든, 아니면 대화가 합리적으로 수행될 수 없을 때 논쟁을 우회하기 위해서든 [마찬가지다]."15 롤즈의 해법은 정치적 정의관에 대한 중첩적 합의의 창출이다. 롤즈는 '회피'의 방법을 실천하고, 철학적이며 도덕적인 논쟁을 무시함으로써, 공적 이성을 통해 정의 원칙에 대한 자유로운 합의에 도달할 수 있기를 기대한다. 이 정의 원칙은 "모든 시민에게 그들의 정치적 제도들의 정당성 여부를 서로의 앞에서 검토할 수 있게 해 줄 하나의 관점을 명시한다."16

자유주의와 정치적인 것의 부정

정치적 자유주의의 성공은 도덕성과 중립성을 화해시키는 유형의 논쟁을 위한 조건들을 확립할 가능성에 달렸다. 나는 사회적 통일성의 원칙을 찾으려는 정치적 자유주의의 시도가 합리성에 입각한 중립성 형식으로는 성공할 수 없다는 것을 곧바로 논증할 것이다. 하지만 나는 먼저, 이 기획의 정식화가 정치적인 것을 제거하는 데 의존한다는 것, 그리고 질서 정연한 사회를 정치의 영향을 받지 않는 사회로 이해하는 데 의존한다는 것을 보여 주고자 한다.

---

15 Charles E. Larmore, *Patterns of Moral Complexity*, Cambridge, 1987, p. 59.
16 Rawls, "The Idea of an Overlapping Consensus", p. 5.

면밀히 검토해 보면, 그 논증은 공적 부문에서의 합의를 확보하고자 다원주의와 사적 부문에서의 이견을 추방하는 데에서 성립한다는 것을 알게 된다. [분란을 일으킬 만한] 논쟁적 쟁점들은 '합리적' 합의 조건들을 창출하기 위해 모두 의제에서 제거된다. 그 결과 정치 부문은 개인들이 자신의 요구들 사이에서 '공정'하다고 간주되는 것들을 판결하기 위한 절차들을 제출하는 단순한 지형이 되어 버린다. 이런 개인들은, 당연히 도덕의 제약 속에서 자신들의 '파괴적' 정념들과 믿음들을 떨쳐 버리고 자기 이익을 추구하는 합리적 행위자로 간주된다. 이 정치관이 정치적인 것에 대한 자유주의적 부정의 전형적인 경우라는 것은 쉽게 알 수 있다. 슈미트의 비판대로 말이다. "자유주의 개념들은 전형적으로 윤리(지성)와 경제(교역) 사이에서 움직인다. 이 양극성 때문에 자유주의 개념들은 권력과 억압을 자신의 영역으로 하는 정치적인 것을 폐기하려 한다."17

정치를 개인들 간의 합리적 협상 과정으로 구상하는 것은 권력과 적대의 모든 차원, 즉 내가 '정치적인 것'이라 부르는 것을 제거하는 것이며, 따라서 그 본성을 완전히 놓치는 것이다. 또 그것은 인간의 행동을 유발하는 힘인 정념의 지배적 역할을 소홀히 하는 것이기도 하다. 게다가 정치 분야에서 우리가 마주치는 것은 고립된 개인들이 아니라 집단들과 집단적 정체성들이며, 그 역동성은 개인적인 계산들로 환원해서는 파악될 수 없다. 이는 자유주의적 접근에는 곤혹스런 결과인데, 왜냐하면 자기 이익은 프로이트의 가르침대로 어떤 특정 환경에서는 고립된 개인들의 중요한 동기일지 모르겠지만, 집단들의 행위는 거의 규정하지 못하기 때문이다. 슈미트 입장의 강점을 인정한다고 해서 정치적인 것에 대한 그의 관점을 전적으로 인정할 필요는

---

17 Carl Schmmit, *The Concept of the Political*, New Brunswick, 1976, p. 71.

없다. 하지만 슈미트의 진가는 정치를 사적 분야에 존재하는 모든 분열적인 쟁점들과는 분리된 중립적인 영역으로 제시하는 견해의 단점을 드러낼 때 나타난다. 자유주의의 주장대로, 정치적인 것에 대한 어떤 보편적이고 합리적인 합의가 왜곡되지 않은 대화를 통해 산출될 수 있고 자유롭고 공적인 이성이 국가의 공평성을 보증할 수 있으려면, 환원 불가능한 적대적 요소들이 사회적 관계들 내에 현전함을 부인하는 대가를 치러야만 한다. 또 이는 민주주의 제도들을 방어하는 데 파멸적인 결과를 가져올 수 있다. 정치적인 것은 거부해도 사라지는 것이 아니다. 오히려 정치적인 것을 거부하면, 정치적인 것이 발현했을 때 혼란만 가중시킬 뿐이며 무능력만 키울 뿐이다.

자유주의는 합리주의적이고 개인주의적인 틀 내에서 정식화되는 한, 정치적인 것이 존재한다는 것을 못 볼 수밖에 없으며, 정치의 본성에 관해 잘못 알게 된다. 사실 자유주의는 애초부터 정치의 '종차'*differentia specifica*, 집단적 행위의 조종handling, 적대들이 교차하는 영역에서 통일성을 확립하려는 시도, 이 모든 것을 제거한다. 자유주의는 정치가 집단적 정체성의 구축에 관계하며, '그들'과 대립적인 '우리'의 창출에 관계한다는 사실을 간과한다. 정치적인 것을 길들이고 파괴 세력들을 저지하고 질서를 설립하려는 시도인 정치는 항상 갈등과 적대를 다룬다. 모든 합의는 필연적으로 배제 행위에 근거한 것이며, 전적으로 포괄적인 '합리적' 합의는 있을 수 없다는 것을 이해할 필요가 있다.

이 핵심 지점은 데리다에게서 차용한 '구성적 외부' 통념이 해명을 도와줄 수 있을 것이다. 데리다의 핵심 관념 가운데 하나는 하나의 정체성의 구성은 언제나 무언가의 배제에 근거하며, 형상/질료, 본질/우연, 흑인/백인, 남자/여자 등등의 결과로서 생겨나는 두 극 사이의 폭력적인 위계의 설립에 근거한다는 것이다. 이는 그 자체로 자기 현전적인, 차이로 구성되지 않는 정체성은 존재하지 않으며, 모든 사회적 객관성은 권력 행위를 통해 구성된다는 것을 드러낸다. 그것은 어떤 사회적 객관성이라도 궁극적으로는 정치적이며, 그 구성을 결정하는 배제의 흔적들, 즉 우리가 그것의 '구성적 외부'라고 부를 수 있는 것을 보여 주어야 한다는 것을 의미한다. 결국 모든 사회적 관계들의 체계들은 어느 정도까지는 권력관계들을 함축한다. 왜냐하면 하나의 사회적 정체성을 구축하는 것은 하나의 권력 행위이기 때문이다.

라클라우가 지적했듯이, 정체성 자체를 구축하는 것이 권력이기에 권력은 두 개의 미리 형성된 정체성들 간에 생겨나는 어떤 외적 관계로 이해되어서는 안 된다. 라클라우에 따르면, "사회적 조직 체계들은, 되도록 일관된 행위들과 결정들을 만들어 내기 위해 결정 불가능성의 가장자리를 축소하려는 시도라고 간주될 수 있다. 그러나 부정성이 현전하고 있다는 단순한 사실만으로도, 또 적대가 일차적이고 구성적인 성격으로 주어졌으므로, 그 어떤 결정도 '궁극적으로' 결정 불가능하다는 것을 완전히 감출 수는 없을 것이며, 그 결정을 부인하는 무언가를 억압하는 대가를 치르고서만 사회적 일관성이 성취될 것이다. 바로 이런 의미에서 어떤 객관적이고 변별적인 규칙 체계라도 자신의 가장 본질적인 가능성으로 어떤 강제의 차원을 함축하고 있다."[18]

합리성과 중립성

정확히 이 결정 불가능성과 강제의 차원이야말로 '정치적 자유주의'가 애써 제거하려는 것이다. 정치적 자유주의가 우리에게 제시하는 질서 정연한 사회라는 그림에는, 적대와 폭력과 권력과 억압이 보이지 않는다. 하지만 사

---

18 Ernesto Laclau, *New Reflexions on the Revolution of Our Time*, London, 1990, p. 172.

실은 그것들이 솜씨 있는 전략에 의해 안 보이게 되었을 뿐이다.

물론 정치적 자유주의자들은 자신들이 옹호하는 다원주의가 전부가 아니며 몇몇 견해들이 배제되어야 한다는 것을 정확히 깨닫고 있다. 그러면서도 그들은 그런 배제가 가능한 합의의 한계들을 설정하는 '실천 이성의 자유로운 행사'의 산물이라고 선언함으로써 이를 정당화한다. 정치적 자유주의자들에 따르면 '단순한 다원주의'와 '합당한 다원주의'[19]를 구별할 필요가 있다. 어떤 견해가 배제되는 경우는 이성의 행사에 의해 요청되었기 때문이다. 일단 배제들이 합리적 절차들('무지의 베일' 혹은 합리적 토론)에서 나온 어떤 자유로운 일치에서 발생하는 것으로 제시되면, 그것들은 권력관계들에서 면제된 것으로 출현한다. 합리성은 이렇게 '자유주의의 역설', 즉 '어떻게 중립적인 것으로 남아 있으면서도 자신의 적대자들을 제거할 것인가?'를 해명하는 열쇠가 된다.

이런 전략은 '국가의 중립성에 대한 중립적 정당화'를 정식화하려는 라모어의 기획에서도 볼 수 있다. 라모어는 최소 도덕관과 중립성을 동일시함으

---

19 이 구별은 Joshua Cohen, "Moral Pluralism and Political Consensus", in D. Copp. and Hapton ed., *The Idea of Democracy*, Cambridge, 1993에서 처음으로 정식화되었다. 그 이후 롤즈는 자신의 최근 저서 *Political Liberalism*에서 이 구별을 폭넓게 사용해 왔다.

[옮긴이] 롤즈는 합당성이 입증되지 않은 교리가 포함된 다원주의를 '다원주의 사실'(the fact of pluralism) 그 자체라고 부르고 합당하지만 화해 불가능한 교리를 '합당한 다원주의'(reasonable pluralism)라고 부르고 있다. 이 책에 나오는 단순한 다원주의는 다원주의의 사실 자체를 가리키는 말이며, 결국 롤즈의 생각은 합당하지 않은 교리들은 받아들이지 않겠다는 것이라고 할 수 있다. 롤즈는 합당한 다원주의를 전제하고 나서, 공존 가능한 근본적인 사회 운영의 법칙을 수립하려는 것이다. 롤즈는 합당한 다원주의 차원에서 사회 통합의 기초가 포괄적 교리의 수준에서는 화해 불가능하다는 것을 인정하기 때문에 포괄적 교리들의 차원이 아닌 다른 차원, 즉 중첩적 합의에 의한 사회 통합을 강조한다.

로써 출발한다. 즉 공통의 지반 그것은 좋은 삶에 대한 논쟁적인 관점과 관련해서 중립적이라는 것이다. 그러고 나서 그는 이 공동 지반을 중립적 방식으로 명시하고자, 동등한 존중과 합리적 대화라는 공유된 규범에 호소한다. 라모어에 따르면 동등한 존중과 합리적 대화가 서양 문화의 핵심 규범이었으므로, 근대 개인주의에 대한 낭만적 비판가들에게 그들이 소중히 여기는 전통과 소속감의 가치들을 포기하지 않고서도 자유주의 정치 질서를 지지할수 있다는 것을 확신시킬 수 있다는 것이다. 라모어는 '합리적 논증의 이상적조건들'이라는 자기 관점이 '이상적 담화 상황'이라는 하버마스의 관념에 빚지고 있음을 인정하면서도, 자신의 이상적인 정당화 조건들이 결코 우리의역사적 상황들에서 전적으로 벗어난 것이 아니며, 우리의 일반적 세계관과함수 관계에 있기 때문에, 자신의 접근이 하버마스의 접근보다 더 맥락주의적이라고 주장한다.[20] 롤즈와 마찬가지로, 라모어가 염두에 둔 것은 근대 서구 사회에서 폭넓게 수용된 규범들에 근거한 어떤 '중첩적 합의'의 창출이다.

라모어 자신은 자신의 고안 덕택에 정치적 결사체를 입안하는 원칙들에관심 있는 합리적인 사람들이라면 수용해야 할 원칙들에 도달했으며, 그 어떤 논쟁적 교리에도 의존하지 않는 국가의 중립성을 위해 하나의 정당화를제공했다고 믿는다. 그러나 갈스톤이 지적하는 것처럼, 라모어의 해법은 칸트의 평등한 존중의 관점에 호소하여, 칸트 및 밀의 계승자들과 신낭만주의자들 사이의 분쟁을 해결하려 한다는 얄궂음 외에도, 증가하는 종교인들의수를 무시한 것이다. 종교인들과 자유주의의 대립은 개인주의에 대한 낭만주의 비판가들이 그런 것보다 훨씬 더 실제적인 도전인 것이다.[21]

---

20 Larmore, *Patterns of Moral Complexity*, p. 56.
21 Galston, *Liberal Purposes*, p. 299.

라모어는 필시 그런 종류의 불일치들은 '합당한' 것으로 수용될 수 없다고 답할 것이다. 그러나 누가 '합당한' 것과 합당하지 않은 것을 결정하는가? 정치에서 '합당한 것과 '합당하지 않은 것' 간의 구별이란 경계가 이미 그어져 있는 것이다. 달리 말해, 이 구별은 하나의 정치적 성격을 지닌 것이며 언제나 하나의 주어진 헤게모니를 표현한다. 어떤 공동체에서 어떤 주어진 순간에 '합리적'이거나 '합당한' 것으로 간주되는 것은 지배적 언어 게임들과 그것들이 해석하는 '상식'에 대응한다. 그것은 정치적 성격이 생략된 담론들과 관행들의 집합의 '침전' 과정에서 나온 것이다. 만일 합당한 것과 합당하지 않은 것 사이를 구별하는 것이 완전히 적법하다면, 그런 대립이 지니는 함축을 깨달아야만 할 것이다. 그렇지 않다면 관행들과 배치들의 지형은 자연적인 것이 되며 비판적 탐구 범위에서 추방된다. 현대 민주주의에서 우리는 이성의 바로 그 경계를 물을 수 있어야 하며 합리성의 이름으로 이루어진 보편성의 요구들을 면밀히 살펴볼 수 있어야 한다. 주디스 버틀러가 우리에게 환기시키는 것처럼 말이다. "권력이나 힘을 넘어서는 일련의 규범들을 확립하는 것은 그 자체로 강력하고 힘 있는 개념적 실천인데, 그것은 규범적 보편성이라는 수사에 호소함으로써 그것의 고유한 권력 유희를 승화하고 변장하고 확대한다는 의미에서다."22

결정 불가능성과 권력을 제거하려는 이 같은 노력은 롤즈에게서도 발견될 수 있다. 공정으로서의 정의는 비당파적이며 서로 다른 포괄적 견해들을 넘어서기 때문에 다원주의적 사회에서 수용 가능한 합의의 기초로 제시된

---

22 Judith Butler, "Contingent Foundations: Feminism and the Question of 'Post-Modernism'", J. Butler & J. Scott eds., *Feminists Theorize the Political*, New York and London, 1992, p. 7.

다. 물론 롤즈는 이제 자기 이론이 초역사적인 것이 아니라, '어떤 정의관이 기본적 제도 내에서 자유와 평등의 가치 실현에 가장 적절한가?'라는 하나의 특정한 물음에 대한 대답임을 인정한다. 물론 이것은 자유와 평등의 가치가 반드시 고려해야 할 가치라는 전제에 의해 그 토론이 강제될 것임을 함축한다. 롤즈에게 이 요구는 우리 사회에 현전하는 기본적이고 직관적 관념들에서 우리가 출발한다는 것을 단순히 가리키는 것에 불과하다. 롤즈는 이 요구를 자명하고 논쟁적이지 않은 것으로 간주하지만 그렇지 않다. 그것은 사실에 대한 자비로운 진술이기는커녕, 서로 다른 가치가 정치적 질서를 조직하는 가치여야 한다고 믿는 사람들을 대화에서 미리 배제하는 어떤 결정의 결과다. 롤즈는 이 가치들이 우리 사회에 도덕적 합당함의 기준을 제공한다고 생각하면서 이 가치들에 대한 이의를 배제한다. 롤즈의 확신에 따르면, 중립적이고 합리적인 추론 과정은 그런 기본적이고 합당한 전제들에서 출발하기 때문에 모든 합당하고 합리적인 사람들이라면 받아들여야 할 정의론의 형성에 이르게 된다는 것이다. 결국 이 전제들에 동의하지 않는 사람들은 합당하지 않다거나 비합리적이라는 이유로 자격을 박탈당한다. 이것은 롤즈에게는 아무 문제가 없는데, 그 이유는 그가 이렇게 믿기 때문이다. "자유주의적 정의관의 원칙들을 만족시키는 정치적 제도들이 구현해 내는 정치적 가치들과 관념들은 보통 그것들과 대립하는 어떤 가치들보다 더 중요하다."[23] 이 '보증' 덕에 롤즈는 '중첩적 합의'를 생산하는 규칙들과 제도들을 떠받치는 데에서 힘의 역할만이 아니라 힘의 '외부'도 털어 낸다.

---

23 John Rawls, "The idea of Overlapping Consensus", *Oxford Journal of Legal Studies* 7, 1987, p. 24.

다원주의와 결정 불가능성

우리가 볼 수 있는 것처럼 성공적인 논쟁 조건들을 창출하려는 정치적 자유주의자들은 자신들의 '게임의 규칙들'을 수용하지 않는 사람들에게는 합리적 대화를 개방하지 않는다. 이런 함축들이 의식되고 있다는 것이 전제되면, 어떤 면에서는 그에 관해 반대할 만한 어떤 것도 존재하지 않는다. 하지만 이 경우 그 함축들은 당연히, 아마도 합리적 논쟁이라는 바로 그 목적을 좌절시킬 것이다.

이제 하나의 공유된 틀이 존재할 때에만 논쟁이 가능하다는 것이 일반적으로 인정된다. 비트겐슈타인이 지적했듯이 의견에 대한 일치가 있으려면 우선 사용되는 언어에 대한 일치가 있어야 한다. 그러나 그는 또한 우리에게, 게임의 규칙들이 '의견이 아니라 삶의 형식에 대한 일치'[24]를 표현한다는 사실을 환기한다. 비트겐슈타인의 견해에서는 한 용어의 정의에 동의하는 것으로는 충분하지 않으며, 그 용어를 우리가 사용하는 방식에 대한 동의가 필요하다. 비트겐슈타인의 말처럼 말이다. "만일 언어가 소통의 수단이어야 한다면, 정의definition에서만이 아니라 (별나게 들릴지 모르지만) 판단에서도 일치가 있어야 한다."[25]

존 그레이John Gray의 지적대로 규칙 및 규칙 준수에 대한 비트겐슈타인의 분석은 자유주의적 추론 유형을 침식한다. 이 자유주의적 추론은 어떤 '중립적'이거나 '합리적' 대화 모델 위에서 논증의 정식화를 위한 공동의 틀을 그려 내기에 말이다. 비트겐슈타인의 전망을 따라가 보자. "계약론적 심의와

---

24 Ludwig Wittgenstein, *Philosophical Investigation I*, Oxford, 1958, p. 241.
25 같은 책, p. 242.

그 공표에서 명확한 내용으로 존재하는 것은 무엇이든지, 특정 삶의 형식을 실천하는 사람으로서 우리가 만들어 내고 싶어하는 특수한 판단들로부터 획득된다. 우리가 스스로를 발견하게 되는 삶의 형식은 그 자체로 전前계약적 동의의 네트워크에 의해 그 자체로 결합된 것이다. 이 삶의 형식이 없으면 상호 이해의 가능성이 없거나, 그에 따라 상호 불일치의 가능성도 없을 것이다."26 이런 접근은 우리의 정체성들을 구축해 주는 담론들의 역사적이고 우연적인 성격을 강조하는 방식으로 발전될 수 있으므로 합리주의적 자유주의에 풍부한 대안을 제공한다. 이는 리처드 플라스만Richard Flathman에 의해 예증된다. 그는 자유민주주의 정치의 여러 특색에 대한 꽤 많은 일치가 이루어졌다는 사실에도 불구하고 확실성이 어떤 철학적인 의미에서도 필연적인 것으로 간주될 수 없다고 주목했던 것이다. 플라스만의 견해를 좀 더 살펴보자. "이 판단들에 대한 우리의 일치는 우리의 정치 언어를 구성한다. 그것은 하나의 담론 역사를 통해 도달되며 끊임없이 변형되는 하나의 언어다. 이 담론 역사는 [정말이지] 하나의 담론 역사에 다름 아니며, 우리는 이 역사 속에서 그런 언어에 관해—물론 우리가 그에 대해 생각할 수 있게 되어서긴 하지만—생각해 왔던 것이다."27

이것이 바로 정치철학의 유망한 방향이라는 것이 내 믿음이다. 현재 유행하는 자유주의와는 달리, 자유민주주의에 대한 이런 노선에 기반을 둔 성찰은 자유주의를 정치 질서의 문제에 대한 합리적이고 보편적인 해법으로 제시하지 않을 것이다. 또한 이 성찰은 합리적 선택의 결과나 왜곡 없는 의사소통의 대화 과정으로 자유주의를 보여 줌으로써 자유주의의 궁극적으로 무

---

26 John Gray, *Liberalism: Essays in Political Philosophy*, London and New York, 1989, p. 252.
27 Richard E. Flathman, *Toward a Liberalism*, Ithaca and London, 1989, p. 63.

근거적인 지위를 부인하려고 시도하지 않을 것이다. 자유주의는 관행에 중심 역할을 부여하기 때문에, 이런 성찰의 관점은 우리의 공유된 정치 언어가 권력과 어떻게 얽혀 있는지, 그리고 그 언어가 헤게모니적 관계 항들로 파악되어야 한다는 것을 이해하는 데도 도움을 줄 수 있을 것이다. 이 전망은 또한 '결정 불가능성'의 여지를 남겨 줄 것이며, 갈등과 적대를 설명하는 데 좀 더 적합할 것이다.

확실히 많은 합리주의자들은 이런 정치철학이 '상대주의'와 '허무주의'에 길을 열어 주며, 따라서 민주주의를 위태롭게 만든다고 고발할 것이다. 그러나 그 반대가 참이다. 자유주의 제도들에 궁극적 토대가 없다고 인정하는 것은, 우리의 자유주의 제도들을 위험에 빠뜨리는 대신 그 방어에 더 유리한 형세를 창출하기에 말이다. 자유민주주의가 인간의 도덕적 진화의 필연적인 귀결이라기보다는 우연적인 관행들의 집합임을 우리가 깨달을 때, 우리는 자유민주주의를 심화시킬 필요가 있을 뿐만이 아니라 보호할 필요가 있는 획득물임을 이해할 수 있다.

우연과 결정 불가능성의 여지가 있는 정치철학은 자유주의적 합리주의와 불화할 수밖에 없다. 자유주의적 합리주의는 자신의 언명enunciation 조건들을 지워 버리고 그 역사적인 기입 공간을 부인하는 식의 전형적 움직임을 보인다. 이는 라인하르트 코젤렉Reinhart Koselleck이 보여 주었던바, 이미 계몽적 '위선'의 구성 요소였던 것이다.28 많은 자유주의자들은 자신들이 정치적 태도를 전제하고 있다는 생각을 거부하고 어떤 공평한 위치에서 말하는 것인 듯 가장하면서 선례를 따른다. 자유주의자들은 이런 방식으로 자신들의 견

---

28 Reinhart Koselleck, *Critique and Crisis: Enlightenment and the Pathogenesis of Modern Society*, Cambridge, Mass., 1988.

해를 '합리성'의 구현으로 제시하며, 이를 통해 자신의 대립자들을 '합리적 대화'에서 배제할 수 있다. 하지만 배제된 사람들은 사라지지 않으며, 이들의 입장을 '합당하지 않다'고 선언해 버리면, 중립성의 문제는 해결 불가능한 채로 남는다. 배제된 사람들의 입장에서 합리적 대화의 '중립적' 원칙들은 확실히 중립적이 아니다. 자유주의자들이 '합리성'으로 선언한 것을 배제된 사람들은 강제로 경험한다.

나는 어떤 절대적 다원주의를 옹호하려는 의도가 없으며, 몇몇 견해들의 배제를 피할 수 있다고는 믿지 않는다. 국가나 정치 질서, 심지어 자유주의적인 것일지라도, 몇 가지 배제 형식 없이는 존재할 수 없다. 내 요점은 다른 것이다. 나는 배제 형식들을 합리성의 베일로 감추는 대신, 국가나 정치적 질서가 존재하는 근거인 이 배제 형식들과 그 배제 형식들이 의미하는 폭력성을 인정하는 것이 매우 중요함을 논증하려는 것이다. 하나의 자유민주주의 질서에 요구되는 배제의 필연적인 '경계들' 및 방식들의 실제적 본성을 '합리성'이라는 가정된 중립적 성격으로 숨기는 것은, 민주주의 정치의 고유한 작업을 방해하는 엄폐 효과들을 창출한다. 윌리엄 코널리William Conolly는 "중립성이라는 구실은 공적 담론의 문턱 아래에 있는 기성 타협들을 유지하는 기능을 한다"[29]라고 올바르게 지적했다.

다원주의적 민주주의의 특정성은 지배와 폭력의 부재가 아니라 일련의 제도들의 확립에 있으며, 이를 통해 제도들에 대한 제한과 논쟁이 가능하다. 바로 이 때문에 민주주의는 "법과 정의 간에 어떤 분열을 유지한다. 즉 정의는 '불가능하며', '충분한 (법적) 근거들'에는 결코 완전히 기반을 둘 수 없는

---

29 William E. Connolly, *Identity/Difference. Democratic Negotiations of Political Paradox*, Ithaca and London, 1991, p. 161.

어떤 활동이라는 사실을 민주주의가 수용하고 있는 것이다."[30] 그러나 폭력성이 합리성에 대한 호소의 배후에서 인지되지 못하고 감춰진다면 이 '자기구속'의 메커니즘은 효력을 그만 발휘하게 된다. 따라서 강제 없는 자유로운 대화라는 신비적인 가상을 포기하는 것이 중요하다. 그런 가상은 현대 민주주의를 구성하는 하나의 공간인 정의와 법 사이의 간격을 은폐하면서 민주주의를 침식할지도 모른다.

이 폐쇄의 위험성을 피하려면, '합리적인' 정치적 합의와 같은 것들이 존재할 수 있으리라는 생각이 포기되어야 한다. 만일 그런 합의가 어떤 형식의 배제에도 기반을 두지 못할 합의를 뜻한다면 말이다. 자유민주주의 제도들을 순수한 숙고적 합리성의 성과로 제시하는 것은 그것들을 물화하고 변형 불가능하게 만든다. 말하자면 현대 다원주의적 민주주의가 여느 다른 정체와 마찬가지로 권력관계들의 체계를 구성한다는 사실은 부인되며 이 권력 형식에 대한 민주적 도전은 정당하지 않게 된다.

롤즈와 라모어의 정치적 자유주의는 다원주의 사회에 공헌하기는커녕 동질성을 향한 강한 경향을 드러내며 정치 영역에 불일치와 논쟁의 여지를 거의 남겨 두지 않는다. 정치적 자유주의는 합리적 절차를 통해 정치적 원리들에 대한 자유로운 합의에 도달하는 것이 가능하며, 이런 합의는 자유주의 제도들에 의해 제공된다고 전제함으로써, 역사적으로 특정한 배치들의 집합에 보편성과 합리성의 성격을 부여하게 되는 셈이다. 이는 현대 민주주의의 구성 요소인 불확정성과는 대립한다. 결국, 자유주의에 대한 합리주의적 옹호는 논쟁을 넘어서는 논증을 추구하고 보편적인 것의 의미를 정의하려 한다는 점에서, 자유주의가 전체주의를 비판했던 것과 동일한 오류를 범하는

---

30 Renata Salecl, "Democracy and Violence", *New Formations*, no 14, Summer, 1991, p. 24.

것이다. 즉, 전체주의는 민주주의의 불확정성을 거부하고 보편적인 것을 주어진 특수한 것과 동일시했다.

현대 민주주의 정치는 인권 선언과 연결되어 있기에 보편성과의 관계를 사실상 함축한다. 그러나 이 보편성은 결코 도달될 수 없는 하나의 지평으로 간주된다. 보편적인 것의 장소를 차지하려 하고, 합리성을 통해 그 최종 의미를 고정시키려는 모든 요구는 거부되어야 한다. 민주주의 정치의 존재 조건이 바로 이 불확정성이기에 보편적인 것의 내용은 확정되지 않은 채 남아 있다.

현대의 민주주의적 다원주의의 특정성은 그것을 도덕적 가치관들의 다양성이라는 경험적인 사실로 단순히 고찰하면 상실된다. 이 특정성은 사회적 관계들의 배열 내에 어떤 상징적 돌연변이가 표현된 것으로 이해할 필요가 있다. 민주주의 혁명을 클로드 르포르의 용어로 '확실성 표지의 해소'로 고찰하는 식으로 말이다. 현대 민주주의 사회에 더는 실체적 통일성이 있을 수 없으며, 분열이 구성 요소로 인정되어야만 한다. 권력Power과 법Law과 지식Knowledge은 하나의 근본적 불확정성에, [다시 말해] 통제 불가능한 모험의 극장이 된 하나의 사회에 노출되어 있는 것이다.31

도덕성과 만장일치와 공평성

지난 몇 십 년 동안 정치철학의 부활이라며 축복받았던 것은 사실은 도덕철학의 단순한 확장이다. 즉 도덕적 추론을 정치적 제도들을 다루는 데 적용한 것이다. 이는 자유주의의 이론화 작업이 도덕 담론과 정치 담론을 적절

---

31 Claude Lefort, *The Political Forms of Modern Society*, Cambridge, 1986, p. 305.

히 구별하지 못한다는 사실에서 명백하다. 정치의 규범적인 측면의 회복을 위해, 공평성과 만장일치에 관한 도덕적 고려가 정치적 논쟁에 도입되었다. 그 결과, 자유주의 사회에 어떤 공적인 도덕성이 도입되는데, 그것은 '최소적'이며 논쟁적인 가치관들과 싸우기를 피한다는 점에서, 그리고 사회적 결속을 위한 접합제를 제공한다는 점에서 '정치적'인 것이라고 생각된다.32

[공적인 도덕성의 고려라는] 노력이 요구되는 장소가 있겠지만, 이것이 정치철학을 대체할 수는 없으며, 우리에게 긴급하게 요구되는 정치적인 것에 대한 적절한 이해를 제공하는 것도 아니다. 더욱이 이것이 보편주의와 개인주의를 역설한다는 사실은 해로울 수 있다. 민족주의가 폭발하고 특수주의가 증식하고 있는 오늘날, 다원주의에 대한 성찰이 직면한 이 실제적인 도전을 은폐하기 때문이다. 이런 현상들은 '우리 대 그들' 대립의 구성 형식인 정치적 용어들로 파악될 필요가 있다. 결국, 보편성과 공평성과 개인적 권리에 호소하면 이런 특징들을 놓치게 된다.

도덕과 정치의 융합에서 나오는 이 문제들은 또 다른 자유주의자 토마스 네이글Thomas Nagel의 작업에서도 명확히 나타난다. 네이글이 생각하는 정치 이론의 난점을 살펴보자. "정치제도들과 그에 대한 이론적 정당화는 비개인적 관점에 대한 요구를 외화하려 한다. 그러나 정치제도들은 개인들—그들에게 비개인적 관점은 개인적 관점과 공존한다—에 의해 뒷받침되고 지지되고 생명력을 획득해야 하며, 이것은 정치제도의 기획에 반영되어야 한다."33 어떤 정치적 질서의 수용 가능성을 옹호할 수 있으려면 합당하게 기대할 만한 각 개인의 삶의 견해와 만인에 대한 공평한 관심을 우리가 화해시켜야

---

32 내 비판의 이런 측면을 발전시킨 내용은 이 책 3장 "롤즈: 정치 없는 정치철학"에 있다.
33 Thomas Nagel, *Equality and Partiality*, Oxford, 1991, p. 5.

한다고 네이글은 믿는다. 네이글의 제안은 보편적 공평성 및 평등에 대한 강력한 요구를 생산하는 비개인적 관점과 이 이상의 실현을 방해하는 개인주의적 동기의 근원인 개인적 관점 사이에서 각 개인이 자기 속에서 마주치는 갈등이 우리의 출발점이어야 한다는 것이다.

네이글의 견해에 따르면, 정치 이론의 핵심은 정치적 정당성의 문제며, 이는 사회의 기본 제도들에 대한 만인의 동의를 요구한다. 네이글은 롤즈와 라모어와 마찬가지로 홉스적인 해법을 거부한다. 그것은 홉스적 해법이 비개인적 관점을 통합하지 않고 단지 개인적 동기와 가치만을 고려하기 때문이다. 또 네이글은 어떤 공평성 형식이 정당성의 추구에 중심적이어야 한다고 주장한다. 하지만 네이글은 정당한 체계라면 아무도 자신들에 대한 요구가 과도하다고 반대할 수 없을 만큼 합당한 당파성에 해당하는 것과 공평성의 원칙을 화해시킬 수 있어야 한다고 생각한다.

네이글의 견해는, '당파성'에 대한 그의 강조와 함께, 다음과 같은 자유주의자의 입장을 고려한다면 진보를 나타낸다. [많은 자유주의자들은 도덕적 견해와 공평성의 견해를 동등하게 생각하며 이런 입장을 모든 유형의 개인적 참여들을 희생해서라도 특권화한다. 문제는 네이글이 만장일치를 강조하며, 아무도 합당하게 거부할 수 없으며 만인이 따라야 한다는 데 대해 모두 일치할 수 있는 원칙들을 추구해야 한다고 강조하는 데 있다. 네이글에 따르면 이 원칙들이 강력한 이유는 도덕적 성격을 지닌다는 사실에 있다고 본다. 결론적으로, 네이글은 다음과 같이 논증하는 것이다. 한 체계가 정당한 경우라면, "그 체계에 사는 사람들에게는 그 체계의 기본 구조가 그들의 견해들을 수용하는 방식을 비난할 만한 아무런 근거가 없으며, 그 결과를 뒤엎으려 하든 아니면 그렇게 할 권력이 있어서 그 체계를 전복시키려 하든, 그 체계의 작동을 위해 협력하는 것이 아무에게도 도덕적으로 정당화되지 않는다."[34]

숨김없이 진술한 대로, 우리는 롤즈와 라모어에게서 우리가 이미 발견했던바, 공적인 영역에서 불일치의 가능성을 제거하려는 시도를 이 경우에서 또다시 발견하게 된다. 이 자유주의자들에게 완전히 실현된 자유민주주의 질서란 정치적 배치들에 관한 완전한 만장일치가 존재하며 개인들과 그들의 제도들 간에 전적인 일치가 존재하는 질서다. 자유주의자들의 목표는 하나의 합의 유형에 도달하는 것인데, 그 합의 유형은 본성상, 그 합의를 흔드는 모든 움직임을 제거한다. 자유주의자들이 옹호하는 다원주의는 단지 사적인 영역에만 거주하며 철학적이고 도덕적이고 종교적인 문제들로 제한된다. 자유주의자들은 정치적 가치들의 장에는 해결될 수 없는 갈등들이 또한 있을 수 있다는 것을 이해하는 것 같지 않다.

네이글은 자신이 장려하는 합의 유형을 실현할 가능성에 대해 그리 낙관하지는 않지만 그 바람직함에 대해서는 분명히 환영한다는 점은 짚고 넘어가야 한다. 네이글의 선언을 살펴보자. "그런 합의는 도덕적으로 바람직할 것이며, 진정한 정치적 정당성의 조건일 것이다. 만일 상대적인 이유들을 지배하는 일반 원칙들이 다음과 같은 방식으로 그런 이유의 범위를 제한한다면 말이다. 그 원칙들은, 누구라도, 심지어 그럴 만한 위치에 있는 사람이더라도 거부하지 못할, 이익과 손해에 대한 몇몇 해법들이나 분배들을 앞세운다. 우리는 도덕이 권력 균형에 민감하다는 점에서 정치와 같기를 원하는 대신, 정치가 만장일치의 수용 가능성이라는 목표를 지니고 있다는 점에서 도덕과 같기를 더 원해야 한다."[35] 내 생각에 이는 위험한 관점이며, 민주주의에 참여하는 사람들은 만장일치의 창출을 열망하는 모든 기획을 경계해야 한다. 스튜어트 햄프셔Stuart Hampshire는 도덕철학에 대해 우리에게 다음과 같

---

34 같은 책, p. 35.
35 같은 책, p. 45.

이 경고한다. "아리스토텔레스적이든 칸트적이든 흄적이든 공리주의적이든 간에 도덕철학이, 도덕적 이상에 대한 기초적인 일치나 수렴이 존재해야 한다든가 존재할 수 있다든가 하는 생각을 함축할 경우, 해악을 끼칠 수 있다. 그것은 시공간을 넘어서는 하나의 일관된 도덕적 단위라는 인간성의 신화에 의해 갈등하는 현실이 위장되는 해악이다. 이 신화에는 거짓의 온화함, 현실에 대한 혐오가 존재한다."[36] 나는 동일한 추론이 심지어는 정치철학에도 적용된다고 생각하며, 질서 정연한 사회의 구성원들이 받아들여야 할 명확한 원칙들과 배치들을 일거에 설립하는 식의 목표를 민주적 다원주의는 가질 수 없다고 생각한다. 분열적인 쟁점들은 사적인 영역으로 제한될 수 없으며, 비강제적인 합의를 획득할 만큼 합리적인 논증이 가능한 배타적이지 않은 공적 영역을 창출하는 것이 가능하리라고 믿는다면 착각에 불과하다. 민주적 정치는 권력과 배제의 흔적을 지우려고 할 것이 아니라, 논쟁의 지대에 들어올 수 있도록 그것들을 가시화하면서 전면에 내세워야 한다.

그런 관점에서 다룬다면 다원주의의 문제는 훨씬 더 복잡하다. 다원주의는 이미 존재하는 주체들에 의해서만 구상될 수 없으며 그들의 가치관들로 제한될 수 없다. 역점을 두어야 할 사항은 다원주의적 주체들의 구성 과정이다. 오늘날 좀 더 결정적인 쟁점이 바로 이것이다. 그리고 바로 여기에서 본질주의와 개인주의로 형성된 현재의 자유주의적 접근의 한계는 민주주의 정치에 정말로 해로운 정치적 귀결을 가져다줄 수 있다.[37]

---

36 Stuart Hampshire, *Morality and Conflict*, Cambridge, Mass., 1983, p. 155.

37 이 쟁점에 대해서는 Kirstie MacClure, "On the Subject of Rights: Plurality and Political Identity", Chantal Mouffe ed., *Dimensions of Radical Democracy*, London, 1992를 참조.

어떤 합의 유형인가?

나는 하나의 인간 철학인 포괄적 교리로서의 자유주의와, 자유주의 사회의 제도들 및 가치들에 관한 교리로서의 민주주의를 구별할 필요가 있다는 점에서 정치적 자유주의에 동의한다. 나 또한 자유주의자들과는 다른 방식이긴 하지만, 자유주의의 정치적 차원을 해명하는 데 헌신하고 있다. 나는 현대 민주주의가 하나의 새로운 체제로 출현하는 과정에서 정치적 자유주의가 이바지했던 바를 자세히 살펴보려 한다. 그러나 먼저 자유민주주의 체제가 그 자유주의적 구성 요소에 의해서는 남김없이 구명되지 않는다는 것을 인정할 필요가 있다. 그 이유는 자유민주주의 체제는 두 요소, (법치, 권력 분립, 개인적 권리의 옹호라는) 자유주의 국가의 제도들로 구성된 자유주의적 요소와 인민 주권과 다수결 규칙이라는 민주적 요소 간의 접합으로 이루어져 있기 때문이다. 나아가 자유민주주의 체제의 정치적 원칙을 구성하는 자유와 평등은 서로 다른 다양한 방식들로 해석될 수 있으며 서로 다른 우선성에 따라 분류될 수 있다. 이는 자유민주주의의 다양한 가능 형식들을 해명해 준다. '자유주의자들'은 자유의 가치와 개인적 권리에 특권을 부여한다. 반면에 '민주주의자들'은 평등과 참여를 역설한다. 그러나 그 어느 편도 다른 편을 억압하려고 시도하지 않는 한, 우리는 대안적인 체제들 중 하나가 아니라 그 우선성을 두고 벌어지는 자유민주주의 내부에서의 투쟁을 목격하고 있는 것이다.

라모어의 다음 진술을 보자. "자유주의와 민주주의는 분리된 가치들이며, 그 관계는⋯⋯대체로 자유주의 정치 질서의 원칙들을 보호할 수 있는 최선의 수단인 민주적 자치로 구성된다."[38] 이는 전형적인 자유주의적 해석이며

---

38 Larmore, "Political Liberalism", p. 359.

도전받기 쉽다. 분명히 자유주의와 민주주의의 관계는 오랫동안 논쟁적인 쟁점이었으며 아마도 그 논쟁이 끝나는 일은 결코 없을 것이다. 다원주의적 민주주의는 한편으로는 차이의 격화와 분열, 다른 한편으로는 균질화 및 강력한 통일성이라는 정반대 방향으로 끊임없이 이끌린다. 다른 곳에서 논증했듯이,39 사회의 새로운 정치적 형식이자, 새로운 '체제'로서의 현대 민주주의의 특정성은 평등이라는 민주주의 논리와 자유라는 자유주의 논리 간의 긴장이라고 나는 간주한다. 이 긴장은 다원주의적 민주주의의 구성 요소이기 때문에, 우리는 이 긴장을 해소하려 하기보다는 존중하고 보호해야 한다. [그렇게 하더라도] 이 긴장은 몇 가지 특정 문제를 일으킨다. 자유주의와 민주주의의 접합이 이뤄진 이래로, 자유주의자들의 되풀이되는 관심은 '어떤 식으로 다수결주의의 범위가 미치는 곳의 바깥에 개인적 권리를 설정할 것인가?'였기 때문이다. 그 결과 자유주의자들은 민주적 의사 결정 과정에 대한 제한들을 설정하려 했다. 공공연히 인정된 것은 아니지만, 나는 이것이 당면 토론의 숨은 의미 가운데 하나라고 믿는다. 자유주의 제도들을 순수하게 숭고적인 합리성의 성과로 제시하는 것은 합당한 불일치의 가능성을 배제하는 근거를 자유주의 제도들에 제공하려는 시도로 볼 수밖에 없을 것이다. 이는 자유주의 제도들을 민주적 다수의 잠재적인 위협으로부터 보호하는 방식으로 간주될 수밖에 없다.

물론, 다수의 전제에 대항해 다원주의, 개인적 권리, 소수자들을 보호할 필요가 있다. 그러나 일련의 '자유들'과 현존 권리들의 자연화로 발생하는 위험, 그리고 이와 동시에 수많은 불평등 관계가 유지되면서 나타나는 정반대의 위험 역시 존재한다. '보증물'을 추구하는 과정에서 다원주의적 민주주의의

---

39 이 책의 8장 "다원주의와 현대 민주주의 : 칼 슈미트를 중심으로"를 참조

파괴가 진행될 수 있다. 따라서 민주주의에는 사회의 **토대**를 지배한다고 마땅히 주장할 만한 사회적 행위자는 아무도 존재하지 않는다는 사실을 이해하는 것이 중요하다. 사회적 행위자들 간의 관계는 그들 스스로 자기 요구들의 특수성과 제한성을 수용하는 경우에만 '민주적'이라 불릴 수 있다. 다시 말해 사회적 행위자들이 그들 간의 상호 관계들을 근절 불가능한 권력이 나오는 그런 관계들로 인식하는 한에서다. 이 때문에 나는 권력 차원에 대한 자유주의적 회피가 민주주의 정치에 대한 위험을 내포한다고 주장했던 것이다.

나는 '정치적 자유주의'의 옹호자들처럼 다원주의적 민주주의 원칙들을 둘러싼 폭넓은 합의의 창출을 보고 싶다. 그러나 나는 그런 합의가 합리성과 만장일치에 근거해야 한다거나, 그런 합의가 하나의 공평한 견해를 표명해야 한다고 믿지 않는다. 우리의 민주주의 제도들에 대한 헌신의 장려가 내가 생각하는 실제적인 과제이며, 이를 위한 최선의 방법은 이 제도들과의 강력한 동일시를 형성하는 형식들을 산출하는 것이다. '무지의 베일 아래'의 혹은 '중립적 대화' 내의 합리적 행위자에 의해 그 제도들이 선택될 것임을 증명하는 것은 결코 최선의 방법이 될 수 없다. 이는 가능한 한 많은 사회적 관계들 속에서 민주적 '주체 위치들'을 산출하는 담론들, 관행들, '언어 게임들'을 발전시키고 다양하게 하는 가운데 행해져야 한다. 목표는 민주적 가치들과 관행들이 헤게모니를 쥐게 하는 것이다.

이것은 어떤 '윤리-정치적' 기획으로 구상되어야 한다. 다시 말해 집단 행위를 통해 정치 영역에서 실현 가능한 특정 가치들을 고려하며 갈등과 적대의 구성적 역할을 부인하지 않으며 분열의 환원 불가능성을 부인하지 않는 그런 기획이어야 한다. 이 마지막 지점은 정치철학자들이 '가치 다원주의'를 다양한 차원에서 진지하게 채택해야 하는 이유를 잘 보여 준다. 우리는 주체들, 개인적 선택들, 가치관들의 다원주의만큼이나 문화와 집단적 삶의 형식, 체제의 다원주의에 대한 여지를 부여할 필요가 있다. 여기서 나오는 귀결은 정치에 매우 중요하다. 왜냐하면 정치권에서 가치들의 다원성이 그 갈등적인 본성에 따라 인정되고 나면, 결정 불가능성이 최후의 단어가 될 수는 없기 때문이다. 정치는 결정을 요청하며 어떤 유형의 정치 체제에서도 정치적 가치들 사이에 하나의 위계를 설정한다. 물론 최종 토대를 찾아내는 것은 불가능하다. 자유민주주의 체제는 그것이 사회의 한 정치적 형식으로 존재하려면 어떤 절대 다원주의를 배제하는 특정 가치 질서를 필요로 하기에, 다원주의를 장려하더라도 모든 가치를 동등하게 만들 수는 없다. 정치 체제는 항상 어떤 '결정 불가능하게 결정된' 경우이며 이 때문에 어떤 '구성적 외부' 없이는 존재할 수 없다.

롤즈는 이 사실에 대해 다음과 같이 설명하면서 간접적으로 지적한다. "자유주의적 견해는 가장 분열적인 쟁점들을 정치 의제에서 제거한다."[40] 이 말이 자유주의 사회 내에 협상 가능한 것과 협상 불가능한 것 사이에 경계를 설정하는 것이 아니라면 무엇이란 말인가? 이것이 사적인 것과 공적인 것을 구별하려는 어떤 결정이 아니라면 무엇이란 말인가? 이 과정이 그런 분리를 안 받아들이는 사람에게는 강제로 경험된다고 해서 놀랄 일이 아니다. 자유주의적 다원주의의 지속만이 아니라 그 출현도, 갈등적인 영역에 대한 정치적 개입의 한 형식, 다시 말해 다른 대안들에 대한 억압을 내포하는 그런 개입으로 고찰되어야 한다. 다른 대안들은 겉보기에는 저항 불가능한 자유민주주의의 행군에 의해 전치되고 주변화될 수는 있겠지만, 완전히 사라지지는 않을 것이며 그중 몇몇은 부활할지도 모른다. 우리의 가치들, 제도들, 삶의 방식은 가능한 질서들 가운데 하나의 정치적 질서를 구성하는 것이며, 그것들이 강제하는 합의는 우리의 자유민주주의 가치와 우리의 정의관에 영원

---

40 Rawls, *Political Liberalism*, p. 157.

히 도전하는 어떤 '외부' 없이는 존재할 수 없다. 이 가치들에 반대하는 사람들, 즉 우리의 합리주의적 자유주의자들에 의해 '합당하지 않다'며 실격된 사람들과 중첩적 합의에 참여하지 않은 사람들은, '합리적' 대화에 의해 부과된 조건들이 그들의 정체성을 규정하는 특징들 중 몇 가지를 부인할 것이기에 그 조건들을 수용할 수 없다. 그들에게 하나의 잠정 협정을 수용하도록 강제할 수는 있겠지만, 롤즈의 희망대로 어떤 안정적이고 지속적인 중첩적 합의로 필연적으로 전개될 그런 잠정 협정은 아닐 것이다. 롤즈에 따르면 자유주의 체제는 다원주의의 사실에 의해 필연적으로 만들어지는 잠정 협정이다. 그러나 이런 잠정 협정의 관념에 반대하는 사람들은 어떻게 할 것인가? 명백히 자유주의적 잠정 협정 내부에는, 심지어 그 범위가 확장될 그런 잠정 협정이라 하더라도, 그들의 요구들을 위한 자리는 없다. 그런 사람들에게 자유주의는 자신들의 가치들을 거부하는 동시에 [자유주의의 가치를] 수용할 것을 강요하는 잠정 협정이다.

　나는 이런 상황을 피할 수 없으며 그 함축들과 맞서야 한다고 생각한다. 급진적이고 다원적인 민주주의 기획이라면 정치적인 것 내에 있는 갈등과 적대의 차원을 받아들여야 하며 가치들의 환원 불가능한 다원성이라는 결론을 수용해야 한다. 이것이 바로 자유민주주의 체제를 급진화하며 사회적 관계들로 민주주의 혁명을 확장하려는 우리 시도의 출발점이어야 한다. 그 과제는 사회적 관계들에 내재한 폭력과 적의hostility의 요소를 피하는 것이 아니라, 그 공격적인 힘들의 분산과 전환이 가능하고 다원주의적 민주주의 질서가 가능할 조건들을 어떻게 창출할 것인지를 생각하는 것이다.

옮긴이 후기

　　이 책에 실린 논문들은 급진적이고 다원적인 민주주의 기획을 위한 것이다. 이 책은 다양한 목표를 지니고 서로 다른 색채를 띤 서로 다른 논문들의 모음집이지만, 전체적으로 하나의 기획 아래에서 일관된 주장을 펼치고 있다. 탈근대론의 반본질주의 입장에서 현대의 여러 정치사상을 비판적으로 고찰한 몇 안 되는 책이어서인지, 이 책은 탈근대 사상가만이 아니라 자유주의 사상가에 이르기까지 정치철학 연구자들에게 많이 알려져 있다. 1993년 출판된 이 책을 이제야 번역서로 내놓는다는 것이 때늦은 감이 있지만, 나름대로 의의가 있다고 생각한다.

　　무페는 이 책에서 현대의 주요 사상들과 대결하면서 자신의 기획을 정식화하는데, 무페가 펼치는 여러 논쟁 지점들은 오늘날에도 유효하다. 이 책은 자유주의, 공동체주의, 고전적인 마르크스주의와 사회민주주의, 근대 계몽주의, 신사회운동, 여성주의, 칼 슈미트와 같은 보수 사상가 등, 현대 주요 정치사상을 광범위하게 망라해 비판적으로 검토하며 때로는 대결하고 때로는 수용하면서 자신의 기획을 가다듬어 나간다. 우리는 이 책을 통해서 정치 담론을 둘러싼 주요 쟁점들을 이해할 수 있고, 또 저자 자신의 민주주의의 기획에 대해서도 비판적으로 접근할 수 있다.

　　이 책은 처음부터 전체 체계를 염두에 둔 것이 아니기에, 무페가 머리말에서 밝혔듯이 상당량의 반복이 있다. 하지만 그 반복들이 짜임새 있게 엮이면서 변주되어 무폐의 기획을 이해하는 데 도움을 준다. 정치 담론에 어느정도 관심 있는 사람이라면 전문 연구자가 아니더라도 쉽게 접근할 수 있을 것이다. 세계적 추세로도 그렇고 한국도 예외가 아닌 '탈정치화' 현상이 더는계속되어서는 안 되며 좌파의 새로운 정치적 기획이 어떤 형태로든 요구된다고 생각하는 사람이라면 더욱 이 책에서 도움을 받을 수 있을 것이다. 이점에서 이 책을 어떤 관점에서 독해할 것인가는 독자들의 몫이겠지만, 무폐사상의 발전 과정에 대한 개요와 그녀의 사상에서 이 책이 차지하는 위치를옮긴이로서 간략하게 해명할 필요가 있다고 생각한다.

주지하다시피 1993년은 여러 현실 사회주의 국가들이 붕괴한 지 몇 년이지난 시기였다. 이때는 사회주의 진영 대 자유주의 진영 간의 전통적인 좌우대립은 사라지고 미국 중심의 자유주의 진영이 압도적으로 우세했던 시기였다. 하지만, '역사의 종언'을 선언했던 자유주의적 자본주의의 도취감과는 달리 다양한 갈등과 적대들이 출현했던 시기이기도 했다. 한국 사회도 예외가아니어서 민주 대 독재라는 오랜 대립이 사라지거나 흐려지면서 '민주화 이후 민주주의'가 화두가 되었던 시기다. 이 시기부터 지금까지 계속되는 우리사회의 화두는 신자유주의와 세계화, 뉴라이트 운동, 노동 유연화와 비정규직 문제, 통일 운동과 민족주의, 이주 노동자 등이었다. 독재가 외견상 사라졌다고 해서 갈등이 없어지지 않았던 것이다. 이 책의 핵심 개념인 '정치적인것'은 바로 이런 상황을 포착하기에 매우 유용한 개념이라고 생각한다. 무폐가 이해하는 '정치적인 것'이란 이렇게 불가피한 적대가 일어나는 장소이며,일시적인 장이 아니라 모든 인간 사회에 본래부터 있으며 우리의 존재론적조건을 결정하는 하나의 차원이다.

『정치적인 것의 귀환』이라는 제목이 시사해 주듯이, 칼 슈미트의 개념을차용한 '정치적인 것'은 이 책을 관통하는 핵심 개념이며, 무폐가 편한 『칼 슈미트의 도전』 *The Challenge of Carl Schmitt*(1999)과 『민주주의의 역설』 *The Democratic Paradox*(2000), 『정치적인 것에 대하여』 *On The Political*(2005) 등의 저서들을 통해 계속해서 강조해 온 문제였다.

무폐는 이 '정치적인 것'의 개념을 통해, 한편으로는 적대와 갈등의 장인 '정치적인 것'을 사고하지 못하는 자유주의의 맹점을 지적하고, 다른 한편으로는 급진적이고 다원적인 민주주의의 관점에서 좌파의 기획을 재정식화한다. 무폐는 이 기획에 대해 민주주의의 갈등적이고 투쟁적인 성격을 강조한다는 점에서 '경합적 민주주의'라고도 부르고, 경제적 평등의 이상의 실현을 의미한다는 점에서 '민주사회주의'라고도 부른다. 무폐에 따르면 경제 결정론과 단일한 선험적 주체를 거부한다는 의미에서 이 기획은 기존의 사회민주주의나 마르크스주의적인 사회주의와는 완전히 다르다. 또 자유주의 이상의 의의를 인정한다는 점에서 기존 좌파의 기획과는 달리 반자유주의가 아니다. 결국 무폐의 목표는 합리주의·개인주의·보편주의적인 자유주의와 사적 소유를 옹호·강화하는 경제적 자유주의와는 절연하면서도 개인적 자유와 인격적 자율성, 평등의 이상을 중심으로 민주주의 혁명을 심화하는 것이다.

『정치적인 것의 귀환』의 이론적 토대를 이해하려면 마르크스주의에서 포스트마르크스주의로의 사상적 전회를 선언한 라클라우와의 공저 『헤게모니와 사회주의 전략』 *Hegemony and Socialist Strategy*(1985)의 문제의식을 이해할 필요가 있다. 무폐의 기획은 사실상 『헤게모니와 사회주의 전략』에서 시작되었기 때문이다. 이 저서에서는 사상적 전회를 모색하기 위한 깊고도 광범위한 이론적 탐색, 마르크스주의에 대한 철저한 해부, 적대와 권리 요구의 급증이라는 사회 조건의 변화에 대한 분석을 통해 포스트마르크스주의를 이론적으로 정립했다. 따라서 포스트마르크스주의 혹은 급진적이고 다원주의적인 민주주의라는 그들의 사상에 영향을 준 사상과 이 책 내용을 간략히 살펴보기로 하자.

무페와 라클라우는 『헤게모니와 사회주의 전략』에서 자신들이 생각하는 마르크스주의의 부정적 측면, 즉 경제 결정론, 역사주의, 본질주의에 반대함을 분명히 선언한다. 그들이 마르크스주의를 해체하기 위해 우선적으로 도입한 것은 그람시의 헤게모니 개념이었다. 이 점에서 이들은 흔히 신그람시주의적 포스트마르크스주의라고도 불린다.

무페와 라클라우는 여러 마르크스주의 이론들을 고찰하면서, 헤게모니 개념이 역사의 필연성에 일시적으로 조응하지 않는 우연적 접합을 지칭하다가 그람시에 이르면서 역사적 필연성에 의문을 던지는 정도까지 확장되었다고 본다. 그들은 이 헤게모니 개념에서 계급투쟁만이 아닌 다양한 투쟁들과 통일적이지 않은 단편화된 주체 위치들의 접합이 지닌 근본적인 불확정성을 보는 것이다. 그들은 이 헤게모니 개념을 통해 마르크스주의의 경제 결정론이 포착하는 계급 대립이 단지 하나의 층위를 차지할 뿐임을 분명히 밝힌다. 이 헤게모니 개념은 명백히 경제 운동의 내재적 필연성이라는 마르크스주의 경제 결정론을 해체하며, 모든 정체성의 순수한 관계적 성격과 그로 말미암은 정체성의 비고정성을 옹호한다.

다른 한편 이들의 헤게모니 개념은 언어학과 정신분석학과도 결합한다. 사실, 무페와 라클라우의 철학적 뿌리는 구조주의 입장에서 언어학의 성과와 정신분석학을 결합한 라깡이라고 할 수 있다. 『헤게모니와 사회주의 전략』에서 그들은 언어학과 정신분석학의 성과가 '모든 담론구성체의 물질적 성격'으로 집약될 수 있으며 헤게모니 개념과 연관될 수 있다고 바라본다. 그 내용은 다음과 같다.

첫째, 모든 대상은 담론의 대상으로 구성된다. 심지어 제도·기술·생산조직 등 비담론적 복합체들조차도 담론적 접합으로 출현한다. 그 말은 비담론적 복합체들이 사고에 외재적으로 존재한다는 뜻이 아니라 그것들이 담론적 출현 조건 외부에서는 대상들로 구성될 수 없다는 뜻이다. 둘째, 모든 담론은 언어적이긴 하지만 정신적 성격을 지니고 있다고 보면 안 되며 물질적 성격을 지니고 있다고 보아야 한다. 예를 들어 무페와 라클라우는 비트겐슈타인이 언어 게임이라고 불렀던 것에 대해서도 그 수행적 성격상 담론의 한 부분을 이룬다고 주장한다. 셋째, 담론구성체는 어떤 의미도 요구하지 않는 관계적인 연쇄 속에서 구조 지어지기 때문에 본질주의에 입각한 통일성과는 다른 차원의 통일성을 구성한다. 무페와 라클라우에 따르면 담론의 물질적 성격은 기초적 주체의 경험이나 의식 속에서는 결코 통일될 수 없고 다양한 주체 위치들의 분산과 접합으로 통일되며, 이렇게 결코 완전하게 고정될 수 없는 정체성들의 영역이 중층 결정의 영역이라는 것이다. 이는 헤게모니 개념과 그리 다르지 않으며 헤게모니 개념을 풍부하게 해 줄 수 있다. 이렇게 무페와 라클라우는 알튀세르가 프로이트에게서 차용해 재정식화한 중층 결정 개념을 담론구성체 이론으로 발전시킨다. 하지만 '최종 심급에서는 경제가 결정한다'는 마르크스주의적인 전제를 놓지 않았던 알튀세르와는 달리, 그 전제를 인정하지 않는다.

라클라우와 무페가 참조하는 또 하나의 철학자는 데리다이다. 데리다는 소쉬르 언어학의 핵심 개념인 '기표와 기의의 분리'를 더 급진화해 기표들의 연쇄인 차이의 체계 바깥에 존재하는 초월적 기의란 결코 있을 수 없다고 주장한다. 무페와 라클라우는 이런 입장에 의견을 같이하기에 자유주의에서처럼 자율적인 자아를 선험적으로 가정하지도 않으며, 계급적 본질을 간직한 프롤레타리아 계급을 전제하지도 않는다. 그러나 다른 한편, 초월적 기의를 간직하지 못한 텅 빈 기표들은 등가적 요구들의 집합을 구성하며, 또 이러한 구성을 통해서만 하나의 통일성을 산출할 수 있다. 이를테면 여성 문제, 노동 문제, 환경 파괴, 인간의 소비자로의 전락, 이주 노동자 문제 등은 등가적으로 접합되어 자본에 저항하는 공동 전선을 산출하거나, 민주주의의 심화를 요구하는 공동 전선을 산출할 수 있다. 이렇게 해 부분적이고 일시적이기는 하지만 수행 혹은 실행의 주체 형성이 가능하다. 이른바 신사회운동이 변혁적 전망을 가질 수 있는 것이다. 담론의 장이 의미를 궁극적으로 고정하는 것은 불가능하지만 부분적인 고정화는 가능하며 가능해야 한다는 것, 그 부분적인 고정화의 특권화된 지점이 바로 결절점, 즉 헤게모니가 성립되는 지점이다.

이렇게 해서 『헤게모니와 사회주의 전략』이 내리는 결론은 다음과 같다. 첫째, 적대들과 주체들은 결코 선험적으로 구성될 수 없으며, 비트겐슈타인이 말하는 '가족 유사성'을 구성할 뿐이다. 따라서 다양한 적대의 장인 '사회적인 것'은 기본적으로 다원적이며 그 한 층위를 구성하는 '정치적인 것'도 마찬가지다. 또 사회적 행위자는 탈중심화된 성격을 지니며, 그들을 주체로 구성해 주는 담론의 장도 다원적이다. 둘째, 급진 민주주의에 고유한 정치적 공간의 증대라는 자율성의 논리와 등가 논리에 기초한 집합적 정체성의 구성 사이에 역설적인 양립 불가능성이 존재한다. 왜냐하면 등가 논리의 궁극적 귀결은 각각의 상이한 투쟁들이 구성되는 공간의 자율성의 해체를 의미할 것이며, 자율성의 논리를 강조하는 것은 각각의 투쟁들의 변별적 특수성을 유지해야 하기에 말이다. 하지만 양립 불가능성은 사실상 자유주의가 가정하는 합리적이고 동질적인 공간 안에서만 그러하다. 이런 식으로 적대가 사라진 사회는 궁극적으로는 불가능하므로, 집합적 정체성의 구성과 확대는 실행해야 하겠지만 제한될 수밖에 없으며 궁극적 자율성도 불가능할 것이기에 말이다. 그렇지만 이 사실을 인정하고 나면 민주주의의 등가성 원리의 의의와 한계가 확정될 수 있다. 셋째, 민주주의 논리가 어떠한 헤게모니적 기획의 정식화에 대해서도 충분조건일 수 없으며, 모든 헤게모니적 입장은 불안정한 균형 위에 기반을 두고 있다는 사실에서, 『헤게모니와 사회주의 전략』의 맨 마지막에 나오는바, 다음의 역설적 긍정이 나온다. "자신의 근본적 성격을 부정함으로써만 살아남는 어떤 '근거'에 대한 긍정, 무질서에 대한 부분적 제한으로만 존재하는 '의미'에 대한 긍정, 무의미성에 맞서 과잉과 역설로만 구축되는 '의미'에 대한 긍정"이 바로 그것이다. 본질주의의 긍정과는 다르지만 이런 긍정이 급진적이고 다원적인 민주주의 기획을 가능하게 해 주며 풍요롭게 만들어 준다. 『정치적인 것의 귀환』은 바로 이런 이론적 지반 위에서 출발하고 있다.

무페와 라클라우는 『헤게모니와 사회주의 전략』이라는 공동의 작업 이후, 기본 입장은 같이하면서도 서로 다른 작업을 해 왔다. 먼저 라클라우는 『정치적 정체성 만들기』 The Making of Political Identities(1994), 『우리 시대 혁명에 대한 새로운 성찰』 New Reflections on the Revolution of Our Time(1997), 주디스 버틀러와 슬라보예 지젝과의 공저인 『우연성, 헤게모니, 보편성: 좌파에 대한 우리 시대의 대화』 Contingency, Hegemony, Universality: Contemporary Dialogues on the Left(2000), 『해방(들)』 Emancipation(s)(2007), 『대중주의적 이성』 On Populist Reason(2007) 등 많은 저작을 내놓았다. 주로 탈근대론적인 정치 철학의 이론적 토대를 심화하려는 것들이다.

반면에 무페는 『정치적인 것의 귀환』이라는 이 책에서부터 『칼 슈미트의 도전』(1999), 『민주주의의 역설』(2000), 『정치적인 것에 대하여』(2005)를 쓰면서 신자유주의에 대한 비판, 앤서니 기든스 등 영국 노동당의 제3의 길에 대한 비판 등에 집중하면서 정치적인 것의 성격과 민주주의의 역설을 해명하는 데 주력하고 있다. 또 현실 담론에 적극적으로 개입하려는 저서들이라고 할 수 있다.

하지만 『정치적인 것의 귀환』이야말로 『헤게모니와 사회주의 전략』 이후에 그의 급진적이고 다원적인 민주주의론을 잘 보여 주며, 현대의 주요 정치사상들에 대한 광범위하고 통찰력 있는 비판적 접근이 이루어지는 저서다. 이후 무페의 작업도 이 책과 크게 다르지 않다고 보아도 과언이 아니다.

무페와 라클라우의 기획은 이탈리아 공산당의 '유로 코뮤니즘'이 영국 좌파들에게 심어 주었던 희망, 즉 정통 마르크스주의와 영국 노동당이 보여 주었던 한계를 극복하게 해 줄 급진적인 사회민주주의의 가능성을 높이 평가한 데서 나온 것이었다고도 볼 수 있다. 하지만 같은 좌파 탈근대론자들이지만 이들의 기획에 명백한 반대의 입장을 취하는 조류도 있다. 특히 들뢰즈는 민주주의의 등가 연쇄에 반대하여, 소수적 생성, 직접적인 생산의 힘을 높이 산다. 이른바 아우또노미아 운동, 다시 말해 자율 운동이 그 예다. 또 그들에 대한 자유주의 진영의 비판 또한 존재한다. 하지만, 어떤 관점의 독해나 비판이든 무페의 민주주의 기획이 지닌 영향력을 간과하지는 못할 것이다.

이 책의 번역에는 생각보다 오랜 시간이 걸렸다. 계속되는 지연에도 출판을 할 수 있게 되어 후마니타스에 감사드린다. 꼼꼼하게 교정을 보고 여러 오역을 지적해 준 편집진에도 특히 감사드린다.

찾아보기